书山有路勤为径,优质资源伴你行
注册世纪波学院会员,享精品图书增值服务

德锐咨询人力资源领先战略系列丛书

聚焦于人
人力资源领先战略
（第2版）

李祖滨 汤鹏 著

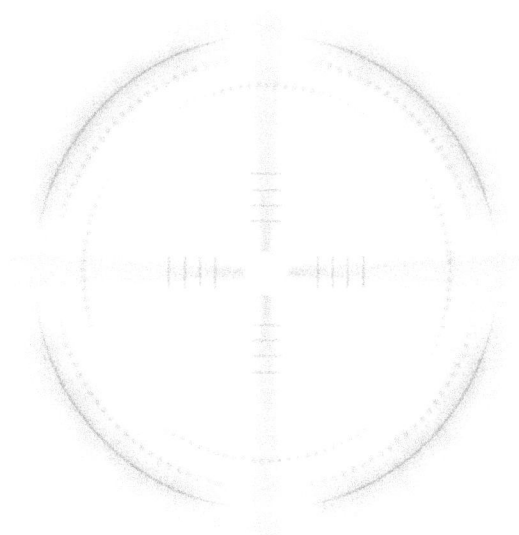

电子工业出版社
Publishing House of Electronics Industry
北京·BEIJING

未经许可，不得以任何方式复制或抄袭本书之部分或全部内容。

版权所有，侵权必究。

图书在版编目（CIP）数据

聚焦于人：人力资源领先战略 / 李祖滨，汤鹏著. —2 版. —北京：电子工业出版社，2020.6（2025.11重印）

（德锐咨询人力资源领先战略系列丛书）

ISBN 978-7-121-39007-4

Ⅰ. ①聚… Ⅱ. ①李… ②汤… Ⅲ. ①企业管理－人力资源管理－研究－中国 Ⅳ. ①F279.23

中国版本图书馆 CIP 数据核字(2020)第 078420 号

责任编辑：杨振英
印　　刷：河北虎彩印刷有限公司
装　　订：河北虎彩印刷有限公司
出版发行：电子工业出版社
　　　　　北京市海淀区万寿路 173 信箱　邮编 100036
开　　本：720×1000　1/16　印张：18.5　字数：275 千字
版　　次：2017 年 1 月第 1 版
　　　　　2020 年 6 月第 2 版
印　　次：2025 年 11 月第 22 次印刷
定　　价：69.00 元

凡所购买电子工业出版社图书有缺损问题，请向购买书店调换。若书店售缺，请与本社发行部联系，联系及邮购电话：(010) 88254888，88258888。

质量投诉请发邮件至 zlts@phei.com.cn，盗版侵权举报请发邮件至 dbqq@phei.com.cn。

本书咨询联系方式：(010) 88254199，sjb@phei.com.cn。

目 录

推荐序一 人力资源领先战略,推动中华民族的伟大复兴 / 赵曙明 VI
推荐序二 你目中真的有"人"吗 / 刘东华 IX
推荐序三 自由与责任 / 黄钰昌 XI
第2版序 从容前行 / 李祖滨 XIV
第1版序 人力资源领先战略:21世纪的第一竞争战略 / 李祖滨 .. XVIII

第1章 人力资源领先战略:先人后事 1
  "人"的时代到来 1
  先人后事:被忽视的"上亿美元买不来的研究成果" 4
  人才第一,战略第二 7
  先人后事的四大用人原则 8
  时代呼唤人力资源领先战略 12
  人力资源策略的选择 17

第2章 人才选择第一标准:先公后私 23
  选人决定利润 23
  企业家是首席面试官 27
  先公后私是人才选择的第一标准 29
  发现先公后私的人 33
  精准选人的六道关 39

第3章 培养值得培养的人和能力 50
打造稳健的人才供应链 50
培养值得培养的人 60
培养能够培养的能力 62
在实战中培养人才 65
让有培养能力的人做管理者 73

第4章 减少七大浪费的345薪酬 75
触目惊心的七大浪费 75
员工与企业双赢的345薪酬 80
实施345薪酬的决心与勇气 103

第5章 小额、高频、永续的股权激励 107
股权金字塔：有效激励的秘密 107
股权激励七大金律 112
领先的股权激励模式：小额、高频、永续 125
完美九定系统设计股权激励 132

第6章 走向团队绩效 146
该死的绩效 146
团队绩效是大势所趋 149
打造先公后私的团队 156
达成共识，力出一孔 157
向团队赋能 165
用人才盘点消除铁饭碗 170
激励共赢，利出一孔 172
塑造同舟共济的团队文化 174

第7章　塑造双高企业文化 ... 178
华为企业文化的转型 ... 178
左手高严格，右手高关怀 ... 181
双高企业文化诊断框架 ... 190
双高企业文化落地的关键 ... 195
附表：双高企业文化诊断问卷 ... 200

第8章　企业家成为人力资源高手 ... 203
做人力资源体系的架构师 ... 204
企业家要找对首席人才官 ... 216
选择人力资源高手作为接班人 ... 223

第9章　从一开始就选择卓越 ... 235
克服优秀恐惧症 ... 235
打造领先的组织能力 ... 242
优秀的企业都在践行人力资源领先战略 ... 253

参考文献 ... 260

推荐序一

人力资源领先战略，推动中华民族的伟大复兴

赵曙明

南京大学商学院名誉院长、教授

今天的中国已经进入了一个全新的经济时代。如何定义这个时代，可谓仁者见仁、智者见智。这是"经济新常态"时代，整个国家经济的增长模式都在经历着转型的阵痛；这是"移动互联网"时代，各行各业的企业都在向"+互联网"转型，以BAT为代表的互联网公司引领着传统行业变革，并深远地影响着人们的生活方式；这是"人力资本时代或知识经济时代"，企业商业模式已经完成从"劳动密集型"到"资本密集型"再到"人才密集型"的转变。

但是，无论是经济增长模式的转变，还是互联网与传统行业的深度融合，再或者是知识经济时代，都离不开创新的驱动，而创新的关键在于人。因此，关于这个全新经济时代的实质和内涵，我非常赞同李祖滨先生在《聚焦于人：人力资源领先战略》这本书中所给出的定义——"人"的时代。管理学大师德鲁克曾指出："人是企业最有价值的资产。"这句名言在当下这个时代背景下分量尤为凸显，这让我们不得不佩服大师的洞见和卓识。如今，相比于自然资源、金融资本等，"人"更能决定一个企业的生存和发展，"人"成为这个时代进步的主导力量甚至是决定性的力量，这一点已成共识。从阿里巴巴的合伙制、华为的员工持股计划、海尔的人单合一、苏宁的事业经理人、万科的事业合伙人计划等激励手段可以"窥一斑而知

推荐序一

全貌"。国内外的知名企业对人如此重视也使人力资源专业领域的从业者、顾问专家获得了更多的尊重和职业的成功。作为一名长期从事人力资源管理教学和理论研究的学者，我甚感欣慰，但更深知肩上的担子之重。

作为德鲁克先生的学生，我一直把传播先生的管理思想作为自己不可推卸的光荣职责与使命。在传播先生思想的过程中，我也始终遵循先生的理念，将"人"视为企业最核心的资源。在《管理的实践》一书中，德鲁克先生提出"人力资源"这一概念。发展至今，人力资源管理作为一门"把人作为社会进步的关键性资源，研究这种资源整体素质提升、合理配置和充分利用"的学科，逐步被国内政界、学术界、企业界所认可和重视，人力资源的研究和实践也都取得了迅速的发展。但事实上，我们很多企业的人力资源管理理念还是非常落后的，仍将人作为"成本"、作为"工具"来对待，名义上是"人力资源管理"，实际上仍然是"人事管理"，这种理念上的滞后也就导致了人力资源利用效率的低下及人才的巨大浪费。进入知识经济时代，整个社会经济发展方式发生了巨大的转变，知识型、创新型员工大量进入职场，对现代人力资源管理提出了新的要求，这种转变及新的要求更放大了我国人力资源管理的不足。因此，推动人力资源管理理念和方法在我国进一步深入发展和落实，成为人力资源管理者亟待解决的问题。我在进行人力资源管理教学和研究时，时刻以我国人力资源管理学科的发展及企业人才的开发和成长为重要目标，不断地为人力资源管理的理论和实践的发展贡献自己的力量。企业各种"死"的资源都需要"人"这一"活"的资源才能"盘活"，人是激发和整合其他资源的关键要素。越来越多的学者和企业管理者也意识到了人力资源管理对组织的发展具有战略性的作用。战略人力资源管理的理念逐渐兴起，人力资源战略也不再是从属其他成本领先、集中化、差异化竞争战略的要素。

李祖滨先生深耕人力资源管理咨询工作十多年，"春江水暖鸭先知"的他从一些著作和优秀企业的实践中敏锐地意识到上述理念及其背后所蕴藏的重要战略意义，并创造性地提出"人力资源领先战略"。该战略的核心要义就是，与其他资源相比，作为第一战略要素的人力资源要进行优先投入。企业唯有秉持"人力资源领先战略"，才能够在当前复杂多变的经营和发展环境中生存下来，进而取得良好的发展。李祖滨先生并不避讳其"人力资源领先战略"理念来源于对吉姆·柯林斯"先人后事"的思想，以及通用电气、谷歌、华为、美的等国内外标杆企业人力资源管理方法的总结、提炼和发展的事实，但也因此更加说明该理念重要的现实意义。它表明战略性人力资源管理不只简单地停留在口头或学术探索阶段，很多企业已经开始了有意识或无意识的践行。特别是，李祖滨先生基于"人力资源领先战略"理念，在人力资源的操作层面（比如人才的选择、培养、激励等方面）提出了很多对企业家具有建设性的建议及具有很强的可操作性的方法和工具，相信这些更有利于此理念在中国企业界进行传播和推广，而这也是我们理论研究者乐于看到的事情。

中国正处在中华民族伟大复兴的追梦征途中，"人力资源领先战略"理念对中国具有极其重要的意义。所以，不仅是企业和学者，国家和政府对于人力资源也越来越重视。国家采取了诸多鼓励和推动人才发展的重要举措，如从2008年我国开始实施的海外高层次人才引进计划（简称"千人计划"）、《国家中长期人才发展规划纲要（2010—2020年）》及2016年发布的《中共中央、国务院关于进一步加强人才工作的决定》都可以说明这一点。我希望我们的企业家们和学者们都可以从李祖滨先生的这本书中获益，更加明确"人力资源作为第一战略要素"这一理念，并将其付诸实践。

最后，借用普罗泰戈拉在《论真理》里的一句著名哲学名言："人是万物的尺度，人存在时万物存在，人不存在时万物不存在。"祝愿我们的人民富裕，企业发达，国家强盛。

推荐序二

你目中真的有"人"吗

刘东华

正和岛创始人、首席架构师

在正和岛的活动上，多个岛亲不约而同、争相邀请祖滨过来介绍其人及新作，务必要我为这本书写几句话。我是一无资格，二无时间，但又实在无处可逃，就只好借这个机会提几个与此书相关的问题。

第一，"人力资源领先战略"是不是伪命题？之所以提出这个问题，是因为几乎不存在不重视人力资源就能获得成功的企业，也几乎没有不高度重视人力资源而成功的企业家。就正和岛本身而言，我也不是天然地把人力资源放在重中之重的位置上考虑的。幸好近日祖滨给了我一本样书，我打开阅读并仔细斟酌，这个问题还真不是伪命题，而是个天大的真命题！

第二，既然是真命题，我们今天的企业人、企业家真的能做到目中有"人"，知道什么叫人力资源领先战略、为什么要实施人力资源领先战略、怎样才能切实有效地实施人力资源领先战略吗？这本书将会揭开人力资源领先战略的面纱，并帮助企业家实践人力资源领先战略。这正是这本书将会带给大家的重要价值，不看真的会后悔。

第三，是这本书尚未深入探讨、可能是作者下本书必须要探讨的问题：什么样的企业、什么样的企业家才有能力、有可能把人力资源领先战略落到实处，发掘并用好企业最需要的人才？如果老板自己的价值观有问题甚至有很大的问题，这本书还能帮到他吗？答案是否定的。

最后我想说，《聚焦于人：人力资源领先战略》确实是一本好书，但它只对对的老板、只对目中有"人"的企业家有意义。你是这样的企业家吗？

推荐序三

自由与责任

黄钰昌

中欧国际工商学院教授

2009 年，Netflix 前首席人才官 Patty McCord 制作的《自由与责任的文化》风靡硅谷，这份 127 页的 PPT 点击量超过 600 万次，Facebook 的首席运营官桑德伯格甚至称其为硅谷最重要的文件之一。这份产生如此大的影响的 PPT 到底有何种魔力？乍看该 PPT 就是一份普通的解释 Netflix 如何鼓舞员工士气、提升业绩的企业文化管理文件，Netflix 商业上的成功无疑为其做了一定的背书：它的发展速度远高于竞争对手，从一家传统的 DVD 租赁商到流媒体的华丽转身，从安然度过 2000 年的互联网泡沫到以 1 亿美元买下版权打造热播剧《纸牌屋》，首次进军原创剧就一炮而红。但当仔细研究这份 PPT 所阐述的人力资源管理理念和方法时，读者们就会发现，真正让其散发魔力的是 Netflix 人力资源管理彻底颠覆了我们通常所认知的管理方式。来看看 Netflix 的一些做法：

（1）只招聘和保留最优秀的人才。坚信一名优秀的员工能够胜任 2~3 名员工的工作，支付市场最高工资来吸引人。高薪是最有效的薪酬形式。这些是高效能文化的核心。经理人的主要职责是留住优秀的员工，主动加薪，而不是等员工要求加薪。

（2）给最优秀的人才以充分的自由。提升人才密度，把规则降至最少，没有考勤和休假规定，员工自己决定休假时间。

（3）强调自由与责任的企业文化。和对的人一起工作，建立富有创新精神和自律精神的企业文化。有责任感的人会自励、自知、自律、自我提升，如领导者一般行事，不会等着被叫去做事。从首席执行官到程序员、到底层员工，所有员工的薪酬结构一致。

上述貌似不合常理的做法在 Netflix 还有很多，这些个性的做法对铸造 Netflix 商业传奇起到了至关重要的推动作用。仔细分析和研究这些做法我们会发现，多数企业在人力资源管理中的很多做法一般多以抄袭欧美企业、咨询公司的岗位职能分类为主，缺乏创新。这些无效的人力资源管理方法甚至加剧了企业管理状况的恶化，这些企业家往往会说，我这是学习某知名企业、某世界 500 强公司的做法。但是很遗憾，很可能学而不得其法，沦落成东施效颦，这种例子在中欧国际工商学院 EMBA 校友李祖滨先生的《聚焦于人：人力资源领先战略》一书中多有提及。

人力资源是第一资源，同时又是最让人难以琢磨的资源。世界在变，组织在变，企业运营的模式也在变，那么人力资源管理该如何变革呢？管理学界近年来也兴起了对人力资源管理的反思。细读祖滨的这本《聚焦于人：人力资源领先战略》，我发现其中的很多观点已经在 Netflix 被证明是正确的。比如战略上先人后事，先选择合适的人，清除不合适的人；比如先公后私，选人上要选先公后私、责任心强的人；比如提倡高于市场水平的薪酬是最节省的成本。祖滨在书中不仅阐述了此类很多人力资源管理的先进理念，而且对这些理念背后的理论依据也做了深入、系统、全面的阐述，很多观点都极具理论和应用价值。一个好的企业一把手对企业的影响大不大？非常大。因为他在人力资源管理方面的理念直接影响企业的绩效和未来预期，如何建立科学、高效的人力资源体系是企业一把手必须面对的问题，这是市场倒逼企业的结果。这本书关注企业家视角的人力资源管理，不仅能够呈现问题的本质，而且通过深入的观察总结、广泛的案例、深邃的洞见，让企业家知其然，也能知其所以然，可谓用心良苦、情真意切。

《聚焦于人：人力资源领先战略》这本书不是一本随大流、跟趋势的书，应该说，这本书是一本诚意之作，颇具前瞻性、系统性，里面的很多理念和做法都凝聚了祖滨多年人力资源管理研究、咨询和实践的心得。如果企业家想打造领先的人力资源体系，那么这本书必将为企业插上双翅，使得企业能够持续高效发展。在此，我诚挚地推荐这本力作，我也希望这本书能够给中国的企业家带来观念的启迪和先进的人力资源管理方法，推动企业人力资源管理体系全面升级，帮助更多的中国企业成为行业标杆。

第 2 版序

从容前行

李祖滨

南京德锐企业管理咨询有限公司董事长

写这篇序言的时候,我正和数亿国人一起,在家里关注新型冠状病毒肺炎疫情,并和我的同事们一起通过线上平台开始我们新一年的工作。

新型冠状病毒肺炎疫情,成为2020年的第一个黑天鹅。

之所以说是第一个,是因为,可以预见,这可能不会是这一年里的最后一个。在本书第1版出版后的3年间,全球经济和商业领域面对的黑天鹅不是在减少,而是在增加。我们越来越进入一个不确定的、不易预测的时代。对于这个时代,我依然保持着积极的、乐观的心态,这种心态来源于我对于"人"这一最大变量的认知和期待。

不管是参与中美贸易谈判的政府官员,还是经济下行中那些坚持前行的企业家;不管是疫情下逆向而行的医护人员,还是在疫情下远程办公的1000万家企业员工,他们是让我们能够在这个时代看到光明的中流砥柱。

在这样一个时代,我们8年前提出并在2016年撰写成书的人力资源领先战略这一理论,仍然可以为企业的发展指引方向。为了帮助企业在变幻莫测的世界中从容前行,人力资源领先战略也在我们的持续更新中,有了更完善的内容与体系(见图0-1)。

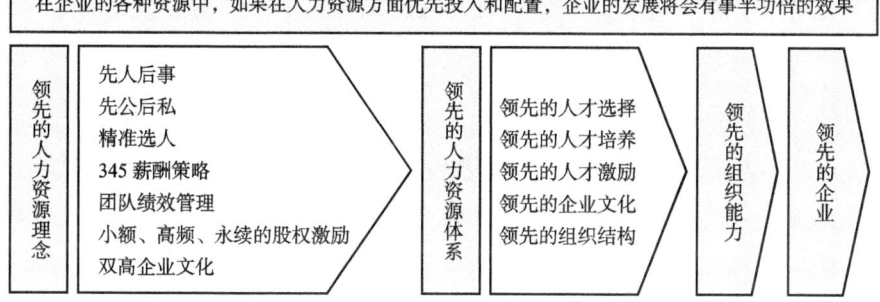

图 0-1　人力资源领先战略

先人后事。面对无论是经济下行的压力，还是突如其来的疫情，唯有在人才上持续投资，才能够帮助企业渡过一个又一个难关。

先公后私。在 2020 年 2 月 3 日我所做的一场线上分享中，讲到先公后私的观点时，有学员就提到："先公后私的人更能够带领企业渡过疫情下的困境，走向正轨。"先公后私的选人标准已经深入人心，而人才选择的完整体系也已写入了我们之后出版的《精准选人》一书中。其中，我们提出的精准选人六道关可以帮助企业建立起提高人才识别能力的"安检仪"，确保"入境"人才的合适性。

培养值得培养的人和能力。不论是突发的疫情还是持久的经济形势，都让企业对于人才培养的投入更加谨慎，而基于人才选择基础上的精准培养、高效培养，是企业面临的共同课题。

用 345 薪酬体系减少薪酬七大浪费。在几年前的本书的第 1 版中，我们还更多地关注企业薪酬激励中的浪费及其消除之道，几年之后，我们已经将其用"提升人效"这一命题来代替，也写出了《345 薪酬》这一专门解决如何实现薪酬激励效果最大化的问题的书。345 薪酬体系包括：精准选人，让不合适的人离开，对合适的人加大激励力度，用好薪酬之上的激励，创造良好的组织环境，最终实现给 3 个人发放 4 个人的薪酬，创造出 5 个人的价值。今天我们同时在写作的《人效冠军》一书中，系统介绍了如何用 345 薪酬提升组织人效。

使用"小额、高频、永续"的股权激励模式。几年前，我们为了表达出股权的重要性及股权激励需要慎重行事，提出了股权金条说。两年后，我们就在《股权金字塔》一书中提出了我们的应对之道——不是不做股权激励，而是用小额、高频、永续的模式来做可持续的股权激励。人的时代，人的价值被凸显，股权激励或者合伙人激励等长期激励方式会越来越多，我们提出的股权激励模式能够帮助企业应对难题。

走向团队绩效。"如何提升企业的绩效？""如何让绩效管理产生效果？""怎样考核员工能够激发其主动性？"……关于绩效管理的话题总会产生很多的问题。虽然在第1版中我们就提出了走向团队绩效，但内容还是就绩效谈绩效。3年后，我们站到了一个更高的高度上来思考绩效——基于组织能力的打造，形成团队绩效成功模型。在该模型中，团队绩效包含了六大环节：先公后私的团队、战略共识、赋能式沟通、双维度人才盘点、利出一孔的激励、同舟共济的文化。这一思考成果我们写在了《重构绩效》这本书中。可以预期，绩效的话题仍然会受到企业管理者的持续关注。

塑造双高企业文化。所有的管理动作，只有转化成文化才能够称得上真正落地生根。中国企业要保持持续的快速增长，双高企业文化仍然是文化塑造的方向。我们在过去几年的咨询与管理实践中也多次印证了这一观点。

企业家要成为人力资源高手。几年的时间，我们看到太多企业对于"人力资源高手"的渴求，不仅让我们坚定了企业家要成为人力资源高手的观点，同时，我们也帮助企业家找到了解放自己的正确路径——找到合适的首席人才官。企业家需要先内后外地找对首席人才官，让作为人力资源高手的首席人才官推动组织能力的打造。具体观点我们写在了最新出版的《找对首席人才官》一书中。

从一开始就选择卓越。当我们在很多场合向企业家、高管分享人力资源战略理论时，总会听到这样的疑问：我们是发展中的中小型企业，这一理论适用吗？我们将回避学习先进而找的各种理由，称为"逃避优秀的借口"。事实上，当我们向企业家提问"你追求的成功是长期主义的还是短期主义的"，获得的答案往往是前者。而人力资源领先战略助力企业的恰恰不仅是短期的成功，更是长期的可持续的成功。人力资源领先战略最大的价值，就是助力企业打造可持续发展的组织能力。

本书在第1版的基础上，做了较大篇幅的更新与迭代，这很大程度上归功于我和我的同事们近几年来持续的实践与思考。《聚焦于人》堪称德锐咨询"人力资源领先战略"理论系列书籍的旗舰，而我们之后陆续出版的"人力资源领先战略"系列书籍——《精准选人》《股权金字塔》《345薪酬》《重构绩效》《找对首席人才官》——都是"人力资源领先战略"的理论延伸和实践检验。因此，《聚焦于人》的再版，涵盖了很多更新的内容，是人力资源领先战略系列著作内容的凝练。

本书的再版修订能够顺利完成，要感谢我们参与创作的团队：胡士强、佘珊珊、孙克华、陈琪、崔永伟、赵罂。为了让这本书变得更好，他们跟我一起一遍又一遍地讨论、修改、再创作，直到让自己满意。这些都是在疫情中居家办公状态下完成的。还有其他同事在此过程中帮助校稿，不放过任何一个小的细节。在这里，对他们一并表示感谢！

需要感谢的还有电子工业出版社的刘露明编辑，2015年以来为了德锐4本书的出版，她不知熬了多少个日夜来改稿审校、赶工加班。这本书出版后，她就要退休了，而5年来我们都是通过电话和邮件沟通的，还从未见过面。我想疫情过后一定要去北京当面向她致谢。

疫情终将过去，我相信我们的国家、我们的企业都会对未来的发展方式有更多的反思和总结，我也更坚信人力资源领先战略将会被更多的企业理解和接受，中国未来会更加从容前行，更多的中国企业也会更加从容前行。

第1版序

人力资源领先战略：21世纪的第一竞争战略

李祖滨

南京德锐企业管理咨询有限公司董事长

企业家面临的大多数问题都能归结到人的问题

2016年8月上旬，我给安徽正和岛12位企业家主持私董会，问题拥有人（当天私董会主题的提出者）的问题是"我如何抓住资本市场的机会"，希望大家帮助解决如何将融到的5000万元用于企业的加速发展。经过两小时层层推进的提问和抽丝剥茧的讨论分析之后，大家重新界定问题，一致认为：问题拥有人实际面临的问题是人才不足。问题拥有人经过思考后将问题重新定义为"我如何建立人才吸引和人才培养的机制"，并准备将融到的资金大部分投到内部人力资源体系建设，即人才吸引、培养和激励等方面。在临近结束的总结发言中，这些已参加过多次私董会研讨的企业家不约而同地提到了一点：企业发展遇到的各种问题大多数最后都会归结到人的问题。

这一观点与我主持过的许多企业内部战略研讨会结果一致。企业的战略研讨会通常由各子公司经营负责人、职能部门负责人、分管副总经理，以及总经理、董事长参加，高管们在列举出企业所有需要解决和改进的问题时，不同的企业面临的问题会有所不同，如有的是战略制定不清晰，有的是市场品牌宣传力度不够、产品研发更新慢，有的是生产质量不稳定、售后服务不到位等，但几乎每家企业都少不了人才选择、人才培养、人员激励的问题。当我让大家从问题的重要性和紧迫性两个维度对这些问题再做选择时，就发现：人才选择、人才培养、人员激励几乎都被选为既重要又紧急的问题。

我在读中欧国际工商学院 EMBA 期间以及毕业后与中欧校友企业家的沟通交流中，听到许多校友都感慨道：人的问题是当今企业家所需要面对的第一问题。

那么这一现象是如何产生的呢？原因是多方面的：进入 21 世纪以来，新技术和市场全球化等因素加剧了企业间的竞争，而各种竞争中人才的竞争显得尤其激烈。同时由于 2008 年的世界经济危机迫使各国经济进行调整和转型，中国的经济从过去的资源拉动、投资拉动转向效益驱动，企业家的注意力也开始从外部市场逐渐转向企业内部。向企业内部挖潜、提升内功的措施绝大部分都须从提升人力资源管理水平着手。企业家都不无感慨道：过去不用太多关注人力资源管理，只要能拿到项目、找到资金，就不愁找不到人做。而现在不一样了，项目容易拿、资金也容易找，但找到人，特别是找到合适的人越来越困难，甚至越来越多的项目就是因为找不到合适的人来推动而导致搁浅甚至失败。连华为这样的巨头公司也在发出找人的迫切声音：2016 年 8 月 8 日，任正非签发了一篇内部员工的撰文《找人，找最懂本地业务的人，找最优秀的人》，并以电子邮件方式发送给了全体员工。

21 世纪两件重要的管理瑰宝："先人后事"和"先公后私"

对"人"重要性的最早洞见始于管理大师彼得·德鲁克，其最先提出"人力资源"概念，并发现知识型员工的价值。而将"人"的重要性用实证研究方法阐释到新高度归功于吉姆·柯林斯"先人后事"和"先公后私"这两大观点的提出。这两大观点出自吉姆·柯林斯的《从优秀到卓越》，此书自 2002 年中文版出版以来已经成为中国的长销书（不单是畅销书），柳传志、马蔚华等很多中国企业家都极力推崇此书，不少企业家发自内心地认同美国《财富》杂志对这本书的评价："上亿美元也买不来的研究成果。"我阅读《从优秀到卓越》已经不下50遍了，无数次为吉姆·柯林斯实证研究之严谨和管理洞察之敏锐而折服。我认为，吉姆·柯林斯对21世纪管理最大的贡献在于发现了两件重要的管理瑰宝："先人后事"和"先公后私"。

在我们看来，"先人后事"和"先公后私"这两件管理瑰宝的价值和意义，不亚于《人类简史：从动物到上帝》中讲到的言语能力和虚构故事的能力对人类发展的价值和意义。言语能力让人类形成族群，使组织规模突破50人、150人；虚构故事的能力让人类共建部落、种族、民族、国家，组织规模达到上千、上万、上亿乃至几十亿人。而"先人后事"和"先公后私"的理念可以让企业这一组织在发展效率上实现事半功倍。

"先人后事"（First who…then what）的主要观点是：企业在战略制定之前应该先选择合适的人；让不合适的人离开；能否选择到合适的人比制定正确的战略更加重要。它的基本原理是：

第一，如果你是从"选人"而不是"做事"开始的话，就更加容易适应这个变幻莫测的世界。

第二，如果你有合适的人在车上的话，那么如何激励和管理他们就不再是问题。合适的人是不需要严加管理或勉励的，他们会因为内在的驱动而自我调整，以期取得最大的成功，并成为创造卓越业绩的一部分。

第三，如果车上坐的是不合适的人，不论你是否找对正确的方向都不重要，因为你还是不能拥有最卓越的公司。光有宏伟的战略而没有合适的人，无济于事。

"先公后私"来源于吉姆·柯林斯的"第五级经理人"（Level 5 Leadership）。吉姆·柯林斯研究发现，"第五级经理人"是确保企业实现从优秀到卓越跨越的第一因素，而"第五级经理人"最大的特点是：对事业的执着和"先公后私"的境界。那些实现了从优秀到卓越跨越的企业，其最大的共同点是它们的历任首席执行官除了有很强的能力和对事业执着的追求，最重要的是都有"先公后私"的境界。在企业发展中，"先公后私"的首席执行官能始终将企业的利益和需求放在自己对金钱、地位、名誉的追求之上。我在许多企业家论坛中讲"先公后私"这个人才标准时，不少企业家当场表示赞同，并认为"先公后私"应该是选择高管的第一标准。

吉姆·柯林斯虽然发现了"先人后事"和"先公后私"是卓越企业的重要特征，但在企业如何实施和应用"先人后事"和"先公后私"方面语焉不详。我和我的咨询团队深感"先人后事"和"先公后私"对企业发展的重要性，更坚信"先人后事"和"先公后私"在企业实施和应用的巨大价值。但"先人后事"和"先公后私"这两大理念在企业中的推行不能仅靠对它们的认同，而更需要在完整的人力资源管理体系支持下方得实现。于是我们把构建这一完整体系作为我们的使命，我们称之为"人力资源领先战略"。"先人后事"和"先公后私"这两大理念则是"人力资源领先战略"最核心的观点。

人力资源领先战略为什么是 21 世纪的第一竞争战略

人力资源领先战略能成为 21 世纪成就企业的竞争战略吗？在过去的四年中，我时而犹豫，时而充满自信。

20 世纪 80 年代竞争战略大师迈克尔·波特提出了三大竞争战略：成本领先战略、差异化战略和集中化战略。迈克尔·波特认为，这三种战略是每个公司必须明确的，徘徊其间的公司将处于极其糟糕的战略地位。

刚刚进入 21 世纪，吉姆·柯林斯就提出了他的重大发现：实现从优秀到卓越跨越的企业奉行的是"先人后事"。"先人后事"的观点明确表达了选择合适的人比制定优秀的战略更为重要。2012 年，在美国亚特兰大举办的美国人力资源管理协会（SHRM）第 64 届年会暨展览会上，吉姆·柯林斯面对两万多名参会者做主题发言时明确表示：在企业通往成功的征程上，人才是第一位的，而战略是第二位的。

同样，在过去的30年里，在全球范围内都出现了以"事"为中心的组织变革，诸如流程再造、技术革新、ERP实施的组织变革等，其中很大一部分由于在人力资源和组织文化方面的准备和投入不够，使得这些变革有的推进困难，有的效果不佳，有的甚至以失败告终。

进入21世纪后，以"人"为中心的组织变革逐步兴起，变革领导力大师约翰·科特的《变革之心》总结成功的组织变革包含8个步骤：① 增强紧迫感；② 组建一支指导团队；③ 为组织变革确立明确的目标和战略；④ 将目标和战略有效传达给组织中的其他成员；⑤ 清除采取行动过程中的障碍；⑥ 取得短期成效；⑦ 保持组织内部的这股变革浪潮，直到工作全部完成；⑧ 建立一种新型企业文化，将组织中新的行为习惯固定下来。在确保组织变革成功的这8个步骤中，有7个与"人"有关。21世纪以来，从战略、流程、技术到组织变革各个领域的管理研究都发现：如果从"人"入手，聚焦于人，做到"先人后事"，企业变革与发展更容易成功。

真正让我坚信人力资源领先战略领先性的原因是企业家群体对这一理论的认同。近两年，我在与中欧国际工商学院的校友企业家、正和岛企业家、EMBA企业家的论坛中分享人力资源领先战略时，每次都能得到他们坚定的认同。华厦力鸿董事长李向利说："李祖滨老师讲的内容是我在实践过程中逐步悟到的，他把人才的重要性和获取人才的领先机制逻辑地、系统地总结为人力资源领先战略。我非常赞同他的人力资源领先战略，他让我对我之前的思考与总结更加坚定不移。"

在2016年江苏正和岛三周年庆典会中，我们"聚焦于人：人力资源领先战略"分论坛的场景让我久久不能忘却：只能容纳100人的会场座无虚席，座位不够的加座位进来听，加不了座位的站着听，全程3小时，企业家们专心致志，频频点头；即便论坛结束时间到了，企业家们还纷纷要求加时再讲；许多企业家一边听一边拍演示的PPT，有些人几乎一页不落地拍下了所有PPT。企业家对我分享的人力资源领先战略的理念与观点如此快速、如此深刻地认同，超出了我们的预料。这次论坛让我们进一步坚定了加快人力资源领先战略推广的决心。

一个管理理论是否具备领先性和实用性，最有发言权的当属管理的实践者。人力资源领先战略受到企业家的认同是这一理论的生命力所在，价值所在！

我们坚信人力资源领先战略是21世纪的第一竞争战略。随着时间的推移，认同人力资源领先战略的企业家会越来越多。

写一本企业家视角的人力资源管理书籍

近10年来，中国的企业家对人力资源管理的关注度越来越高，然而，在众多的人力资源书籍当中，却缺乏一本企业家视角的人力资源书籍，诸多教科书类的人力资源书籍只是从人力资源专业的角度介绍人力资源管理的概念、理论，而以企业家的视角、经营战略的高度进行人力资源分析和总结的相关书籍十分匮乏。

我在从事人力资源管理工作和咨询的过程中，经常遇到企业家想对人力资源管理进行系统学习和深入了解的情况，当他们让我推荐好的人力资源管理方面的书籍时，我通常会推荐吉姆·柯林斯的《从优秀到卓越》、杰克·韦尔奇的《赢》和介绍华为人力资源管理的《以奋斗者为本》。虽然这三本书从不同角度介绍了人力资源优秀理念和实践经验，但还是不能让企业家了解人力资源管理的全貌，不能帮助企业家从战略高度和经营角度形成人力资源管理的系统思维和整体框架。

2012年，我萌生了给企业家写一本人力资源管理书籍的想法。

2013年12月，在中欧国际工商学院南京校友会新年Spark Talk管理论坛上，我第一次面对200多名企业家校友，公开介绍人力资源领先战略。虽然只有短短10分钟的介绍，却赢得了企业家们持久的掌声，让我深刻感受到他们对这一观点的认同与发自内心的共鸣。中欧国际工商学院南京校友会执行会长王峥嵘学长向我竖起大拇指说："理论新颖，对企业家有启发、有震撼。"这次演讲，让我感到在企业家中宣传人力资源领先战略十分有必要。接下来几年，在各种人力资源大会论坛中，企业的人力资源经理和人力资源总监们对人力资源领先战略的支持也非常坚定，并建议说：人力资源领先战略应该让更多的企业家和老板们听到，这会给企业带来更多的价值。

在管理咨询过程中，人力资源领先战略的主题演讲已经成为我们南京德锐企业管理咨询有限公司（本书中简称"德锐咨询"）在客户企业召开人力资源管理咨询项目启动会时的必备环节，迄今已近100场。这样做的目的，是希望在与企业对人力资源理念达成共识的前提下，我们领先的人力资源体系、方案和工具能得到更好的理解和更快速的推行。

人力资源领先战略在我们给企业做管理咨询的过程中得到了不断的提炼、总结、积累和沉淀。同时，伴随着人力资源领先战略在企业家群体中认同度的增长，我和德锐咨询的伙伴们决定为企业家写这本《聚焦于人：人力资源领先战略》。

从2015年6月5日动笔，到2016年11月15日完稿，在此期间，"聚焦于人：人力资源领先战略"的观点和内容已经向上千位企业家做了分享，每次分享都能得到企业家们的热烈掌声和高度认同，也收获了很多有价值的积极反馈，这给本书内容的完善和书稿的完成带来了诸多裨益。

《聚焦于人：人力资源领先战略》要告诉企业家什么

《聚焦于人：人力资源领先战略》这本书要在"是什么""为什么""如何做"3个层面向企业家阐述"人力资源领先战略"。

第一层面：人力资源领先战略是什么？

我把"人力资源领先战略"的英文翻译成"Human Resources Leading Strategy"，这是一个先有中文后有英文的管理学新词，在西方成熟的管理体系中还未出现这个词。从2012年到现在，我和我的同事们不断搜集和检索国内外关于这方面的研究，目前尚未发现同样的概念和研究成果。

人力资源领先战略是指企业在所有资源中如果优先投入和配置人力资源,企业的发展将会事半功倍。

这个事半功倍具体是指企业聚焦于人,将资源优先投到人力资源之后,企业会比同行有成倍的发展速度、成倍的利润收益;随着公司规模的扩大,企业家和管理者的工作量不需要成倍增长,反而会更加轻松和从容。

人力资源领先战略的核心是"先人后事"和"先公后私",也就是企业在战略上"先人后事",在人才选择上"先公后私"。

人力资源领先战略是一个完整的管理体系,包括四大部分(见图0-2):

1. 领先的人力资源理念
2. 领先的人力资源体系
(1) 领先的人才选择
(2) 领先的人才激励
(3) 领先的人才培养
(4) 领先的企业文化
3. 领先的组织能力
4. 领先的企业

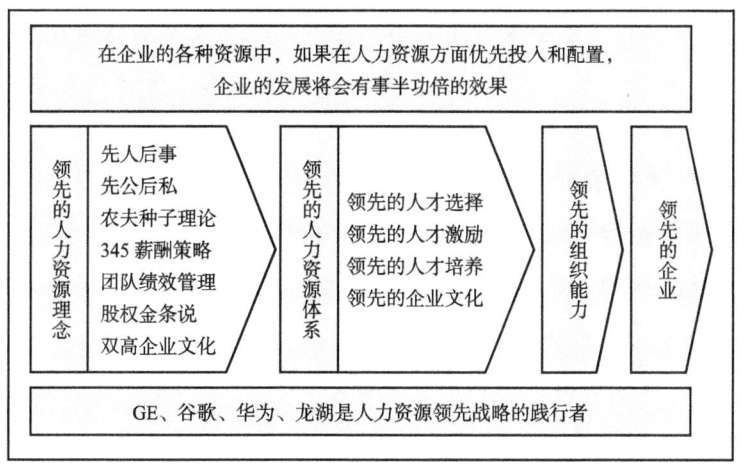

图0-2 人力资源领先战略的组成

第二层面：为什么要实施人力资源领先战略？

人力资源领先战略的内容本身就已经包括企业成为领先企业的成功逻辑。

（1）企业家和企业高管需要有领先的人力资源理念，用人力资源管理领先理念武装自己，摒弃人力资源管理中陈旧的、过时的、片面的、错误的理念。

（2）企业有了领先的人力资源理念，就可以识别与建立领先的人力资源体系。当企业拥有一个领先的人力资源体系时，相比同行和竞争对手，企业在人才选择方面具有更多的优势，能吸引并选择到更多优秀的人才，也更能鉴别并选择出更优秀的人才；在人才培养方面速度更快；在人才激励方面有更好的效果；在企业文化方面能有更好的团队氛围、更高效的组织协同；在人力资源的组织保障方面，也将比同行具有更专业高效的人力资源团队。

（3）当一个企业领先的人力资源体系能高效运转时，企业必然具有高于同行的组织能力，这样的企业更容易成为领先的企业。

第三层面：企业如何实施人力资源领先战略？

《聚焦于人：人力资源领先战略》这本书从头至尾，每个理念、方法、工具和案例都聚焦于人，向企业家介绍如何实施人力资源领先战略，为企业家提出事半功倍的企业成功路径。

第1章 人力资源领先战略：先人后事，是达成战略目标的事半功倍的捷径。 本章告诉企业，在经营发展中处理人与战略、人与事、人与经营模式、人与资源的关系时，要做到聚焦于人，先选"人"，后做"事"，这是企业战略方向上最高效的选择。

第2章 人才选择第一标准：先公后私，是选人事半功倍的捷径。 本章告诉企业人才选择是人才管理中最重要的环节。在选择人才，特别是选择核心人才时，企业要选择"先公后私"的人。

第3章 培养值得培养的人和能力，是培养人事半功倍的捷径。 本章介绍了企业高效培养人才的四个方面：培养值得培养的人，培养可以培养的能力，在实战中培养人，让有培养能力的人去做管理者。

第4章 减少七大浪费的345薪酬，是薪酬管理事半功倍的捷径。 本章描述了企业经常发生的，但容易被忽视的在薪酬发放、薪酬沟通、薪酬管理等方面触目惊心的七大浪费，并且指出在薪酬方面企业不该把重点放在期望找到新奇的薪酬体系上，而要把薪酬管理做得更精细，减少薪酬浪费。

第5章 小额、高频、永续的股权激励，是股权激励事半功倍的捷径。 本章帮助企业在股权激励的热潮中保持理性。股权是金条，不要用金条去做钢筋、砖头、木材、水泥该做的事情。做不做股权激励比如何做更重要，激励谁比如何设计股权激励方案更重要。本章通过介绍系统设计股权激励方案的五项原则，指出企业在实施股权激励方面的正确路径。

第6章 走向团队绩效，是绩效管理事半功倍的捷径。 本章针对企业陷入绩效考核旋涡的现状，提出了弱化个人绩效考核、实施团队绩效的方向，详细阐述了实现高效的绩效管理的四个工具：平衡计分卡、计划管理、绩效面谈和绩效复盘。

第7章 塑造双高企业文化，是建设企业文化事半功倍的捷径。 本章介绍了对企业绩效支持作用最大的"高严格"和"高关怀"的双高企业文化，这是沃尔玛、华为、龙湖等优秀企业在推行的企业文化。

第8章 企业家成为人力资源高手，是企业家角色定位事半功倍的捷径。 德锐咨询首次提出，在21世纪企业家应该成为人力资源高手，并且证实了企业家成为人力资源高手可以让企业随着规模做大越来越轻松从容的观点，进而还提出和证明了"企业家需要选择人力资源高手当企业二把手"和"企业家要选择具备人力资源高手能力的人做企业接班人"的重要观点。

第9章 从一开始就选择卓越，是企业发展事半功倍的捷径。 本章介绍了企业在发展中，如何摆脱"优秀恐惧症"，在一开始就勇于选择卓越，在起跑时就冲在前列，使自己更早成为优秀者。

人力资源领先战略理论体系的三大主要来源

我们努力研究领先企业的成功做法，希望人力资源领先战略这一体系能够包含西方人力资源管理的领先理念，以及当今世界优秀企业和中国优秀企业已经验证过的成功方法和有效工具。吉姆·柯林斯的实证研究风格是我一直期冀的，我们尽力让人力资源领先战略所表述的理念、方法和工具具有实证的依据。本书的内容出自以下三大实证的来源。

来源一：吉姆·柯林斯《从优秀到卓越》和《选择卓越》的研究成果

十多年来，我们研究、学习、传播吉姆·柯林斯的管理思想和研究成果，对吉姆·柯林斯的研究深信不疑。本书中将多处引用吉姆·柯林斯的观点，因为我们信奉他，也坚信他的观点能给企业带来价值。

来源二：通用电气（GE）、谷歌、华为、龙湖等优秀企业的成功实践

在研究中，我们将美国的GE、谷歌和中国的华为、龙湖作为人力资源领先战略践行的4家代表企业，它们共同的特点是：

（1）同行中的领先企业，人均产值领先于同行；

（2）以人为中心，人力资源管理领先于同行；

（3）人力资源的领先是促成其领先于同行的重要因素。

选择GE作为人力资源领先战略的代表，是因为它是20世纪企业管理成功的代表，GE近20年推行的活力曲线、九宫格、行动学习、领导力培养、继任者计划等领先的管理实践值得更多的企业学习。

选择谷歌作为人力资源领先战略的代表，是因为它是互联网时代快速成长企业的卓越代表，谷歌精细的人员选择理念与方法、员工期权激励实践和目标与关键成果（Objective and Key Results，OKR）的绩效管理创新都值得高成长企业学习。

选择华为作为人力资源领先战略的代表，是因为它不仅是中国30年市场经济兴起过程中成功企业的典范，而且是中国企业中人力资源管理实践的先行者，许多西方成功的人力资源管理方法，如素质模型、股权激励、HR三支柱等，都是华为率先尝试成功的，这给了中国企业应用他山之石的信心。同时，华为创立早期在人力资源管理方面的投入就已高于同行数十倍甚至百倍。在我们看来，无论是在思想理念上、体系方法上，还是在实践成果上，华为都是人力资源领先战略最完整、最彻底的践行者。

选择龙湖作为人力资源领先战略的代表，是因为我从2004年开始为龙湖做人力资源管理咨询，就持续关注并见证了龙湖的人力资源管理体系建设和实践过程，以及领先的人力资源管理在帮助和成就其房地产行业翘楚地位的作用。龙湖在人力资源方面的领先管理理念和方法及其在中国本土的成功实践值得中国企业学习借鉴。

在本书中，我们还大量引用了沃尔玛、IBM、阿里巴巴、腾讯等国内外优秀企业的做法，也介绍了一些虽然不知名但在人力资源方面有成功实践的企业案例。

来源三：德锐咨询为上百家中国企业开展管理咨询的实践总结

我们在为上百家企业提供人力资源管理咨询服务的过程中，长期持续推行"先人后事"和"先公后私"等领先的人力资源理念，对于本书介绍的九大理念，德锐咨询都在中国企业中成功推行并且效果得到了有效的验证。"先人后事"和"先公后私"已经成为很多企业与德锐咨询结成长期战略伙伴关系的纽带。

同样，德锐咨询也对自己提出了这样的要求：对于我们认同的、提出的、推广的人力资源领先战略，我们自己首先是这些理念、方法和工具的践行者。虽然我们公司的人员规模不大，可我们不但在战略上实行"先人后事"，并且将"先公后私"作为我们选择合伙人、选择项目经理、选择咨询顾问的第一标准。对于我们所倡导的薪酬保密、双高企业文化、团队绩效管理，德锐咨询都在不折不扣地践行着。我会时不时地提醒我们的咨询顾问："对于领先的人力资源管理理念、方法和工具，我们自己要先用起来，让我们自己先受益！"

我也深刻体会到，当我们用自己认同并在自己公司实践过的理念、方法、工具去说服和影响企业客户时，我们会更有底气，也更有信心说服和鼓励客户企业去实践。

我们明确提出：在人力资源领先理念、方法和工具的实践方面，我们要成为客户的榜样。

过去和现在，还有许多企业家会炫耀自己的机器设备是从日本、德国进口的，是世界一流的，我们相信在未来的5~10年，不少企业家将会开始炫耀自己的人力资源体系是世界一流的。我们坚信，基于人力资源领先战略构建的人力资源体系将是世界一流的人力资源体系。

我们坚持20年持续完善人力资源领先战略体系

2012年，我们确立了德锐咨询的使命："帮助中国高潜力企业成为行业标杆。"现在让我兴奋的是，这个使命不再是一句口号，因为我们找到了承担这一使命的有力武器——人力资源领先战略。

在《聚焦于人：人力资源领先战略》出版时，我曾向电子工业出版社刘露明女士提出，在封面上印上"第1版"这3个字，因为这本书将是德锐咨询未来20年发展战略中的一项重要规划，这一版只是人力资源领先战略这一理论体系研究和实证的第一步。虽然写好这本书的第1版已经倾尽我们全力，已经将我们在上百家企业的实践和我们认同的成功企业（华为、龙湖、GE、谷歌等）的成功实践，最终总结成人力资源领先理念、体系和方法介绍给企业家，但我们认为这对企业家的帮助一定是不够的，我和德锐咨询伙伴们将持续通过人力资源领先战略的深入实践，在理论方面进一步系统化，在应用方面更具操作性，积累更多企业的实证案例。我们计划在未来的20年中，这本书每2~3年将有一个版本的更新，并持续下去，就像管理学家斯蒂芬·罗宾斯的《组织行为学》已经更新至第14版、营销学之父菲利普·科特勒的《市场营销》已经到了第16版那样。

21世纪是中国的世纪，中国的企业正在从追赶世界转向引领世界，中国的人力资源的管理和实践也必将从追赶世界转向与世界同步前行,进而引领世界。我们希望更多的企业家和人力资源专业人士相信和实践人力资源领先战略;通过持续的努力,到20年后的2036年,我们能看到《聚焦于人:人力资源领先战略》的第7版或第8版;我们还希望看到这本书被翻译成各种语言在世界各地广泛传播,这是我们德锐咨询团队成员的共同心愿。

《聚焦于人:人力资源领先战略》是我们德锐咨询核心团队成员共同创作的成果。在这本书写作之初我们就确定了这本书的五项目标:

目标一 为企业家提供一本人才管理的实战手册。

目标二 为中国在全球管理学界确立一个理论高地。

目标三 为中国加速人力资源管理水平提升做出贡献。

目标四 为企业更好地提供创造价值的管理咨询服务。

目标五 为德锐咨询的咨询顾问成为行业专家提供平台。

这五项目标对我和我的团队来讲,可谓《基业长青》中所说的"胆大包天的计划"。我们团队坚信这一计划能够实现,因为我们相信,只要有了正确的方向,加上持之以恒的坚持,再遥远的目标都能实现,这是愿景和时间的力量。

感谢我亲爱的伙伴们,感谢我们公司的合伙人汤鹏、刘玖锋、胡士强,感谢我们的咨询顾问李锐、徐礼清、李志华、宋烨,一年多时间我们一起对书籍的框架结构、大小标题、观点内容、方法工具、案例图表进行反复讨论,经历了三次集中的封闭式写稿。我们的团队平时白天忙碌于做咨询项目,写稿与修改多是利用晚上和周末休息时间。我们共同经历了《聚焦于人:人力资源领先战略》书稿从"0"到"1"写作的煎熬过程,也一起畅想过本书对企业家、对企业客户、对人力资源同行和我们自身带来的非凡价值,并为此兴奋不已。

感谢我的老师、南京大学商学院名誉院长赵曙明教授一直以来对我们的鼓励和支持。

感谢南京大学商学院自 2009 年以来长期给我提供平台为 EMBA、MBA 和 EDP 学员讲授人力资源领先战略。

感谢我的中欧国际工商学院南京校友会的校友们，三年来中欧南京校友会给了我一次又一次演讲、分享的机会，校友企业家对人力资源领先战略的认可，让我有信心完成本书。

感谢正和岛创始人刘东华先生和江苏岛邻机构负责人宗雪之先生，他们自始至终对人力资源领先战略给予高度认可，并在正和岛企业家论坛中进行热情的推荐和推广。

感谢我的好朋友、正和岛定位商学院院长方明先生对本书的真诚指导和大力支持。

感谢上千名认同并支持人力资源领先战略的企业家对我们的鼓励。

我相信本书的正式出版和不断更新是对关心和支持人力资源领先战略的人们最好的报答与回馈。

2016 年，人力资源领先战略在中国正式起航！

第 1 章
人力资源领先战略：先人后事

> 实现跨越的公司的领导者首先设法得到合适的人才（不合适的人下车），然后才决定将汽车开向何方。
>
> ——吉姆·柯林斯（Jim Collins）

"人"的时代到来

近两年中国社会经济发展日新月异，各类观点、思潮迭出，迸发出很多描述这个时代、这个社会特征的词汇，比如"合伙人时代""人力资本时代""知识经济时代""移动互联网时代"等。细细琢磨这些关键词表述的内涵，我们发现，它们都聚焦于"人"，共同指向并极力推崇"人"在这个时代所发挥的巨大作用。"人"作为推动社会进步、创造价值的主体被提升到了前所未有的高度，这成为中国社会各界普遍达成的共识。总体来看，这个"人"的时代有两大明显的特征。

人的价值被肯定和凸显

2014年被称为"中国移动互联网元年"，也是从这一年开始，众多公司开始推行"合伙人计划"。从万科的事业合伙人、阿里巴巴的湖畔合伙人、绿地的职工持股会悄然变身合伙企业，到爱尔眼科、天士力等多家A股上市公司不断推出行业版合伙人计划，"合伙人"一时风靡各行各业，被大大小小的企业所推崇。在德锐咨询接到的项目中，越来越多的客户提出设计"合伙人计划"的需求。"合伙人计划"的背后，是把"人"作为一种资本，与物质资本、金融资本一样，能够平等享受剩余价值的分配权，不仅如此，它还可以参与企业的经营和决策。

企业家们发现，在人的时代，"人"靠知识、能力、智慧对企业价值的创造起到了主导甚至决定性的作用，"人"的价值成为衡量企业整体竞争力的标志。另外，"合伙人计划"如此受追捧，也昭示着人与企业之间关系的转变，从单纯的"雇佣关系"变成"合伙关系""合作关系"。海尔、菲尼克斯、小米等实体和互联网公司实行的"公司平台化，员工创客化"等组织变革渐渐让我们看到了未来"不再是企业雇用员工，而是员工雇用企业，人人都是首席执行官"的雇佣关系的反转。

这是一个"牛人"的时代，素质越高、越稀缺、越顶尖的人才，创造价值的可能性越高，也越可以获得主动权。思科总裁钱伯斯对于并购有这样的论断："与其说我们是在并购企业，不如说我们是在并购人才。"这是时代对"牛人"价值的肯定。因为其特别的价值，"牛人"可以拥有超越资本的企业经营决策权和话语权。马云只拥有阿里巴巴6.2%的股份，但阿里巴巴还是被控制在马云及其合伙人手中；任正非仅拥有华为0.94%的股份，但他仍是华为绝对的领袖；马化腾只拥有腾讯8.61%的股份，而他仍是腾讯的最终控制人。京东、百度等公司无不如此。

◐ 人力资本优先

"人"的时代，"人"成为价值创造的主导因素，成为最活跃、最具价值创造潜能的要素，人力资源的优先投入成为众多领先公司的第一策略。这种优先体现在两个方面：一是"人"是所有战略命题中最优先考虑的，即如何快速、精准地找到合适的人，从而满足企业高速成长的需要，恰如雷军在组建小米团队时，80%的时间在到处找人，找最牛的人；二是对"人"的投资和发展优先于其他资本要素。"人"作为最核心的资本，无论是在对其投资方面、企业价值的享有方面还是企业经营的支配权方面，都不再是"劣后级"。

同时，企业家们也认识到，目前企业管理的核心不再是组织、制度、流程等"控制"手段，而是"如何更好地发挥人创造价值的能力"。"去中心化""无边界、柔性化组织"等莫不如是。在海尔，张瑞敏倡导"企业无边界、管理无领导、供应链无尺度、员工自主经营"的组织管理思想，提出"人单合一"模式；在华为，任正非倡导"让听得见炮声的人做决策"；在小米，雷军提出合伙人组织、扁平化管理、去关键绩效指标（Key Performance Indicator，KPI）驱动，强调员工自主责任驱动。企业家们管理变革的风向真的变了，由"事"转向"人"。

基于此，知名学者陈春花教授提出了"激活个体"的观点，我们处于互联网经济时期，从背后的逻辑来看，其实就是一个共享经济的时代。在这样的时代背景下，个体的价值开始崛起，给组织变革带来挑战的同时，更多地带来了创造力和价值。很多企业，如腾讯、谷歌为适应员工个体化的需要创造出非常有趣的工作场所，让个体更自由地发挥，进而为组织创造无限的价值。这个时期的企业领导者所需要做的最重要的工作就是通过激发个体内在价值来激活组织，而不是用组织来激活组织。

在国外，全球领先公司早已推行了类似的组织变革。比如微软放弃了员工分级制，认为任何层级的人将来都可以变成组织运行的中心，都可以变成组织的资源调配中心。谷歌以"人"为出发点，认为招聘是人力资源管理最重要的工作，优先将资源投到招聘而非培训上，对要招聘的人宁缺毋滥，专注聘用在某些特定方面比现有员工更优秀的人才。同时，对员工保持透明和真诚，给他们话语权和自主权。经理有责任帮助员工发现工作的意义，让员工像创始人一样去思考。

在互联网时代，万物的关系也发生着变化，从人与人的连接、人与物的连接到万物与万物的连接。在这个过程中，敏锐的企业家意识到这种情景下面临的挑战，并在努力寻找新的策略去适应这种变化。"不变，等死；变，找死"的言论述说着企业家的挣扎与无奈。然而无论是新兴行业还是传统行业，不管变化的手段和形式是什么，它们都有一个共同的出发点——"人"。一切都在变，唯一不变的是"人"的影响，"人"在这些变化中扮演着关键角色。因人成功、因人失败的商业案例在不断地生动上演着。在这样的背景下，企业家更加明确地感知到，现在的时代是以"人"为中心的时代，企业未来取得长期而持续发展的关键是充分发挥"人"这一要素的作用，以此来推动企业更好、更快地发展。

这是最好的时代，也是最坏的时代，但这终究是"人"的时代。

先人后事：被忽视的"上亿美元买不来的研究成果"

当商业社会真正进入"人"的时代时，企业家们带领企业发展的行为模式基本可以被预测：聚焦于人，竭尽所能地重视人的价值，不顾一切地对人进行优先投入，不计成本地到处抢人，千方百计地激发人的价值创造能力，总之，一切组织行为都将围绕"人"来进行。这一点呼应了美国管理大师吉姆·柯林斯（Jim Collins）在《从优秀到卓越》一书中所描述的卓越企业先人后事的管理原则。

吉姆·柯林斯带领由 21 人组成的研究团队，历时 5 年时间，进行了一项工程浩大的实证研究。他们对 1965 年以来《财富》杂志历年 500 强排名中的每家公司（共 1400 多家）进行了系统的调查，整理了 6000 余篇文章，记录了 2000 多页专访，创建了 3.84 亿字节数据，收集了 28 家公司过去 50 年的文章，筛选出雅培、吉列、富国银行等 11 家实现从优秀跨越到卓越的企业。这些企业连续 15 年业绩持续增长，并且平均累积股票收益是大盘股指的 6.9 倍。吉姆·柯林斯与其团队的研究揭示了这 11 家公司实现从优秀跨越到卓越的成功奥秘。

第1章 人力资源领先战略：先人后事

《从优秀到卓越》因其巨大的价值，被亚马逊网上书店誉为"上亿美元也买不来的研究成果"，但该书对于企业管理的借鉴价值，被企业的管理者们忽视了。

在研究之前，吉姆·柯林斯与我们多数人一样，也先入为主地认为："将一个公司从优秀推向卓越的第一步是为公司设定一个新的方向、新的愿景和战略，然后找到合适的人，再朝这个新的方向前进。"如果最终研究的结论是这样的，也就没有超出我们的常识认知。不过，吉姆·柯林斯与其团队发现情况恰恰相反，"先人后事"是这些企业从优秀到卓越过程中严格遵循的一项重要原则。

什么是先人后事？吉姆·柯林斯给出的解释是："卓越企业的管理者不是首先确定目的地，然后才把人们引向那里。相反，他们首先请合适的人上车，让大家各就各位，然后让不合适的人下车，最后才决定去向哪里。"他在书中不断强调"先人后事"是企业必须严格遵循的原则：不仅要得到合适的人，更重要的是"让谁做"这一问题先于"做什么"这样的决策，即得到合适的人先于愿景、战略、战术、组织结构和技术问题。为什么卓越企业的管理者要践行先人后事的原则？因为他们明白3个简单而深刻的道理：

（1）如果你是从"选人"而不是"做事"开始的话，就更容易适应这个变幻莫测的世界。

（2）如果你有合适的人在车上，那么如何激励和管理他们就不再是问题。合适的人是不需要严加管理和勉励的，他们会因为内在驱动而自我调整，以期帮助企业取得最大的成功。

（3）如果车上坐的是不合适的人，不论你的方向（战略）多么正确，仍然无法到达你的目的地。

《从优秀到卓越》写成于2001年，吉姆·柯林斯在书中详细描述了富国银行和美洲银行这两个分别秉持"先人后事"和"先事后人"两条不同发展路线的企业从1983年到1998年15年间巨大的发展差异的案例来佐证"先人后事"的观点。而在《从优秀到卓越》面世的3年前，一家在当时还不起眼的公司——谷歌刚刚成立，但就是这家公司用了不到20年的时间成为全球市值最高的公司之一，并多次成为"世界品牌500强"榜首公司。谷歌的管理者是典型的"先选人上车"管理理念的拥护者，他们对德鲁克提出的"知识型员工"的观点深以为然。他们认为，聪明的企业会"排除任何影响知识型员工工作的障碍"，这为谷歌吸引了最好的员工，并且保证了这些员工成为"未来25年，谷歌唯一的且影响最大的竞争优势"。所以，谷歌坚决只选用"世界上最聪明"的工程师，围绕人才，配以自由开放的企业文化、特有的项目管理模式、有效的考核机制及吸引人的薪酬和福利激励。这些成为谷歌最大的竞争力，支撑其在20年内实现奇迹般的跨越式发展。

谷歌在选择人才方面非常严格，它建立了一系列人才选择的标准，以达到招到合适的人的目标。

案例

谷歌的人才招聘

为了招聘到最优秀的人才，谷歌组建了专业的、与人力资源部完全分离的招聘部门，其内部包括招聘研究与分析、职位候选人开发、招聘流程协调、职位候选人甄选、大学毕业生招聘、技术管理与领导招聘、国际招聘、招聘项目管理等分工明确的专业岗位。谷歌庞大的招聘机器每年要处理100万~300万份简历，从中选拔真正优秀的人才。

每个参加谷歌面试的职位候选人要与由5位公司管理层或公司员工组成的面试官团队沟通交流，每位面试官的观点都同样重要，从而确保招聘程序更公平、标准更高。当然，招聘过程花费的时间会长一些，但是为了得到更加优秀的员工，谷歌认为这些付出是值得的。在人才录取方面，谷歌采取委员会制，坚持进行集体决策，从而确保招聘到真正优秀的人才。

人才第一，战略第二

自第三次工业革命以来，生产技术的不断进步、劳动者的素质和技能的不断提高、劳动手段的不断改进成为社会发展的主要动力，人的作用逐步得到重视。德鲁克敏锐地洞察到社会发展的趋势，开创性地提出"知识型员工"概念后，近20年来，"人才是企业核心竞争力"成为研究学者和企业家们的共识，"人才决定战略"被众多优秀企业的实践所证明。

GE前首席执行官（Chief Executive Officer，CEO）杰克·韦尔奇（Jack Welch）总结他的领导艺术时提到，领导力只是跟人有关，只为得到最优秀的员工。他说，"GE拥有世界一流的员工，所以它也是世界最有竞争力的公司""要让企业能赢，没有比找到合适的人更紧要的事情了""世界上所有精明的战略和技术都将毫无用处，除非你有优秀的人来实践它"。杰克·韦尔奇在20世纪80年代带领GE进行"数一数二"的战略转型时，要求大规模地提升自己的人才水平——空前关注人的培训和发展。他总结GE的战略之所以有持久的生命力，最主要的原因是它建立在两个牢不可破的原则之上，一个是"大众化是糟糕的"，另一个是"人才决定一切"。

在中国，华为是坚持"人才是最高战略"的典范，其在《华为基本法》中明确坚持"人力资本的增值大于财务资本的增值"。华为轮值CEO徐直军说："华为在人力资源上花的时间是最多的，公司高层管理团队大量的时间开会讨论的不是业务，而是与人力资源相关的议题。"任正非曾说："（华为）什么都可以缺，人才不能缺；什么都可以少，人才不能少；什么都可以不争，人才不能不争。"在实践中，华为对人才的掠夺让业界为之惊叹：去大学招聘，副总裁级领导亲自上阵为华为摇旗呐喊，现身说法，增强对高端人才的吸引力；动辄开出比同行业翻倍的高薪，只为获得优秀的人才；在大一、大二年级做拦水坝，提前卡位搜罗优秀人才。华为将"先人后事"的理念发挥到了极致。

吉姆·柯林斯在 2012 年美国亚特兰大举办的美国人力资源管理协会（SHRM）第 64 届年会暨展览会上郑重表示："在企业通往成功的征程上，人才是第一位的，而战略是第二位的。"他在其主旨演讲中说："人才是任何伟大企业里唯一最重要的战略支柱。"在此次全球人力资源管理者的盛会上，人力资源对于企业经营成功和可持续发展的重要性得到了与会世界著名商业、经济界领袖和 HR 管理大师的一致强调。

其实，依赖战略引领的"先事后人"的观点隐含着一个基本假设——战略的制定者是正确的，他的认识是充分的，所以他提出的战略是正确的。但是很显然，这个假设成立与否存在很大的偶然性。正如杰克·韦尔奇所言："没有对的人，就没有对的战略。"从战略管理的闭环系统来看，战略制定→战略执行→战略复盘→战略更新，每个环节无不需要"人"来推动，"人"合不合适将从本质上决定战略管理系统的正确性、可执行性，从而直接影响企业的成功或失败。

关于"人"和"战略"孰轻孰重的争论越来越清楚，但是德锐咨询团队在过往 10 年的咨询项目中的体会是：中国大部分企业家们嘴上强调自己最重要的资源是"人"，却未真正将人力资源放在战略的首要或重要的位置，企业家们对"人"这一资源的重视程度远远落后于自然资源、资金、政府关系、技术等资源，属于"劣后级"考虑要素。所以，关于"人"的重要性陆续被正名后，我们希望借用吉姆·柯林斯"先人后事"的形象比喻来引起中国企业家们对企业战略布局的新思考：在开车前，先让合适的人在车上，把不合适的人请下车；在车行驶过程中，选择合适的人上车，那么合适的人会让车驶向正确的目标，即使路途中一时偏离了目标，合适的人自然也能把车驶回正确的轨道。

先人后事的四大用人原则

"合适的人"如此重要，那么到底谁是合适的人？通过研究众多标杆企业的用人理念，我们发现，"价值观相符，素质匹配"就是合适的人，其中"价值观相符"是"合适的人"的首要因素。

"素质匹配"是说任职者的能力状况能够胜任岗位需要，与岗位要求契合度较高。需要注意的是，这里所说的素质更多的是沟通、协调、领导、学习能力等"冰山下"的软性素质，而不是一般所强调的知识、技能、经验等"冰山上"的硬性素质。组织行为学的研究发现，"冰山下"的软性素质更能决定和衡量一个人未来的职业成就。

"价值观相符"则要求任职者的价值观要与公司的价值观和企业文化相一致，不能出现冲突。阿里巴巴的招聘部门专门设置"闻味官"一职，负责考察候选人的价值观是否与阿里巴巴的价值观相符，阿里巴巴把这叫作"闻味道"。阿里巴巴闻味官一般由在公司工作超过5年并且深知、深信阿里巴巴价值观的资深员工担任。在招聘过程中，闻味官拥有一票否决权。华为不断强调"奋斗者"文化，所以它在招人时重点考察候选人是不是"奋斗者"，并与入职者签订"奋斗者协议"。基于丰富的咨询经验与标杆研究，我们提出，"先公后私"可以作为企业家们寻找"合适的人"所需要考察的第一标准（"先公后私"的人的特点将在本书第2章着重介绍）。

吉姆·柯林斯发现，秉持先人后事观点的标杆公司都在极力寻找"合适的人"，它们在选人用人上严格而非冷酷地坚持着四大用人原则。我们非常认同，我们发现很多国内外的卓越企业都在坚持这些用人原则，这些原则同样值得追求企业长期发展的企业家们学习。

原则一：宁缺毋滥

顾名思义，如果不是合适的人坚决不请他上车，宁愿这个职位空缺着。谷歌认为：公司选到错误的人会带来一系列的麻烦，后续需要辞退谈判、支付高额的补偿金，甚至会出现对组织氛围有负面影响、业绩下滑等情况。为避免解雇不得力员工的窘境，谷歌认为最好的办法就是不要把他们招进来。因此，谷歌在人才招聘过程中，投入了大量的人力和物力，即便出现求职者感到流程冗长而放弃的情况，谷歌也宁愿"漏聘"（没有招聘到那些应该招聘的人），而不愿意"误聘"（把那些不该招入企业的人招进来）。

当然，如果岗位长时间空缺会影响企业的经营管理，建议企业采取以下两种方案予以解决：

（1）由现任上级向下兼任空缺岗位，并积极寻找继任人选。

（2）由现有岗位下级或平级人员扩大工作职责，考察、培养他们的胜任能力。

原则二：一旦发觉换人之举势在必行，就当机立断

当发现人员不合适时，要快速决断，请他下车。杰克·韦尔奇主政GE后，裁员规模是空前的。这种裁员，有相当一部分是因为战略目标的调整而造成的，但更多的是因为员工不胜任。之后GE将员工按照"721"的比例进行了强制分布，并让排在末尾的10%员工离开。当被问到这样果断地淘汰员工会不会过于残酷时，杰克·韦尔奇如此回答这个问题：

> "在我看来，让一个人待在一个他不能成长和进步的环境里才是真正的野蛮行径或'假慈悲'。让一个人等待着，什么也不说，直到最后出了事，实在不行了，不得不说了，才告诉人家'你走吧，这地方不适合你'，而此时他的工作选择机会已经很有限了，而且还要供养孩子上学，支付大额的住房按揭贷款，这才是真正的残酷。"

包容不胜任者，最后实在不行了才请他走人，实际上是对员工不负责任的表现。表现不佳者不能完成自己的任务，就会影响其他员工的绩效。在最后的成果分享中，他的行为会拖累其他员工，把别人分到的馅饼也变小了，这对优秀员工来讲是一种不公平。

阿里巴巴、京东、平安等国内的标杆企业都在使用"人才九宫格"，每季度或半年进行人才盘点，摸查和诊断企业人才结构状况，一旦发现不

合适的人，就"杀伐决断"地予以清除。

⊙ 原则三：如果发现某人非要严加看管不可，那你一定用错人了

谷歌首席人才官（Chief Human Officer，CHO）拉斯洛·博克（Laszlo Bock）在《重新定义团队：谷歌如何工作》中介绍了谷歌人才和团队管理的核心工作法则，其中第一条就是"成为一名创始人"。把自己看成一名创始人，像创始人一样行动。所以，好的部下和员工是不需要监督的。我们在众多人力资源管理咨询项目中发现，凡是企业的明星员工（或者说合适的人）一致性地表现出高度认同企业的价值观，并且当他们认为自己所做的事情对公司和自己有利时，他们会自我激励，想尽办法克服困难，达成目标。他们会因为自己出色的成绩而感到满足，会为给企业创造的价值而感到自豪，并会更加努力争取获得更大的进步。对这些人，作为企业家或管理者，我们需要做的就是给予充分的信任和授权。

相反，如果一个员工需要你不断地给予监督和提点，交办事情总是缺乏足够的可靠性，需要你不断确认和检查，那么你就不需要再犹豫了，他是"不合适的人"，请他下车是最好的选择。

⊙ 原则四：卓越公司人员的去留有两个极端：合适的人在车上待得很久，不合适的人匆忙下车

卓越公司的领导者会花上很多的精力进行严格的人员挑选，当挑选到"合适的人"时，就会想方设法地把他们留在身边，委以重任，让他们在合适的位置上大展拳脚。"合适的人"会认同公司的价值观，在公司快速成长，因此他们的忠诚度一般都很高，不会轻易离开公司；而"不合适的人"由于跟不上企业的发展，会主动或被动地离开公司。

> **案例**
>
> 阿里巴巴成立于1999年，创业团队号称"18罗汉"。在阿里巴巴快速发展的2001年前后，马云曾明白无误地告诉他们，不要想着靠资历任高职，"你们只能做个连长、排长，团级以上干部得另请高明"，故其在2001年开始大规模引进职业经理人。但在今天，当时请的"空降兵"据查早就集体阵亡，而当年的"18罗汉"目前大部分仍在阿里巴巴任职，而且绝大多数都担任着重要职务，还在为阿里巴巴的发展出谋划策。马云曾自我检讨、承认自己当年的错误，他也没有想到，就是靠着这帮志同道合的人，阿里巴巴成为中国市值最高的互联网公司之一。

时代呼唤人力资源领先战略

美国人称过去20年的世界叫"VUCA时代"，即具有动荡的（volatility）、无常的（uncertainty）、复杂的（complexity）、模糊的（ambiguity）特点。随着全球化、大数据、3D、人工智能等这些技术革新的出现，未来世界商业和社会格局将变得更加复杂、动荡与不可预测。未来已来，唯一可以确定的是，当下与未来都将是"人"的时代。

在这个时代特征下，试图预测和把握产业规律的"先事后人"战略是否真的能够引领企业的发展值得怀疑和商榷。企业家们若从当下着手，从人力资源着手，聚焦于人，以"人"应万变，则未来会更可期。在这个混沌的时代，企业家们或许无法决定外部世界的变化，却能决定自己。要想在这个"人"的时代让企业保持生命力和竞争力，必须践行人力资源领先战略。

所谓人力资源领先战略，是指在企业的技术、资金、设备、产品、品牌、市场、成本、流程、关系、服务、人力等各种资源当中，企业家们要聚焦于人，优先投入和发展人力资源，并在投入和发展之初就确保人力资源要素的先进性，在优先投入和发展人力资源的基础上再去制定和实施企业的其他战略，并以此来持续地获得竞争优势，取得成功。

人力资源领先战略实践的关键在"领先"二字上，它是人力资源领先战略实施的衡量标准，具有双重含义。

（1）在优先次序上，人力资源要作为企业的第一战略，先于其他战略要素进行制定、投入和发展。

（2）在先进水平上，无论是人力资源理念、人力资源管理体系还是人才，都要追求卓越和高标准，保持其先进性，领先同行。

德锐咨询认为，优先投入和发展人力资源是任何一个企业发展效率最大化的最优路径。相比优先投入其他资源（比如设备、技术、成本或市场），若一个企业优先投入和发展人力资源，会产生事半功倍的效果。

从总体上来说，人力资源领先战略继承了先人后事的思想，也结合企业的应用实践，对其内涵进行了延伸和扩展，不再局限于"人"这一点，而扩展到"人力资源"。这样的扩展既保证了人力资源领先战略的先进性，同时也保证了其思想的系统性、完整性和可操作性。如果说吉姆·柯林斯先人后事中的"人"单指"人才"的话，德锐咨询则认为，先人后事中的"人"可以扩展为"人力资源"。

⊃ 人力资源领先战略的三大关键要素

要保持人力资源战略的领先性，关键是要从其三大要素来着手建立和实施（见图 1-1）。

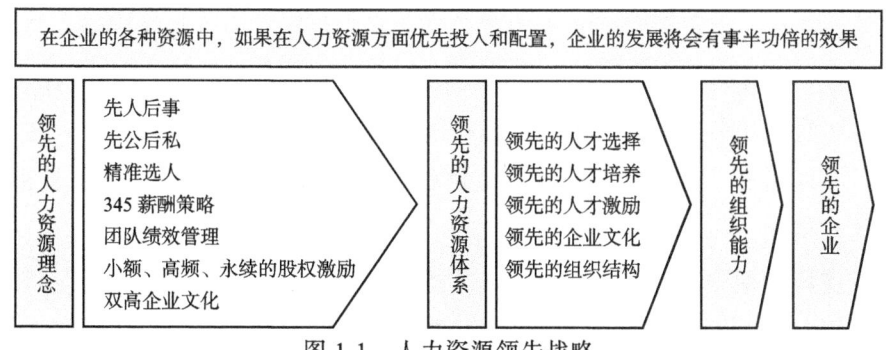

图 1-1　人力资源领先战略

要素一：领先的人力资源理念

领先的人力资源理念是人力资源领先战略的出发点，决定着人力资源战略发展的先进性和对组织能力建设产生效能的大小。人力资源管理理论发展至今，已产生了很多管理理念和思潮。有些理念需要摒弃，如"X理论""员工是成本""薪酬公开透明才能保障公平""绩效管理就是绩效考核"等；有些理念则需要重新诠释其含义，如"目标管理""人本管理"等；还有些理念，如"先人后事""345薪酬""团队绩效管理""小额、高频、永续的股权激励""双高企业文化"等，代表了人力资源管理新趋势，应得到企业家们重视。建立、宣贯并持之以恒地坚持领先的人力资源理念，是人力资源领先战略制定和实施的第一步，是企业构建领先的人力资源体系并保持持续竞争力的关键。

要素二：领先的人力资源体系

我们常把人力资源体系比喻成一台机器，一台保障企业有效运转不可缺少的机器。不同的人力资源体系建设水平，就相当于在使用或先进、或普通、或落后的人力资源机器。当人力资源机器比较落后，运转不正常或运转低效时，企业的机能就会有问题——工作效率不高、组织矛盾冲突加剧、经营效果低于同行水平，严重的甚至会导致企业崩溃与消亡。而当先进的人力资源机器高速流畅地运转时，企业员工工作热情高涨，部门间有效配合，团队健康成长，企业快速发展。

人力资源机器的各个组成部分就是通常所说的人力资源管理的专业模块，它是人力资源管理实施的载体和途径，也是人力资源管理最为核心的工作。传统的人力资源体系包括六大模块：人力资源规划、招聘、培训、绩效、薪酬和员工关系。德锐咨询将领先的人力资源体系概括为：人才选择、人才培养、人才激励、企业文化和组织结构，其中各模块联系紧密、彼此支持。

在各模块中，组织结构相比人才选择、培养与激励和企业文化，有更强的规制性，灵活性较低。所以，很多企业在组织结构理念上将组织与人割裂开来。但组织是无法脱离人而存在的，如果脱离了人，单纯的组织设计本身贡献的价值是有限的。基于此，本书遵循"先人后事"的原则将侧重点放在与人紧密相关的方面，组织结构将在我们未来出版的书籍中再做详细讨论。

人力资源机器的领先性还体现在人力资源管理部门的引领性。传统的人力资源运作方式已越来越不适应多变的市场和多变的客户需求，面向客户端、面向前线业务系统的人力资源管理三支柱模式（具体方法、应用见《人力资源转型》，戴维·尤里奇著，李祖滨译，电子工业出版社出版），因其运作方式的领先性，给企业战略发展带来强大的支持作用，目前已广泛应用在华为、阿里巴巴、腾讯、联想等标杆企业的人力资源管理实践中。

要素三：领先的组织能力

戴维·尤里奇在《变革的HR》中提到："组织能力代表了一个企业因何而为人所知，它擅长做什么，以及它如何建构行为模式以提供价值。"近些年，在互联网风口上快速成长起来的企业，有些能够快速构建起自身的组织能力，在快速变化的环境中扎好了根基，而很多没有在塑造组织能力上下功夫的企业，则纷纷因后劲不足而衰落。

在《重构绩效》一书中，我们提到："与一般企业相比，那些组织能力强的企业总能表现出更强的生存能力与发展能力。组织能力强的企业，在竞争激烈的新兴市场中总能先行一步占据有利位置；组织能力强的企业，在激烈的市场动荡中依然保持稳健的增长步伐；组织能力强的企业，在面临重大的市场变化时能够打破传统的惯性，变革自我而构建新的核心竞争力。聚焦在内部，组织能力强的企业，能够在团队合力、人才团队打造、超越环境的持续增长力等方面表现更加优异。"

人力资源理念的领先和人力资源体系的领先，其目标与成果都是达成企业组织能力的领先。相比于短期的成功或偶然性的增长，只有组织能力能够让企业实现持续的成长，最终才能成为领先的企业。

⮕ 人力资源领先战略的实施

人力资源领先战略一旦启动实施，就是一个逐步提速运转并自我优化的系统。秉持领先的人力资源理念，逐渐打造领先的人力资源体系，从而为企业提供越来越多领先的人才，进而逐步建立卓越领先的组织能力，最终必将成为卓越领先的企业。为了保持企业的领先性，卓越的企业一轮又一轮地循环运作上述系统，并不断更新与迭代，以实现企业的基业长青。

当然，人力资源领先战略并不是孤立存在的，它是企业总体战略的有机组成部分。但人力资源领先战略是企业的第一战略，引领企业其他战略的实施。一方面，人力资源领先战略是制定其他战略的重要前提，会左右企业选择和制定出最合适的战略，同时保障和促进其他战略高效实施，实现企业的业务目标；另一方面，其他战略是人力资源领先战略贯彻执行的载体和依托，其他战略的贯彻执行是实现企业战略目标的途径。在企业实现战略目标的同时，人力资源领先战略的优势不断得到强化，体现人力资源领先战略的价值。两者相辅相成，互为依托（见图1-2）。

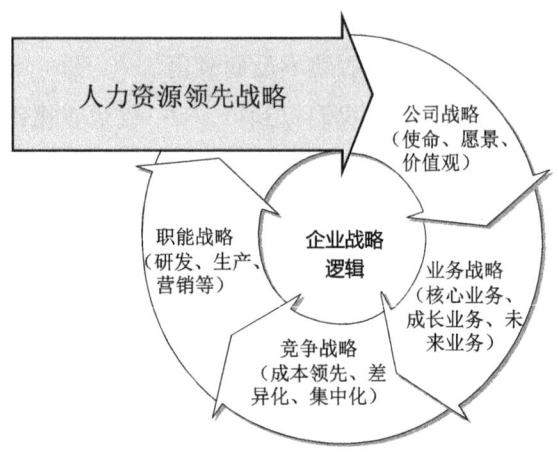

图1-2 企业战略逻辑关系

第1章 人力资源领先战略：先人后事

人力资源策略的选择

总地来说，领先的人力资源体系主要包括领先的人才选择、领先的人才培养、领先的人才激励、领先的企业文化和领先的组织结构。在与人力资源管理直接相关的工作中，人才选择、人才培养和人才激励三者孰轻孰重、孰先孰后，是很多企业家和人力资源管理者困惑的问题。我们结合领先企业的做法和实际咨询案例研究发现：三者各有所长，组合使用效果最佳；结合企业不同时期的战略和发展需要，三者的选择有所侧重。

● 人才选择是人才激励与人才培养的前提

前文详细阐述了"合适的人"的重要性，这里不再赘述。人才选择就是为企业挑选"合适的人"，企业一切的人才策略的前提都应该是面向"合适的人"。人才激励的对象如果是"不合适的人"，不光造成激励资源的浪费，同时还会造成企业内部的不公平，打击"合适的人"的积极性。因此激励策略要因人而异。杰克·韦尔奇坚持重点激励20%最优秀的员工（通常是平均水平的2~3倍），对于70%业绩表现合格的员工进行平均激励，而对10%最差的员工，果断地进行负激励——辞退他们。

人才培养的前提更是审视培养对象是否"合适的人"。要实现高效的人才培养，培养对象的选拔极为关键。"朽木不可雕也""扶不起的阿斗"等这些俗语蕴含着被培养对象的选择，对人才培养的效果起着决定性的作用。地产界管理标杆——龙湖地产人才培养体系的第一原则就是"选拔重于并先于培训，先精心选拔，后重点培训与发展"。相关机构的研究数据也显示，高效的人才选择可以将成才率提升50%。

人才激励是人才选择与人才培养的基础

人才选择和人才培养的基础是企业有众多候选人可供挑选,从中选出"合适的人"。没有一定基数的候选人供选择,企业很难实施严格的人才选择和高效的人才培养。只有运用积极有效的人才激励手段,才能吸引大量的候选人供企业选拔和培养。注意,这里所说的人才激励手段并不单单指高水平的薪酬福利,还包括有成长感的职业发展、有归属感的企业文化、宽松自由的职场氛围等,我们称之为"筑巢引凤",通过有效的人才激励方式构建人才资源池,为人才选择和人才培养提供人才保障。

华为、阿里巴巴、腾讯、百度等这些知名公司每年在校招时,全中国顶尖人才削尖脑袋想往里挤,为何?一方面是因为这些公司品牌好;另一方面是因为它们的人才激励措施非常好,有效的激励手段使它们拥有了远超其需要的选才基础,从而占据了人才竞争的有利地位。前文案例中提到,每年谷歌收集处理的简历为100万~300万份,招聘录用率大概为400∶1,但每年全球依然有大量人才梦想入职谷歌,谷歌可以非常从容地实行其人才"掐尖"战略,只招"世界上最聪明的工程师"。

用重要性和紧急性矩阵来总结分析人才选择、人才激励和人才培养策略的关系,德锐咨询认为:从重要性维度来看,人才选择始终重要于人才激励和人才培养,没有科学有效的人才选择,就没有高效的人才激励和人才培养。从紧急性维度来看,人才激励是能对企业当下产生影响最具效用的一种方式,也是最解燃眉之急的特效药,人才选择次之,而人才培养因为需要长期坚持才能见效,所以排在最后(见图1-3)。

事实上,很多企业内部潜藏着不少人才,但由于人才激励方式的不到位而使得那些"合适的人"没有发挥其应有的作用。基于此,我们建议,针对企业不同的阶段和发展特点,企业家可对人力资源策略进行相应的选择。

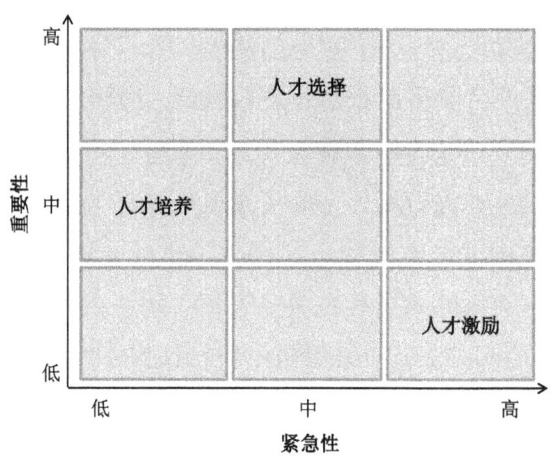

图 1-3　人力资源策略选择模型

1. 高效而立竿见影的短期人力资源策略

人才激励第一、人才选择第二、人才培养第三，这是一种以外为主的人力资源发展策略。一般实施这种策略，企业通常面临的情况是核心人才流失、员工积极性不高、归属感不强、可用人才捉襟见肘。在这种情况下，企业家们要想立竿见影地解决现有问题，就需要将人才激励置于首位，迅速稳住局面，并从公司外部获取人才来解决公司发展瓶颈，再通过人才培养实现内部人才供应链的稳定运转。

2. 稳健并导向基业长青的长期人力资源策略

人才选择第一、人才培养第二、人才激励第三，这是一种以内为主的人力资源发展策略。从长远来看，要想保持企业基业长青、永续发展，"合适的人"是第一位的。选到"合适的人"，对其进行持续的培养，并利用有效的人才激励当作保障手段，必将打造氛围良好的企业文化，员工积极性、忠诚度和归属感提升，企业得以稳健并快速地发展。

需要说明的是，长期人力资源策略和短期人力资源策略不是相互孤立的，企业视不同情况、不同阶段灵活组合使用，长中有短，短中有长，长短互补，才是人力资源之上策。

案例

龙湖全国化扩张的长短期组合人力资源策略

龙湖原是创建于重庆的地方性房地产企业,其在全国化扩张之前就统筹考虑人才供应问题以缩小业务发展与人才发展的差距,所采取的长短期相结合的策略有效支持了龙湖2005—2015年全国化的业务扩张。

人才储备和内部培养是实现企业人才供给最稳健可靠的方式,龙湖为实现人才的"内部造血",在2004年便启动了"仕官生"招聘项目,从著名高校中招收优秀毕业生,为未来的发展培养中高层管理人员。在"仕官生"项目中成长的人才成为龙湖的中坚力量。

后期龙湖又实施了"仕官生2.0"招聘项目,它是龙湖统一推行、适用地产和商业体系的社会招聘项目,面向具有3~5年工作经验且毕业于优秀高校的本科生、研究生。"仕官生2.0"招聘项目自启动后2~3年内成功入职200多名员工。龙湖通过该项目补充具有高潜力的员工,为龙湖发现、储备了未来中高层管理者及专业技术骨干人员。龙湖后续又实施了培养营销管理人才的"绽放"培养项目和为了培养具有商业气质的未来管理人才而定制的校园人才甄选和培养计划"CS"项目。

同时,龙湖业务上的"地域化聚焦"策略决定了它的"人才本地化"政策。在2007年前后的2~3年内,龙湖引入了50多名中高层管理人员,这是龙湖走出重庆后能够在其他地区迅速打开局面的重要原因之一。后来,龙湖发起物业系统的"猎英"招聘项目和商业地产系统"天行者"招聘项目,获得了很多优秀人才。

但这种策略在2008年因金融危机并未彻底贯彻,人才储备的数量和质量出现下滑,导致2009年龙湖上市后开始新一轮的扩张时,人才空缺更加明显。

故龙湖于2012年9月启动了"揽粤"计划,目标很明确,就是为了满足龙湖每年新组建2~3个地区公司的用人需要。从2012年9月到2013年5月,龙湖从华南引进了50多人。这些人融入龙湖非常顺利,现在他们中的60%还在龙湖，大部分担任地区公司工程总监和项目总监等关键管理岗位，大幅提升了关键岗位的满岗率。

龙湖不断自我反省，同时又加强了"仕官生"等校园招聘项目的力度。为了实现人才内部造血，龙湖除了针对"仕官生""绽放"系列项目有成熟的培养体系，还成立了领导力发展中心。龙湖人力资源部总经理李朝江在2015年接受记者采访时说："在香港上市的房企里，我们的战略导向清晰程度一定是排名前三的。下一步是如何通过培训体系的完善，提升人的专业度，保障战略达成，以需求为出发点，对应市场研究、产品研发、工程建造、物业管理和客户服务等。"

资料来源：龙湖官网（http://www.longfor.com/news/10/642/）。

关键发现

> 当今时代是以"人"为中心的时代，企业未来取得长期而持续发展的关键是要聚焦于人，充分发挥"人"的作用。

> 竭尽所能地重视"人"的价值，不顾一切地对"人"进行优先投入，不择手段地到处抢"人"，千方百计地激发"人"的价值创造能力。总之，组织的一切行为都围绕"人"来进行，将是这个时代的特征。

> 人才战略是企业最高战略，人力资源领先战略是企业战略中的第一竞争战略。

> "价值观相符，素质匹配"就是"合适的人"，其中"价值观相符"更是"合适的人"的决定要素。

> 优先投入和发展人力资源是任何一个企业发展效率最大化的最优路径。

> 高效而立竿见影的短期人力资源策略是：人才激励第一，人才选择第二，人才培养第三。

> 稳健并导向基业长青的人力资源策略是：人才选择第一，人才培

养第二，人才激励第三。
- ➢ 建立、宣贯并持之以恒地坚持领先的人力资源理念，是人力资源领先战略制定和实施的第一步。

第 2 章
人才选择第一标准：先公后私①

> 对于管理者而言，工作中最重要的事情是招聘人才。人才招聘是任何组织唯一的、最重要的人力活动。
>
> ——谷歌 CHO　拉斯洛·博克

 选人决定利润

人才供应链决定资金链的安危

著名供应链管理专家马丁·克里斯多弗（Martin Christopher）曾说："真正的竞争不是企业与企业之间的竞争，而是供应链和供应链之间的竞争。"传统的供应链理论认为：企业的供应链一般包括物流、商流、信息流和资金流 4 个流程。资金流也被称为资金链，往往最能引起企业家的关注，被认为是企业的命脉。

2008 年，沃顿商学院教授彼得·卡普利（Peter Cappelli）将供应链管理理念应用于人力资源管理，率先提出人才供应链概念，即基于企业的需

---

① 本章更详细内容请参见《精准选人：提升企业利润的关键》，李祖滨、刘玖锋著，电子工业出版社，2018 年 1 月。

求，在保证成本的前提下，让雇员的能力与职位迅速匹配，从而实现人才需求的快速满足。

在当今这个时代，外部环境的不确定性与复杂性日益增加，人才对于企业的发展越发重要，而人才供应不能匹配企业快速发展的现象日益凸显。国际知名猎头公司万宝盛华（Manpower）自 2006 年开始，每年都会对人才短缺情况进行调查，其调查报告显示：人才紧缺现象一直存在，而大多数企业都未找到万全之策。

龙湖集团前 CHO 房晟陶曾说："人才供应链断裂比资金链断裂具有更大的风险。不胜任的人员使得企业不能按既定计划实现运营现金流，直接导致资金链断裂。很多时候，人才供应链断裂是资金链断裂的根本原因。"

如果说资金链对企业发展至关重要，影响企业的运作，那么人才供应链则决定着企业资金链是否健康安全，是否能够真正发挥其应有的价值。资金链帮助企业实现短期目标，而人才供应链是企业长期可持续发展的保障。

对于企业来说，怎样才能打造一条稳健的人才供应链呢？选对人是第一步。

⊃ 选人才就像选种子

青稞是世界上最古老的农作物之一，生长在青藏高原，亩产 200 千克（1 亩≈667 平方米），而"杂交水稻之父"袁隆平主持培育的超级杂交水稻 2018 年亩产已超过 1200 千克。种子的类型直接决定了农夫的收成，即使将青稞种到肥沃的土壤中也难以实现亩产 1000 千克的收成，劣质种子只会浪费农夫的时间和投入，最终还可能颗粒无收。只有对优质的种子进行浇水、培土、施肥，才是最有价值的选择。

选人才就像选种子，优秀的人才比平庸的人更有可能创造出优良的业绩。员工能够创造的绩效往往在人才选择的时候就已经确定了。

全球知名猎头公司亿康先达的高级合伙人费洛迪（Claudio Fernández-

Aráoz）在其著作《合伙人》中曾写道："20世纪90年代早期的相关研究表明，比平均值高一个标准差水平的蓝领工人的生产率可以比平均生产率高出20%。人寿保险推销员高于平均值一个标准差，就意味着绩效水平相当于平均绩效的120%。而对于更加复杂的工作，如咨询公司的客户经理，一个标准差意味着比平均水平高出6倍。"朗沃德大学的一项研究表明，在几乎所有的行业里，佼佼者与平庸者之间都有巨大的差异，并且这种差异并不符合钟形分布的特点，而呈现长尾曲线分布，即随着工作复杂度的提高，绩效差异呈现几何级数增长（见图2-1）。

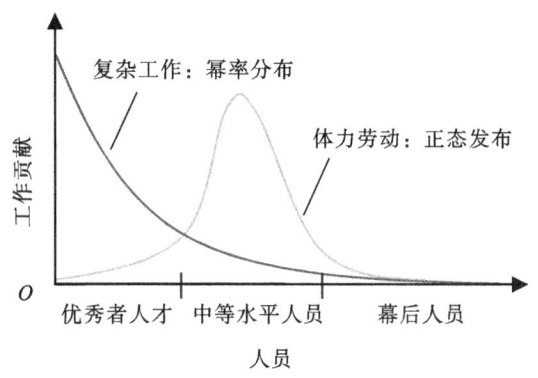

图2-1 不同人才工作贡献的差异

乔布斯（Steve Jobs）说，他花了半辈子时间才充分意识到人才的价值，"我过去常常认为一名出色的人才能顶两名平庸的员工，现在我认为能顶50名"。乔布斯口中所说的平庸的员工和出色的人才之间的绩效差距，并不是由激励或管理差异造成的，而是在人才选择的时候就已经决定了，所以他把大约1/4的时间用于招募人才，并且不吝重金聘请人才。募集、网罗一流人才，组建由顶尖的设计师、程序员和管理人员组成的"A级小组"一直是他最核心的工作。

谷歌认为人才招聘是任何组织唯一的、最重要的人力活动。谷歌CHO拉斯洛·博克在《重新定义团队》一书中写道："在谷歌，我们将人力资金投入前置。我们在招聘上投入的资金占人力预算的比例是所有其他公司平均水平的两倍。"谷歌要招聘的是明星员工而非平均水平员工。谷歌的研究发现:"聘用水平超过90%的应聘者,最糟的情况他们也能有平均水平的表现。这些员工几乎不可能成为公司里表现最差的。但是如果招聘平均水平的员工,不仅会耗费大量的培训资源,而且他们的表现很可能低于平均水平而不是高于平均水平。"

大多数企业寄希望于通过建立一套完善的培训体系、绩效管理体系来提升员工绩效,但结果往往不尽如人意。细究原因,最主要的是企业没有在"选择种子"的基础工作上发力,忽略了选人的重要性。选人随意看似节省了时间成本,企业却须花费大量时间解决因选人失误而带来的一系列问题。选到合适的人就不需要大费周折,他们的内驱力将引导自己不断成长。所以,企业家要像精心挑选种子的农夫那样,从一开始就投入时间和精力选择人才,然后再对其进行有的放矢的培养、辅导、激励,这样才能取得事半功倍的回报。

⊃ 选错人损失巨大

彼得·德鲁克曾说:"经理人在晋升和人员配置方面的决策能力较差,他们的平均成功率不超过30%。在其他领域,我们绝不可能接受这么大的失败率。"不难推断,每个企业或多或少都会存在人才决策错误的情况。

企业选错人会带来多项成本,包括直接成本、间接成本和机会成本(见图2-2)。

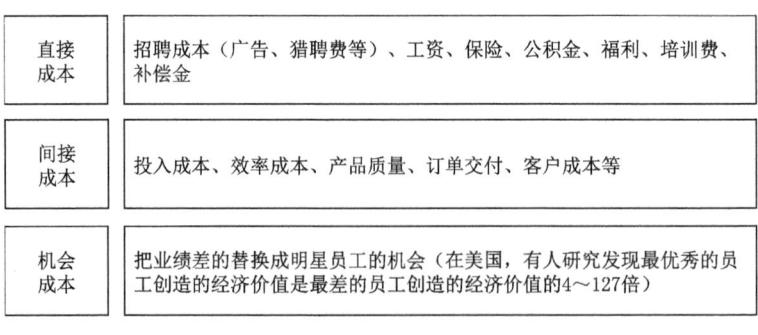

图2-2 选错人带来的多项成本

直接成本可以量化，间接成本可以相对量化，机会成本则是一个无底洞。我们众多的咨询案例都证明，招错一个高管可能毁掉一块业务，招错一个 CEO 甚至会毁掉一个企业。布拉德福德（Bradford D. Smart）博士在《顶级评级法速查手册》中列举的多项案例表明，只要将 B 类（胜任）和 C 类（不合格）员工换成 A 类（优秀）员工，就能够避免上百万美元资金的损失。雇用不当人员任职不仅损害企业的业绩，还会干扰企业在市场上抢占先机的竞争能力。要最大化地降低企业利润的损失，就需要加强对招聘工作的重视。

企业家是首席面试官

在咨询实践中，德锐咨询团队经常会问企业家们一个问题："在你的工作事项中，人才招聘（此处的人才招聘既指外部招聘，又指内部招聘）占据了你多少时间？"

超过 80% 的企业家都会回答："用于人才招聘上的时间不超过 10%。"

他们的理由经常是："我太忙了，实在没有时间面试。"在他们的潜意识中，找人选人是 HR 的事，是部门经理的事，即使需要自己面试做决策，也必定经过 HR 和部门经理的筛选后才到他们这里。这类企业家，大多缺乏主动为企业寻求人才的意识。

杰克·韦尔奇在其著作《赢》中写道："如果你舍不得花时间和精力来招贤纳士，那么你将来在管理上碰到的困难会花去你更多的时间。"卓越领导者从不将人才管理的事情交给其他人，而会将人才工作视为管理工作的全部。他们花费大量的时间为企业挑选属于自己的"超级杂交水稻"，为企业打造竞争优势（见表 2-1）。

表2-1　优秀企业CEO在面试上投入的精力

公司CEO	关键行为
杰克·韦尔奇 （GE）	• 负责批准最重要的600个工作岗位的候选人 • 亲自参与面试前125名管理人员的候选人 • 坚信战略始于所拥有的人才
Wayne Calloway （百事可乐）	• 面试前500个最重要岗位的申请人 • 我所做的工作中，没有什么比人员管理更重要的了
吴亚军 （龙湖）	• 面试高管和关键岗位，每年亲自担任龙湖校园招聘"仕官生"的面试官，挑选优秀学生后备
程维 （滴滴出行）	• 每天有30%的时间和精力用于面试 • 面试是第一优先级的，所有总监以上的候选人都亲自面试
郭平 （华为轮值）	• 高级主管要有求贤若渴的意愿去主动投入时间和精力找人 • 要有识别人才的能力

管理大师吉姆·柯林斯在《从优秀到卓越》一书中写到："商界人士最重要的决定不是如何做事，而是如何聘人。"德锐咨询认为，企业家是企业的首席面试官，选才是他们的首要任务。

除了企业家，直线经理也承担着选择人才的主体责任。首先，用人岗位的直线经理对空缺岗位工作职责和候选人所需要的素质能力理解最为深刻，对候选人到底合不合适更有话语权；其次，直线经理作为用人部门负责人、面试候选人的直接上级，对候选人能不能用、用得好不好负有直接责任。所以直线经理必须重视并积极参与人才招聘工作，而不能完全依赖人力资源部门为用人部门挑选人才。

作为企业战略合作伙伴的HR，他们在招聘工作中的重点任务是什么呢？HR的第一职能是搭建高效的人才招聘体系，包括两个要点：一是建立并管理好一支强有力的面试官队伍；二是拟订并优化与企业发展相匹配的招聘策略和决策机制。运作良好的招聘体系将直接赋能企业家和直线经理，让企业具备选人的能力，确保企业人才供应的有序性和有效性。

先公后私是人才选择的第一标准

对企业来说,什么样的人才是优良的"种子"?德锐咨询研究发现,由于行业特点、发展阶段等原因,不同企业对优良"种子"的选择标准会有所不同,但先公后私是优秀企业共同遵循的标准,甚至被很多企业奉为选人的第一标准。

所谓先公后私,是指先集体后个人,先考虑他人和集体利益,以集体利益为重,在一定条件下个人利益服从集体利益。先公后私的人自动自发地表现出两大行为特征:

- 利他。使别人获得方便与利益,尊重他人利益。
- 心怀远大目标。心中有超越自我,为他人、为集体谋利益的远大志向。

进化心理学的研究表明,先公后私的人更容易获得成功,因为利他者更容易结交他人,利他者也更容易获得来自他人的帮助(见图2-3)。黄卫伟教授在介绍华为企业文化的《以奋斗者为本》一书中对利己利他有这样经典的描述:"在价值创造的问题上,存在一个悖论:越从利己的动机出发,越达不到利己的目的;相反,越从利他的动机出发,反而越使自己活得更好。"

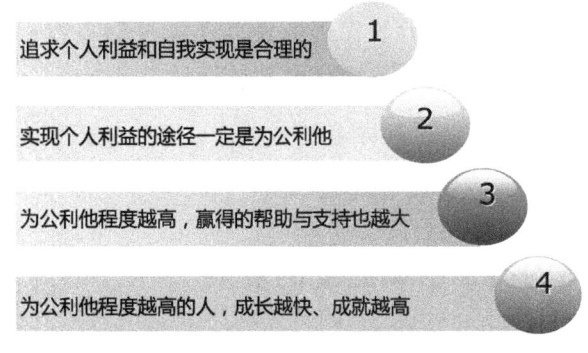

图 2-3 德锐咨询对先公后私的逻辑推理

先公后私的经理人是卓越公司的第一要素

吉姆·柯林斯在《从优秀到卓越》中写到:"实现从优秀向卓越跨越的公司,第一大成功因素是这些公司都拥有第五级经理人。"第五级经理人区别于第四级经理人或其他经理人的关键特征是先公后私。先公后私的第五级经理人认为企业的利益永远是第一位的,企业的成功高于个人的财富和名誉(见图2-4)。

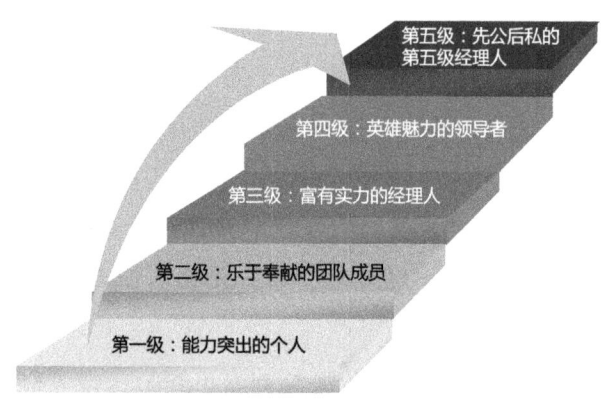

图 2-4　人员层级

当身处行业下滑期或金融困境时,那些拥有先公后私的经理人的企业往往更容易渡过难关,因为先公后私的经理人会身先士卒,宁可损失自己的利益,也要为企业奉献,带领团队渡过难关。由不具备先公后私特质的经理人领导的企业,大多数难以实现从优秀到卓越的跨越,功败垂成。这也印证了畅销书《领导力》作者詹姆斯·库泽斯(James Kouzes)和巴里·波斯纳(Barry Posner)对领导者的忠告:"如果有人不愿意牺牲个人的利益,他就不应该坐在领导者的位置上。即使他们现在坐在了领导者的位置上,最终也会给企业带来失败。"

先公后私的员工引领企业的发展

我们对事物的观察、认知、理解和实践,均离不开分类。分类学是生物学中最古老的学科,是对生物进行识别、鉴定、描述、命名和归类的专门学科,目的是认识和研究生物特征及其进化历史。达尔文的物种起源理论便是在生物分类学基础上的研究成果,也提高了分类学的研究地位。

人才分类是提高人才管理有效性的必要手段。杰克·韦尔奇提出"活力曲线",将GE的员工区分为排在前面的20%员工(A类)、中间的70%员工(B类)和排在最后的10%员工(C类)。GE对A类员工会重点激励和培养,把A类员工视为GE最重要的财富,并将A类员工的流失视为GE重大的损失,在事后都必须开会检讨;而对于C类员工,GE选择坚决清理出去。GE通过对不同类型的员工采取不同的管理策略,给GE带来了无限的组织活力。

在企业中,从个人发展速度和企业发展速度相互关系的角度,可以将人才区分为4种,分别是引领企业的员工、与时俱进的员工、不甘落后的员工和安于现状的员工,这4类员工各自的定义如表2-2所示。

表2-2 德锐咨询对4类员工的定义

员工素质类别	定义	
	对　　内	对　　外
引领企业的员工	先公后私,有执着的事业雄心和不断超越自我的精神	对比其他企业同岗位人员能建立明显的竞争优势,引领企业发展的速度超过同行发展的速度
与时俱进的员工	热爱企业,工作主动、有责任心,能创造性地完成任务	能够建立一定的竞争优势,不会导致竞争劣势;能够使企业发展的速度不低于同行发展的速度
不甘落后的员工	能力在提高,但比企业发展的速度稍慢	不能建立一定的竞争优势,甚至可能降低企业发展的速度
安于现状的员工	不愿意学习,能力没有提高,得过且过	没有竞争优势,现阶段已经造成竞争劣势,会让企业发展的速度滞后

我们发现，优秀的企业都极力清除安于现状的员工，这类员工在优秀企业中较为罕见。优秀企业的员工一般可分为3类——引领企业的员工、与时俱进的员工和不甘落后的员工，大致的人数比例是2∶7∶1，这也是优秀企业员工素质结构的常见比例（见图2-5）。值得一提的是，此处关注的是员工冰山下的素质，而非员工的性别、年龄、受教育程度等冰山上的条件。根据员工素质结构进行划分能帮助企业更有效地识别出高潜力人才，并有的放矢地进行任用与培养。

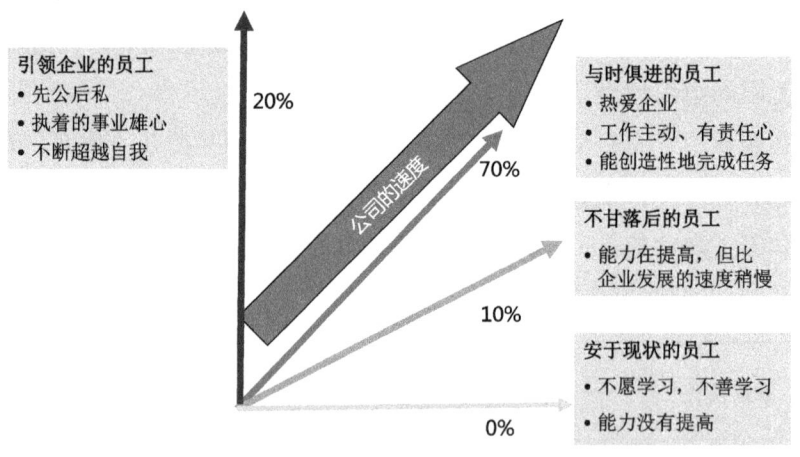

图2-5　领先企业员工素质结构

德锐咨询研究发现，20%引领企业的员工在很大程度上决定了企业能否超越竞争对手，达到优秀和卓越。如苹果公司的"A级小组"和谷歌的"创意精英"，这类员工才是真正引领企业走向卓越的尖端人才。

据说苹果公司第一个"A级小组"就是由乔布斯亲手打造的，该小组聚集了一批顶尖的设计师、程序员和管理人员。"A级小组"成员除了拥有过硬的专业技术，还都是特立独行、自命不凡、目标明确、追求卓越、渴望成功的人。谷歌的"创意精英"同样是一群不仅拥有过硬的专业知识、丰富的实践经验，而且具备用户思维、一丝不苟、善于沟通、追求卓越的人。从上述这两类人的特质和工作特点我们可以看出，他们都有执着的事业追求、超越自我的雄心，因一个共同的目标——"为改变世界"而聚集在一起，相互协作、相互成就。我们认为，这群引领企业发展的员工就是一群具备先公后私行为特征的员工。

剔除安于现状的员工

20世纪80年代，美国陆军研究所对负重行军士兵的研究发现，每增加士兵自重1%的负重，每公里行走速度会减慢4秒。这意味着一个体重75千克的士兵，当负重减少7.5千克时，每公里的前进速度就会提高40秒，那么60公里的平地行程就能提早40分钟完成。行军打仗，速度是制胜之首要。美军的该项研究发现，要想提高行军速度，首先要考虑的是减少负重，这是最直接有效的方式。

同样，企业若背负过多的负担，就无法高效运转。企业要密切关注员工的状态，确保所有人都能跟上企业前进的脚步，对于安于现状、成长速度明显低于企业发展速度的员工，应当予以剔除，确保企业轻装上阵。

杰克·韦尔奇在主政GE期间，用5年的时间裁掉了1/4的员工，总数达11.8万人（包括所出售企业的3.7万人），且此后坚持遵循其创立的"721"原则，淘汰绩效排名后10%的员工，不断提升用人标准，摆脱冗员负担。后来此方法被许多国内外企业采用，在精简人员的同时提高了人员效率。

"合适的人"是企业的正资产，"不合适的人"是企业的负资产。企业只有把"不合适的人"剥离出组织，把有限的资源投到"合适的人"身上，才能使人才资产保值增值，提高人均效能，保证企业长远发展。

发现先公后私的人

挑选人才的最大难题不是人才的稀少，而是筛选的标准不够明确。很多企业之所以在人才储备上陷入被动，其核心原因还是来自内部——缺乏清晰的人才画像。

➲ 放宽冰山上，坚守冰山下

1973年，美国哈佛大学教授麦克利兰（D.C.McClelland）博士提出了著名的冰山模型，该模型将人才的特征区分为冰山上与冰山下两个部分（见图2-6）。冰山上部分包括基本知识、经验与技能，如学历背景、专业知识、操作技能等；冰山下部分包括个性、动机等，如主动性、人际理解能力、客户意识、成就动机等。麦克利兰研究发现，冰山上面的素质决定"会不会做工作"，是影响短期绩效的因素；而冰山下面的素质决定"能不能把工作做好"，对个人的工作绩效起长期作用，是区分表现优异者与表现平平者的关键因素。

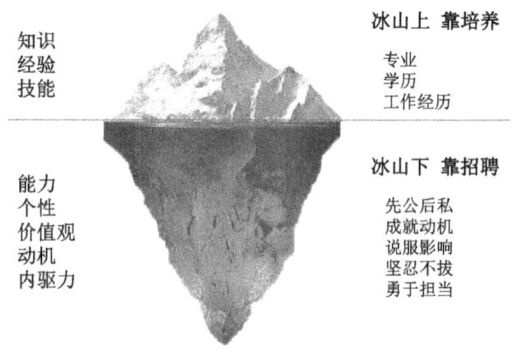

图2-6　坚守冰山下

越来越多的企业以冰山模型为基础确定选人标准，设计人才画像，从而更加全面地对候选人做出精准的判断。正如麦克利兰所说，相较于冰山上易于培养的知识、经验与技能等，冰山下难以改变的内在特质和动机等更为重要，它们不太容易通过外界的影响而被改变，但对员工的行为与表现起着决定性的作用。

冰山上的用人标准与工作所要求的资质相关，可以通过证书、考试结果、简历等形式来评价，同时它们也可以通过培训、实践等办法来提高；

冰山下的素质能力往往与工作内容难以直接关联，不好度量与准确表达，且在一定时期内难以改变和培养。因此我们建议，对于这类难以培养的素质能力，主要靠招聘来获取。

先公后私者的精准画像

古代官府为了抓捕罪犯，通常会让画师画出罪犯的画像以发布海捕文书。罪犯特征越清晰，就越容易识别。画像被认为是最有效的找人方式。

基于对先公后私的理解，我们在实践中总结出先公后私的人必备的行为特质，描述出先公后私的人的精准画像。借助该画像，企业能较容易地识别出先公后私的人（见表2-3）。

表2-3 先公后私的人的精准画像

素质一：把长远利益和企业整体利益放在第一位	
1	重视长远利益，当企业面临短期利益有可能损害长期利益时，或短期利益对自己有利时，能够坚守长期利益，不为短期利益而妥协
2	维护企业整体利益，当企业利益与局部利益出现冲突时，即使个人利益会因局部利益改变而获益，也会从维护企业整体利益出发做出正确的决策
素质二：企业的成功高于个人的财富和名誉	
1	为了追求卓越，坚持选用卓越的人才，不任人唯亲
2	将雄心壮志倾注到企业上，为企业的成功倾心培养接班人；当遇到比自己更优秀的人时，能主动让贤并提供条件，让接班人带领团队持续取得更大的成功
素质三：令人折服的谦逊	
1	不以自我为中心，经常发现企业和其他人做出的贡献，不会因过强的自我意识而影响工作的发展
2	不以过往的贡献向企业提出额外的、过多的利益诉求
素质四：永不放弃的决心，做应该做的事情	
1	为了使企业走向卓越，甘愿做任何事情
2	为了追求卓越，树立远大的目标，并持之以恒

续表

	素质五：窗口和镜子
1	当一切都很顺利的时候，从窗口向外看，把功劳归于自身以外的因素，如果找不到特定的人或事，就把功劳归于运气
2	当不顺利的时候，会朝镜子看，检讨自己，承担责任，而不是埋怨运气不好

作为践行先公后私的人才选择策略的成功典范，龙湖集团为企业需要的职业经理人和员工描绘了清晰画像。

案例

龙湖集团的先公后私员工画像

龙湖成功的关键因素在于人员、组织和文化，其中人才策略就是选择合适的人，选择"有企业家精神的职业经理人+操心的员工"。

1. 有企业家精神的职业经理人的行为素描（摘录）

此行为素描的目的不是穷尽对高层管理人员的所有要求，而是尝试勾勒出龙湖高层人员应具备的最关键、最重要和最独特的气质。

（1）点燃自己

- 尽管过去已经创造过骄人业绩，但他们从不会认为自己已经功成名就了。

（2）设立方向

- 把企业的胜利和成功放在第一位，首先想到"企业需要做什么"，而不是"我想要干什么"。
- 对于方向、愿景、目标、策略的制定及沟通承担义不容辞的个人责任，并把其当作个人日常工作的重点。

（3）点燃他人

- 他们对人有着对业务一样真诚的热情，渴望身边的人成功，把员工及同伴的成长作为领导者的重要责任和成功的重要标志。

- 注重培养员工对于企业事业的使命感，善于激发员工的求胜欲望及自信心，并引导员工将个人追求融入企业的发展之中。

2. 操心的员工的行为素描（摘录）

- 他们尊重劳动、热爱劳动，能够从劳动中找到尊严、快乐、职业自豪感。
- 把自己的岗位当作事业来做，善于把平凡的岗位做成一道风景线。
- 知道为什么做事和做什么事，知道自己的岗位职责和操心之举在全局中的位置与价值，能从价值角度来判断该操什么心。
- 他们不仅用脑、用手工作，更是用心工作：对客户用心，对工作用心，对同事用心，对企业用心。
- 有上进心，自动自发，喜欢主动找事干，为达成更高标准愿意付出额外的努力。
- 善于协作，出了问题不推诿责任，而是首先去解决问题，工作有成绩时也不抢功。
- 善于补位和传递交接棒，提前向上游要需求，主动和下游对接。虽然仅负责流程中的一个环节，但关注整个流程的结果。
- 他们有界面但没有界限，在边界条件不清晰、职责不固化时，勇于担当。
- 善于在工作实践中总结和学习，愿意与他人分享知识、经验、体会，乐于主动带动、培养新人。
- 不仅自己操心，而且主动影响和带动内外部合作伙伴成为操心的人。

龙湖操心的员工行为素描中体现的最核心的品质是用心，能从企业的角度来考虑一切问题；有企业家精神的职业经理人体现了第五级经理人的特征，注重企业成功，愿意培养他人。这两类人都体现了典型的先公后私的特质。龙湖成为领先企业的关键，是拥有操心的员工和有企业家精神的职业经理人。

先公后私的员工会引领企业的发展，对于任何一个企业来说，率先拥有了先公后私的员工，便率先拥有了领先行业的竞争优势。

⇨ 责任心是先公后私的核心品质

大五人格理论作为性格研究的通用架构，在世界上得到广泛认同和接受。该理论认为外倾性、亲和性、开放性、尽责性和情绪稳定性五大维度可以涵盖人格描述的所有方面。大量研究结果显示，大五人格与工作表现存在关联性，其中尽责性与管理者工作绩效呈高度正相关，同时也是各类工作成果的最佳非认知性预测因素。

尽责性是什么？就是我们常说的责任心。德锐咨询在实践中发现，责任心是先公后私的核心品质。一个有责任心的员工，即使没有他人督促，也能自觉自发、出色地完成任务。他们对工作尽力，对结果尽责，对事业尽心。在企业中，只有那些能够勇于承担责任的人，才有机会被赋予更多的使命，才有资格获得更多的荣誉。

案例

《把信送给加西亚》

《把信送给加西亚》一书描述的是一个在美西战争爆发时，美国总统麦金莱必须立即与古巴岛的起义军首领加西亚将军取得联系的故事。

当时加西亚正在丛林中作战，没人知道他在什么地方。一名年轻中尉安德鲁·罗文挺身而出，不讲任何条件，历尽艰险，徒步3周，穿过危机四伏的国家，奇迹般地完成了这个"不可能完成的任务"。

在孤身一人没有任何护卫的情况下，罗文中尉立刻出发了，一直到他秘密登陆古巴岛，古巴的爱国者们才给他派了几名当地的向导。那次冒险经历，用他自己谦虚的话来说，仅仅受到了几名敌人的包围，然后设法从中逃出并把信送给了加西亚将军——一个掌握着决定性力量的人。

在送信的整个过程中自然有许多意想不到的偶然因素，但是在这位

> 年轻中尉迫切希望完成任务的心中，更多的是以其绝对的忠诚和责任心，克服一切困难完成任务。事后美国陆军部长亲自为他颁发了奖章，并且高度称赞他说："我要把这个成绩看作军事战争史上最具冒险性和最勇敢的事迹。"
>
> 这一点当然毫无疑问，但人们更应该意识到，取得成功最重要的因素并不是他杰出的军事才能，而是他优良的品质。因此，罗文中尉永远为人们所铭记。
>
> 作者哈伯德同时在书中写道："年轻人所需要的不只是学习书本知识，也不只是聆听他人的种种指导，而是更需要一种敬业精神，对上级的托付立即采取行动，全心全意去完成任务。"故事中罗文正直、忠诚、自我牺牲的精神和富有责任心的品质激励了很多人。
>
> 资料来源：阿尔伯特·哈伯德. 把信送给加西亚. 木云, 译. 杭州：浙江文艺出版社，2016.

罗文中尉身上的责任心无疑体现着先公后私的精神。正因为他的担当和付出，才使他超预期地完成了任务。在日常工作中，企业家也可以通过责任心去考察和选择先公后私的人才。

精准选人的六道关

杰克·韦尔奇说："优秀的人才到处都有，你只要知道怎么去挑选。"但即使是他本人，也用了 30 年的时间才把选人的准确率从 50%提高到 80%。如何能快速提高企业的选人能力呢？首先，要建立并管理好面试官队伍；其次，要学会借用工具的力量。

面试官是企业人才流入的"质检员"，是为企业创造人力资本价值的关键一环。优秀的企业如龙湖、华为、联想等都有一整套严格的面试官管理体系，目的就是建立一支优秀的面试官队伍，保证选才的高效。

案例

龙湖集团严格的面试官管理体系

偏重精英人才的招聘策略是龙湖快速成功的核心因素之一。2004年，龙湖与管理咨询公司合作的第一个项目就是基于素质模型的面试官认证项目。房晟陶当时作为上海拓晟企业管理咨询公司总经理，为龙湖建立了人才素质模型，梳理了招聘流程，并对中高层管理人员进行逐一的面试官认证，吴亚军是第一批通过认证的面试官之一。

十多年来，龙湖一直在不断完善面试官培养和管理体系（见图2-7、表2-4和表2-5），对面试官的选拔有清晰的标准，并同时注重对面试官的训练，以确保面试官面试质量的可持续性。

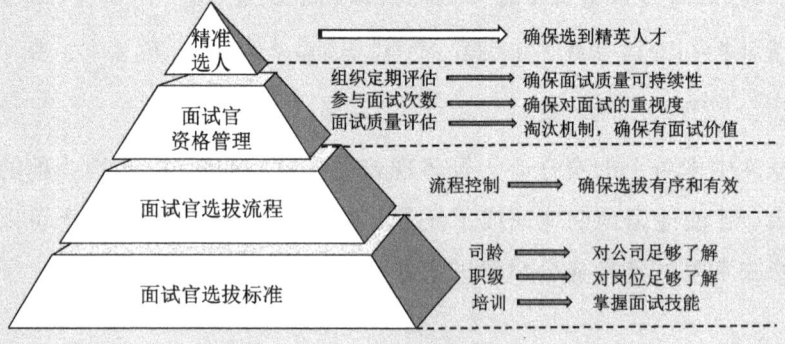

图2-7 龙湖面试官管理体系

表2-4 龙湖面试官选拔标准

初试官	复试官
• 司龄：半年以上 • 职位等级：3级以上（主管或业务骨干） • 面试技能：接受过公司组织的招聘面试技巧培训	• 司龄：一年以上 • 职位等级：5级以上（部门经理或同级人员） • 面试技能：接受过公司组织的招聘面试技巧培训

第2章 人才选择第一标准：先公后私

表2-5 龙湖面试官资格管理

初试官	复试官
• 定期评估：每半年进行一次 • 独立面试资格：参与面试次数不少于20人次 • 资格取消：复试通过率低于30%	• 定期评估：每年进行一次 • 独立面试资格：参与面试次数不少于20人次 • 资格取消：总经理（董事长）交流通过率低于30%

有了一支优秀的面试官队伍，该为他们配备什么样的称手工具呢？

入境安全检查是口岸检查的关键环节，所有旅客都无一例外必须经过检查后才被允许登机或入境。同样，在企业选人的过程中，也可以安装一个"入境"安检系统，迎接合适的人才，拒绝不合适的人员。

怎样才能打造出一个可信度高的人才"入境"安检系统呢？

研究发现，面试是使用最广泛、相对最有效的人才识别方法。通过面试，人才识别的准确性最高可达47%。其中针对行为的结构化面试又是最有效的面试方法之一。高效的面试应该是"结构化理念"与"半结构化操作"相结合的行为面试法，即通过要求候选人描述其工作或者生活的实际经历，了解其各方面素质特征的方法。

以行为面试法为主要的构成要素，德锐咨询通过长年的探索和实践，提出了"精准选人六道关"（详见《精准选人：提升企业利润的关键》），帮助企业建立起提高人才识别能力的"安检仪"，确保"入境"人才的合适性，降低选人风险。这六道关分别是：精准提问、深度追问、性格测评、直觉验证、背景调查，以及试用考察。

⊃ 第一关：精准提问

精准提问是指根据清晰的用人标准（人才画像）以过往实际行为进行面试提问。从心理学角度来说，个人的行为模式相对稳定，短时间内不会发生较大变化。这就意味着在遇到相似情境时，人们往往会有类似的行为反应。因此过往行为是未来行为最好的预测指标。

根据项目实践经验，我们总结出设计面试问题的 OBER 法则，帮助企业面试官有效提问，提升面试精准度，并节省面试时间。

- 开放（Open）：多问开放式问题，少问封闭式问题。开放式问题能给候选人充足的思考空间，揭示候选人全面的信息。
- 行为（Behavior）：多问行为事例，少问假设性问题。假设性问题只能考察候选人的认知和想法，无法证明候选人的能力。针对候选人过往行为事例提问，可同时评估候选人的认知与行为。
- 容易（Easy）：问题要尽量简洁，确保容易理解。面试官要避免连珠炮式发问，等候选人回答完毕，再问另一个问题。
- 相关（Related）：问题要和所考察的素质项高度相关。

OBER 原则可以指导面试官的设问和发问。除此之外，在面试过程中可以让候选人展现出其最优经历和最难经历，基于此，面试官可以针对要评估的素质项从多种角度问出候选人的行为事例，从而获得不同的考察效果。

第二关：深度追问

在面试中，候选人回答问题时可能存在紧张、掩饰、片面、虚假陈述等情况，因此面试官必须掌握深度追问技巧，有效挖掘其真实的行为信息，并在此基础上对其素质能力进行准确判断。

STAR 追问法就是一种可以深度挖掘候选人真实信息的追问技巧，该方法可以有效减少随意提问的现象，使面试官的人才识别能力大幅提升。

STAR 追问法分 4 个层面进行（见图 2-8）：

（1）首先，要了解应聘者工作业绩取得的背景（Situation）。通过不断提问与工作业绩有关的背景问题，可以全面了解该应聘者取得优秀业绩的前提，并从中获知所取得的业绩有多少是与应聘者个人有关的，有多少是与市场状况、行业特点或企业情况有关的。

（2）其次，要详细了解应聘者为了完成业务目标，都有哪些工作任务（Task），每项任务的具体内容是什么。通过这些，可以了解应聘者的工作经历和经验，以确定他所从事的工作与获得的经验是否适合所空缺的职位。

（3）再次，继续了解该应聘者为了完成这些任务所采取的行动（Action），即了解他是如何完成工作的。通过这些，可以进一步了解他的工作方式、思维方式和行为方式。

（4）最后，需要关注结果（Result），每项任务在采取了行动之后的结果是什么，是好还是不好，好是因为什么，不好又是因为什么。

Situation 背景	应聘者从事过的工作（获得的工作业绩）所处的背景或环境
	• 为什么要这么做？什么时候？在哪里？
	• 主要的问题和困难是什么？
	• 有什么数字可以衡量当时的情况？
Task 任务	完成上述工作（工作业绩）所承担的具体工作任务
	• 这个任务的来由是什么？
	• 这个任务具体是什么？
	• 你在这个任务中承担什么角色？
Action 行动	完成上述工作任务本人所做出的具体行动
	• 你是怎么分析的？与谁一起做的？
	• 你是怎么说服其接受的？
	• 你个人具体做了什么？
	• 花费了多长时间？主要克服了哪些困难？
Result 结果	完成上述工作任务后得到的最后结果或产生的影响
	• 有什么数字来衡量？
	• 客户有什么评价？
	• 后续的工作是什么？

图 2-8　STAR 含义与精准追问

通过 STAR 追问法，面试官不断深入引导应聘者陈述，一步步挖掘出应聘者潜在的真实信息。通过深度、精准的追问，为企业的用人决策提供正确和全面的参考，既是对企业负责（招聘到合适的人才），也是对应聘者负责（帮助他尽可能地展现自己，推销自己）。

第三关：性格测评

人性的复杂为企业招聘和人事决策带来了很大难度：一方面，候选人的冰山下素质不容易考察；另一方面，每次候选人面试时间有限，无法面面俱到。为了避免选错人给企业带来的巨大损失，测评工具可以作为辅助手段规避招聘中出现的主观偏差。

通过多年测评工具的使用，我们发现基于大五人格理论的测评，配以独到的报告解读技术，可提升对候选人素质特征考察的精准度。自从Barrick和Mount（1991）开创性地研究了"大五"和工作绩效的相关性，企业越来越关注员工性格特征对工作的影响。

大量国内外研究表明：大五人格可以较好地预测工作绩效。尽责性是最有效预测绩效结果的人格特质；亲和性能较好地预测候选人在未来工作中表现出的合作性；开放性能有效预测创造性行为；外倾性和开放性与领导行为高度相关。此外，我们将大五人格特质与德鲁克所界定的管理自我、管理他人和管理任务三大维度进行对应，将情绪稳定性归为管理自我，外倾性和亲和性归为管理他人，开放性和尽责性归为管理任务。如此，可针对性格测评结果进行深度分析，并作为面试的辅助信息，帮助面试官对候选人做出更为全面的评价，同时为管理者进行用人决策提供参考。

基于大五人格理论的测评工具在市面上有很多，企业要择优及针对性地使用，避免过度使用或完全轻信。事实上，性格没有绝对的好坏之分，面试官要做的是根据测评报告各个维度的分值，判断测评者性格特质与岗位的匹配度，从而对测评人员的任用、发展提供指导意见。

测评工具的应用价值很大程度上取决于面试官的解读能力。为了更准确地解读一份测评报告，每位面试官必须深入了解测评工具背后的原理，还需要结合面试、背景调查等获得的信息进行综合判断，避免因为一份测试报告否定一个优秀的候选人。

第四关：直觉验证

在精准选人的各个关口，面试决策显得尤为关键，有时甚至是一种理性和直觉之间的平衡。

缺乏评估技巧或收集信息不充分时，人们很难把事实和感觉区分开来，简单依靠个人直觉往往会做出糟糕的决策；随着面试次数的增多，直觉决策的可信赖度会有所提升。美国创新领导力中心在对高管人员甄选的研究中注意到，许多他们面试过的高管人员并不是人才评估方面的专家，其中甚至有20%的人从来没有参加过高层职位的招聘选拔工作。然而他们一旦拥有了丰富的经验，就可以更多地听从直觉，因为他们会基于过去人才决策中学习到的经验做出判断。

德锐咨询多年的管理咨询实践发现，在依靠直觉的人才决策过程中，会有很多因素影响着面试官的判断：相似效应、光环效应、羊群效应……这些直觉的偏差一定程度上会影响企业的选人精准度。但有些企业矫枉过正，过度依赖理性判断，却苦于没有获取充分的信息，用人决策一拖再拖，给企业带来大量人力、物力的浪费。

为了更好地利用直觉判断，我们设计了用人决策的"直觉验证十问"（见表2-6），该表在复试阶段可帮助面试官运用直觉做出感性判断，运用行为面试法进行理性验证，最终综合两者做出决策。

表2-6 人才决策直觉验证十问

题目	是	否
1. 在直觉上，我能相信此候选人说的话吗？		
2. 把重要任务交给此候选人去办，我能放心吗？		
3. 此候选人如果没有优秀企业的光鲜经历，我还会选择他/她吗？		
4. 如果有更多的候选人，我现在是否会选择他/她？		
5. 此候选人至少比我们现有团队较差的20%的人优秀吗？		
6. 此候选人如果应聘竞争对手的公司，对我们公司会有影响吗？		
7. 我能从此候选人这里学到我现有不足的能力吗？		

续表

题 目	是	否
8. 此候选人在未来是否能够达到公司的晋升标准？		
9. 如果其他面试官不同意，我还会用他/她吗？		
10. 如果我不用他/她，会后悔吗？		

注：1. 每题计1分，如果得10分，恭喜你，完全可以快速做出任用此人的决策。
   2. 如果得5分以上，可以再进行进一步的验证与考察。
   3. 如果得5分以下，可以不用再花时间纠结了，直接放弃该候选人。

第五关：背景调查

背景调查是指通过合法的调查途径及调查方法，了解候选人的个人基础信息及过往的工作背景、能力及工作表现，形成对候选人的综合评价。背景调查是企业人才选择环节中必不可少的一环，也是人才选择阶段的最后一道防火墙。

中国第五次人口普查资料显示，全国持假文凭者已达60万人，相当于20世纪90年代一年的普通高校毕业生总数。另有美国一项资料显示，美国有3000万人曾经通过伪造简历被录用。

费洛迪在《关键人才决策》中写到："即使面试双方都是圣人，从未有意粉饰公司或自己的成就，他们依旧在说谎。"研究表明，人有一种本能的倾向，总认为自己比现实中的表现更优秀。我们中的大部分人丝毫没有意识到自己的这种倾向，容易夸大优点，忽视缺点。这种乐观倾向有其优势，可以增强人的自信心，但它也使得别人难以准确地评估我们，也让我们难以评估有同样倾向的人。

沃尔玛的背景调查范围涵盖到全员，包括前台收银员、安全防损员和后台理货员。每人的背景调查人数不少于5人，且这5人不包括本人提供的人选，以保证对候选人的业绩、能力表现等进行深入的、客观的了解。

> **案例**
>
> **华阳行政经理招聘之殇**
>
> 华阳是一家制造公司,面试了一位表现优秀、沟通能力强、做事积极主动的行政经理候选人。该候选人研究生毕业,有8年的行政经理工作经验,在面试中向面试官展现了以往工作中的突出事迹,成功地打动了面试官,于是面试官没有做背景调查就做出了录用决定。在入职后的第三个月,有外部人员向公司投诉该行政经理以公司的名义对外借债,谎称个人家庭和生活遇到困难,结果不少外部的被借债方找到公司,公司才发现其行骗劣迹。公司在追查该事件的时候,意外发现该行政经理在以前的公司就是因为以公司名义四处借钱才被公司解聘的。

在上述案例中,如果华阳公司能投入时间做背景调查,就能避免一次失败的招聘,避免直接和间接的损失。

企业花了90%的时间用于筛选简历,进行初试、复试、终试、性格测评等,但为了节省10%的时间而忽略背景调查,很有可能导致最后选错了人,带来巨大的损失。因此在招聘过程中,在向候选人提供录用通知书前,进行背景调查是绝对不可省略的一步。

第六关:试用考察

员工入职不是人才招聘成功的标志,能够通过试用期、融入企业、创造价值,才是人才招聘成功的终点。企业选人并成功录用,如同器官移植,移植前要考虑匹配性,移植后又要避免排异性,候选人即便通过面试进入企业,仍须继续考察候选人在企业中的适应性与匹配度。

多数企业会感觉到,无法很好地把握试用期内对候选人考察的尺度。如果过于严格,可能降低候选人的融入度;如果过于宽松,又无法真实考察其能力。我们认为,对试用期员工,应该具有的态度是:疑人不用,用人要疑。管理者既要时刻给予高关怀的精细培养,又要随时保持高严格的悉心考察，在培养中考察，在考察中培养。

何为高关怀的精细培养？新员工前三个月所接受的培训、引导、关注和支持程度，决定其后来工作的状态是积极的还是消极的。因此在这个时期，人力资源部需要充分、正面地培训新员工，企业高层和其直接上级也应进行积极的影响和理性的引导，并支持其开展工作、发挥潜力，以便新员工更快进入稳定的、积极的工作状态。

何为高严格的悉心考察？试用期是考察新员工的最佳时期，考察的重点不仅是看得见的业绩，更是看不见的价值观。当发现新人不合适时，要严格对待，认真评估。如果是某些缺点可以改正，那么需要帮助新员工一起努力度过不稳定期；如果是价值观或不易改变的冰山下的素质不匹配，要果断放弃。

对一些无法快速做出去留决策的试用期员工，德锐咨询的"经典二问"可以帮助企业家和管理者做出正确的选择。

问题一：如果这个时候让你再做一次当初聘用的选择，你还会聘用他吗？

问题二：如果这个人这时候对你说他要辞职，你非常想挽留他吗？

如果对这两个问题的回答都是"是"，则其可以成为正式员工。如果对这两个问题的回答都是"否"，则应当立即下决心放弃他，解聘他。

在现实中，通常答案为一个"是"，一个"否"，这时候我们需要补问自己一个问题：

"我想挽留的是他这个人，还是我在他身上投入的时间和成本？"

如果想挽留的是他这个人，那就予以录用；如果想挽留的是在他身上的投入，则不需要犹豫，因为之前的投入并没有带来期望的回报，留下的时间越长，企业的损失就会越大。

第 2 章　人才选择第一标准：先公后私

人才"入境"安检系统的六道关看似复杂，但这样严谨的过程能助力企业精准选人，提高选人的准确率。相比于因在招聘上疏忽而选错人给企业带来的巨大损失，在选人阶段的投入是值得的。

关键发现

- 人才供应链决定资金链的安危。
- 选人才就像选种子，员工的绩效水平往往在人才选择的时候就已经确定了。
- 先公后私是优秀企业所共同遵循的人才选择标准，而且是第一标准。
- 先公后私的人自动自发地表现出两大行为特征：利他，心怀远大目标。
- 在选人标准上，要放宽冰山上的，坚守冰山下的。
- 精准发问的 OBER 法则可有效节省面试时间，提升面试精准度。
- STAR 追问法可以至少提高 10% 的面试精准度。
- 过去的行为可以预测未来的绩效。
- 背景调查是人才选择的最后一道防火墙。

第 3 章

培养值得培养的人和能力

我们将持续的人力资源开发作为实现人力资源增值目标的重要条件。
——《华为基本法》

 打造稳健的人才供应链

企业家要学会"种树"

案例

胜高家居店长告急

胜高家居是一家生产和销售家居类产品的公司，目前有 20 家专卖店。经过数年的积累，公司业务进入一个高速发展期，计划未来 5 年每年新增 10~20 家专卖店。目前胜高只有 20 名店长，未来每年至少需要新增 10~20 名店长。之前，公司只是按照销售员的画像来招聘店员，这些店员未来能够被培养成为店长的可能性不大。由于每家专卖店选派不出能胜任店长的人，公司尝试从社会上招聘店长，但成效不大。一方面，优秀的店长在外部人才市场本就属于稀缺资源，人才难寻；另一方面，招聘到的几个店长由于不适应公司的文化，"存活率"比较低。合格店长的短缺成为制约胜高业务发展的瓶颈。

第3章 培养值得培养的人和能力

胜高家居店长短缺的困境看似是人才招聘的问题，实则是面对业务的快速发展，企业不知如何组合使用人才招聘和人才培养两种人才获取策略的问题。对于胜高家居来说，如果早些预见到企业高速发展期的到来，或者敏锐觉察到外部获取优秀店长的困难，提前两年开始招聘和储备可成为店长的高潜力销售员，并有计划地让每名店长负责培养1~2名储备店长，那么如今遇到的店长短缺问题便可迎刃而解。

人类早期为了生存，必须每天去搜寻野果作为食物。如果运气好，能找到一棵长满果子的树，便能吃个饱；如果找不到果树或遇上天灾等情况，就要忍饥挨饿。之后人类学会种植，开始栽苗成树，春天播种、浇水、捉虫，秋天便能收获满树的果子。

人才招聘就如同到处摘果子，当企业选择以人才招聘为主的方式来获取人才时，不仅需要花费巨大的精力去找果子，同时还要承受摘错果子带来的风险和损失：

（1）找不到果子，精力消耗的同时，让企业错失发展良机。

（2）摘到毒果子，影响企业发展，甚至威胁企业的生存。

当然，如果能摘到好果子，企业当期的人才需求可以立即得到满足，相信这也是企业家热衷于摘果子而不种树的原因。不过，在当下，"一将难求""人才战争"在各行各业中频频上演，企业家要摘到好果子不但需要靠实力，在很大程度上还依赖运气，即招即用的美好愿望越来越难以实现。

所谓"十年树木，百年树人"，人才培养不被企业家重视甚至忽略的主要原因有以下4个：

（1）培养人才所需时间长、见效慢，不能立竿见影。

（2）大力培养后也未必能成为企业所需的人才，枉费精力。

（3）担心未来企业业务变化太大，培养赶不上变化，不如不培养。

（4）担心培养后人才离职，"为他人做嫁衣"。

但是，几乎所有优秀的企业在充分重视人才招聘的同时，更加注重人才培养。宝洁把人才视为公司最宝贵的财富，重视培养和发展人才是宝洁被全世界同行所尊敬的主要原因之一。其每年都从全国一流大学招聘优秀的大学毕业生，并通过独具特色的培训体系把他们培养成一流的管理人才。宝洁为员工特设的"P&G 学院"提供系统的入职、管理技能及商业技能，海外培训委任，语言和专业技术等培训。在经理人的培养方面，宝洁前任 CEO 尼尔·迈克尔罗伊（Neil McElroy）说道："我们培养未来的管理人才的工作年复一年地进行，不论景气与否。如果不这样做，若干年后，我们就会有断层，而我们承受不了断层。"京东更是提出"未来规划中，80%的管理者要出自企业内部"。龙湖的"仕官生"计划支撑了其从重庆地方性房地产企业向全国性著名房地产企业的跨越。GE、华为、麦当劳、百事等世界知名企业几乎都是如此。

为什么优秀的企业非常重视"种树"呢？我们发现，业务的发展是可以倍增的，但是人才的成长速度却是线性的。如果企业不提前进行人才储备和培养，当业务发展越来越快时，人才供需的差距会越来越大，人才的瓶颈也会越来越明显，最终会制约企业业务的发展速度（见图 3-1）。如果单纯依靠外部招聘解决人才缺口的问题，且不谈外部市场是否有大量合适的人才，即使能够引进，不仅成本高昂，而且也会承担多方面的风险，比如，外来人员能否顺利融入企业、忠诚度如何、是否会稀释企业现有文化、对现有人员是否存在负激励等。

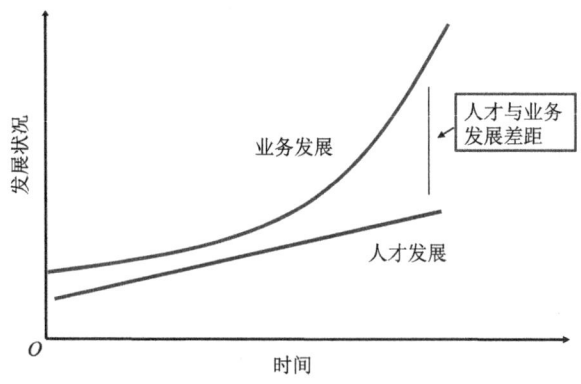

图 3-1　企业人才与业务发展的关系

依靠人才培养，前期人才发展的速度可能相对较慢，但随着人才培养体系的建立和完善、人才培养能力的提升、人才基数的扩大，企业内部人才发展的速度将不断加快。随着内部人才造血机制逐步形成，人才增长的速度将逐渐跟上业务发展。企业内部培养的人才，往往具有更高的忠诚度和稳定性、更强的归属感和认同感，更愿意与企业共创、共享、共担，这正是优秀企业注重人才培养的原因。

谈及当下这个时代到处上演的人才争夺战，里德·霍夫曼（Reid Hoffman）在《联盟》一书中警告说："没有忠诚员工的企业就是没有长远考虑的企业。没有长远考虑的企业就是无法投资于未来的企业。无法投资于未来的企业就是正在走向灭亡的企业。"可以说，注重人才培养是面向未来、立志基业长青企业的共同特征。

面对当下社会快速的变迁和人才变革，企业既不能完全依靠"种树"坐等"果子"成熟，也不能让"饥一顿、饱一顿"的人才外部供应情况影响企业发展。所以，综合考量当下人才短缺和未来人才需求两个方面，德锐咨询建议，最优做法是企业家们在"摘果子"的同时，也要学会"种树"，组合使用人才盘点与激励、人才招聘，以及人才培养与储备这3种人才获取策略，让人才引领企业发展（见图3-2）。

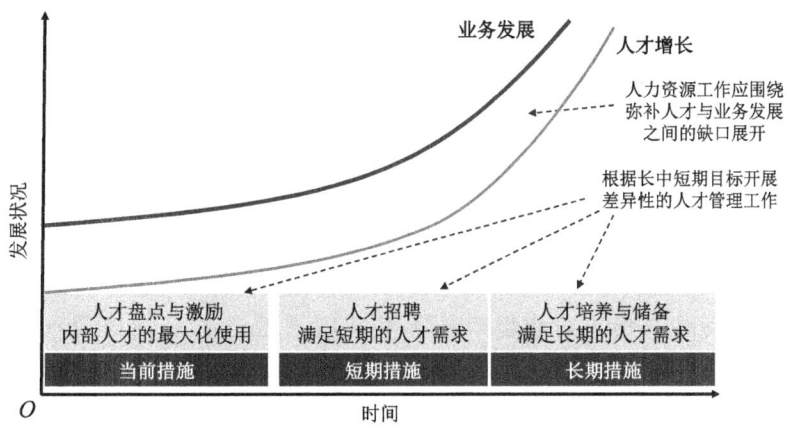

图3-2　企业弥补人才差距的组合策略

带领韩国三星成为世界一流企业的三星前会长李健熙曾说:"企业不培养人是一种失职行为。为了培养出一名面向未来的人才,三星要舍得花费 20 年、30 年的工夫。"同样地,日本四大经营之神之一的松下幸之助也曾说:"松下电器是培养人才的公司,顺便也生产电器产品。"优秀的企业之所以都重视人才培养,是因为它们发现人才培养可能是企业最经济、最可靠的人才获取方式。

⊃ 人才培养是最经济可靠的人才获取方式

> **案例**
>
> ### 巴萨和皇马截然不同的建队理念
>
> 2019 年《福布斯》公布的全球最有价值的球队 Top50 排行榜上,皇马和巴萨是足坛排名最前的两支队伍,皇马俱乐部的价值达到了 40.24 亿美元,巴萨俱乐部紧随其后,估值达 40.02 亿美元。在 2015 年欧足联发布的 2014 年欧洲各足球俱乐部财政数据显示,皇马的建队成本(所谓建队成本,是指将球队中球员的转会费和薪水进行折旧,在资产负债表上得到的值)为 3.16 亿美元,而巴萨的建队成本仅为 1.75 亿美元,皇马的建队成本几乎是巴萨的 2 倍。建队成本的差异主要是因为这两大西班牙豪门秉承着完全不同的建队理念。
>
> 长期以来,皇马相信"外来的和尚好念经",故其多年来利用金元政策高价引进高水平球员,屡次刷新世界足坛球员转会最高身价的记录。而巴萨则选择信赖自家培养的青训球员,着力打造青训体系,并以自家培养的球员为主来组建球队,同时合理引进非青训球员补足一线主力阵容的短板。巴萨在建队成本远低于皇马的情况下,同期却实现了远超皇马的竞技成绩(同期排名全球第一)(见表 3-1),创造的市值与皇马也相差无几。巴萨的俱乐部培养理念成为世界足坛的标杆。

表3-1 皇马与巴萨的市值、建队成本及竞技成绩比较

比较项	皇马	巴萨
2019年市值（亿美元）	40.24	40.02
2014年建队成本（亿美元）	3.16	1.75
2010年至2019年获得的冠军数量（个）	17	24

资料来源：搜狐体育，时代华纳旗下有线体育频道官方统计

巴萨以自己培养的青训球员为主组建球队，节省了大量的球员转会费，保障了俱乐部财政的健康运转；同时以青训为主的球员彼此熟悉，配合默契，团队凝聚力高，由此形成了强大的竞技实力，获得了世界足坛同期最多的冠军数量，推动俱乐部市值不断攀升。

人才培养之于企业也是一样的。相比人才招聘，内部培养的员工知根知底，不需要耗费大量时间和成本在人员筛选、甄别、引入上，而且他们能够快速适应岗位并产生价值。另外，内部员工的大规模培养和提拔可以对企业现有员工形成强大的榜样式激励效应，提升内部员工的工作积极性，无形中也提升了企业的形象（见表3-2）。

表3-2 人才培养与人才招聘的经济性比较分析

分析维度	人才培养	人才招聘
引入成本	几乎没有	花费大量时间和金钱进行筛选、甄别和引入人才
适应性	快速适应融入，迅速产生价值	需要适应期、融入期和培训期
失败成本	调岗，成本很小	辞退，薪酬成本
潜在收益	内部员工积极性和企业形象提升	外部新的技术、经验和方法

吉姆·柯林斯在《基业长青》一书中用一整章"自家长成的经理人"来阐述内部培养人才和接班人的重要性和可靠性。GE被称为"CEO的摇篮"，内部培养和选拔CEO是GE基业长青的最重要的原因之一。自1878年爱迪生创建GE之后的142年历史里，其11位CEO几乎都是GE内部培养

起来的。相反，同时期的西屋电气缺乏成熟的人才培养和传承机制，CEO这一岗位多依靠外部引进。GE 的每位 CEO，包括杰克·韦尔奇在内，任期内税前股本回报率的表现都超过了同时期西屋电气的 CEO。吉姆·柯林斯总结道："拥有像杰克·韦尔奇这样的 CEO 令人赞叹。一个世纪里都有像杰克·韦尔奇这样的 CEO，而且全部都是公司内部自行培养的，这是 GE 成为高瞻远瞩公司的关键原因之一。"

此外，为了高效地培养内部高级人才，GE 建立了被誉为"美国企业界的哈佛"的克劳顿管理学院，每年在克劳顿管理学院接受培训的 GE 高级经理人员达 5000~6000 人。这些经理人员有力地促进了 GE 的发展，提高了 GE 在全球的竞争能力。

2016 年《哈佛商业评论》发布"中国百佳 CEO 榜单"，统计发现，"中国百佳 CEO"中有 94 人是公司创始人或者从内部晋升的，他们平均任期是 14 年。《哈佛商业评论》随后分析道："好的管理者既需要时间积淀，也需要领导人有长期投入的耐心。"

从内部选拔和培养的人才，经过企业文化长期的熏陶，已经认同并成为企业文化的信徒，所以更能深刻理解和领会企业的核心价值观，从而保证公司价值观的一致性和经验的有序传承。企业的高层管理团队和技术骨干都是以团队的方式进行分工协作、密切配合的，如果成员间观念存在较大差异，将直接影响合力的发挥，而拥有相同核心价值观的团队更容易达成目标。外部招募的人才，接受并融入企业文化和价值观需要一定的适应期，更有甚者，会出现不适应企业文化、与企业价值观冲突、影响团队合作、给企业带来经营风险等问题。马云曾多次表示，阿里巴巴慎用外部职业经理人。究其原因，万科总裁郁亮做了如下总结："职业经理人缺乏承担，缺乏责任的担当。职业经理人基本上是包赢不包输，赢了是创造出来的，大家分享，但是输了跟我没关系，最多我拍屁股走人就是了。"所以，相比外招人才，内部培养人才风险相对更小、更可靠（见表 3-3）。

表 3-3　人才培养与人才招聘的可靠性比较分析

分析维度	人才培养	人才招聘
忠诚度	高、稳定	低、容易流失
实施难度	低	高
价值观	认同度高，一致性强	需要融入，会发生偏差
经验传承	能够传承组织的历史经验	需要了解公司的历史经验
时间周期	长	短

大量优秀企业的实践表明，中长期的人才策略、内部选拔和人才培养相对来说是最经济、最可靠的方式。人才培养比人才招聘的风险小，即使对人才投入的培养成本会因人才流失而面临损失，但其仍然要比错误的人才招聘给企业带来的风险低、损失小。而且对于职位级别越高、越重要的岗位，优秀企业越倾向于使用内部选拔和培养的人才。

⊃ 高效培养让人才供应链更稳健

每年很多企业都在培训上投入很多费用和精力，但人才培养的成果没有体现出来。谷歌研究发现："2011 年，美国企业在学习项目上的投入为 1562 亿美元，真是一个令人咋舌的数字，有 135 个国家的 GDP 都低于这个数字。这其中大约有一半的钱投到公司自行组织的项目中，另一半投到外包培训中。员工平均每年要接受 31 小时的培训，平均每周 30 多分钟，但这其中大部分资金和时间都浪费了。"这项研究揭示了企业界普遍存在的人才培养低效的现状，这或许也是企业家虽说重视却不愿意重金投入人才培养的原因。

企业该如何提高人才培养的投资回报率呢？德锐咨询通过对标杆企业的研究，总结出高效人才培养模型，帮助企业提升人才培养效率（见图 3-3）。

图 3-3　德锐咨询高效人才培养模型

高效人才培养对企业人才培养模式提出以下 4 个方面的要求：

（1）培养值得培养的人：注重培养对象的选择。

（2）培养能够培养的能力：重点培养冰山上的可培养的知识、技能。

（3）在实战中培养人才：在实战中培养人才，讲究训战结合。

（4）让有培养能力的人做管理者：让有培养能力的人成为教练、导师。

普通企业（每年增长 70%以上的企业除外）的人才供应链模式往往如图 3-4 所示，因为不注重内部人才供应链和人才培养体系的打造，采用低效的人才培养模式，公司各层级人员依赖社会招聘来获得。只有 30%的基层人员有机会晋升到中层岗位，高层人员中 90%依靠猎头或其他渠道进行紧急招聘，仅有 10%来自内部晋升。

这是很多企业人才供应的状态，这些企业没有从长远的角度思考最优的人才供给模式，人才出现空缺才想到临时去招聘。在这种模式下，要么因为匆忙招聘导致错误招聘造成大量浪费，要么因为无法及时供应人才而错失发展良机。

与之相反，优秀企业的人才供应链一直处于稳健状态，它们以高效的培养模式来摆脱人才供应困境。基业长青的公司把人才培养当作企业人才供应链的长期工作，从基层岗位就开始储备高潜力人才。基层岗位 60%来源于校园优秀毕业生，40%是社会招聘的高潜力人才。同时，优秀的企业注重通过对基层员工的工作历练,选择值得培养的人员进行培养和提升,70%的中层人员来自基层员工的培养、提拔,通过对中层人员持续的培养,实现企业90%的高管从内部选拔(见图3-5)。

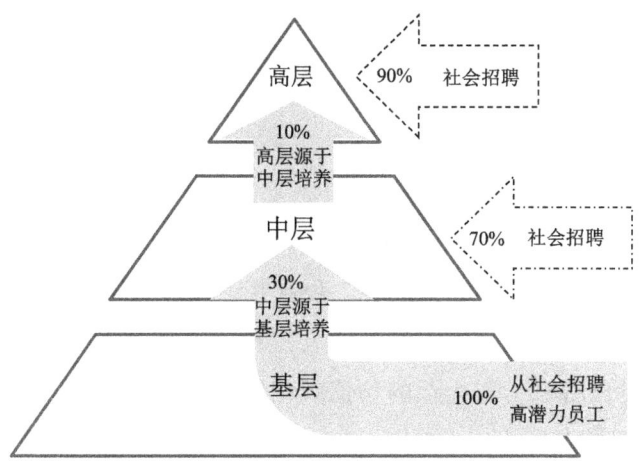

图3-4 普通企业的人才供应渠道

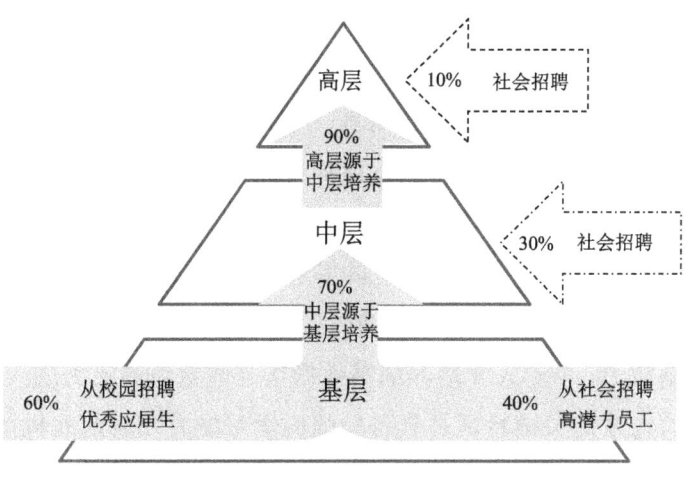

图3-5 优秀企业的稳健人才供应链

如果说人才招聘是"输血",人才培养就是企业的自我"造血"。当人身体极度缺血的时候,需要快速的外部输血,但健康的身体需要有自我造血的功能。企业也是如此,越是具备强大的人才培养这一"造血"功能,越是不再依赖外部招聘的"输血"。

基业长青的公司把内部人才供应链的打造作为 CEO 最关注的战略性工作，也要求直线经理承担人才培养的重任，时刻关注关键岗位的继任计划和关键岗位的人才厚度，避免因某个人离开而给公司业务带来损失，影响公司的利润。只有持续的人才供应才能确保企业的持续增长。

培养值得培养的人

人才选择是人才培养的前提，企业要想提升人才培养的效率，首先要重视培养对象的选择。值得培养的人需要具备两大特征：

（1）先公后私，与企业的价值观相符。

（2）有高潜力。

先公后私和价值观相符的重要性在本书第 1 章、第 2 章已有论述，在此不再赘述，本节重点阐述高潜力对选择值得培养的人的重要性。

除价值观外，企业通常会从业绩和潜力两大维度去选择培养对象，而且大多数企业更看重业绩。一般而言，业绩代表员工对组织的当期贡献，潜力衡量的是员工支持企业持续发展的可能性和稳定性。高业绩不等于高潜力，当期业绩高不代表未来能够持续地实现高业绩。高潜力则预示着未来持续产生高业绩的能力，代表了员工未来的可塑性和可成长性。调查研究显示，93%的高潜力人才都是高绩效人才，而高绩效人群当中，只有 29%的人拥有高潜力，企业人才培养的高效做法是侧重对高潜力的人才进行培养。高潜力人才的关键特征是具备较强的学习能力和成就动机。

人的学习曲线

心理学大师荣格曾说："没有痛苦，就没有意识的觉醒。"弗洛伊德也说过："人总是追求快乐，逃避痛苦。"人的成长是在不断的改变中发生的，成长需要不断改变原有的知识架构、意识和习惯，而这一过程是痛苦的。如果某种思维方式或者习惯让你感到痛苦，那么你的潜意识会自动逃避它，这就是心理学上说的"恐惧症"。

一般人以为学习曲线是一条随着时间慢慢向上的线（见图3-6），但实际上，大部分人的学习曲线如图3-7所示。

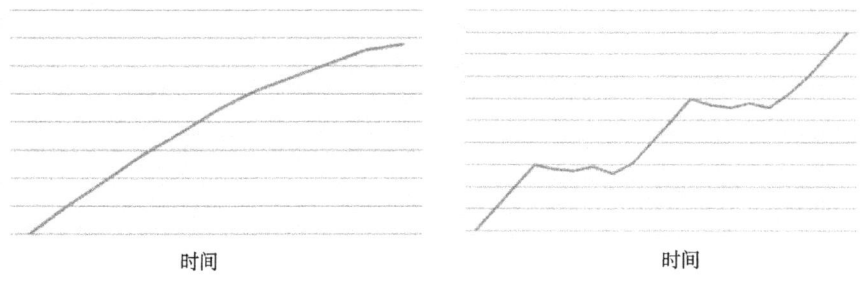

图3-6　一般人以为的学习曲线　　　图3-7　大部分人实际的学习曲线

人在成长的每个阶段都会遇到瓶颈期，如果不能突破瓶颈，不但很难进入新的成长阶段，甚至很可能回到原点。成就动机高和学习能力强的人会在瓶颈期持续努力，自我改变，反复尝试，寻求突破；而成就动机低和学习能力不强的人则很难忍受瓶颈期带来的痛苦和压力，也找不到突破瓶颈的途径和方法，很快会回到舒适区（见图3-8）。

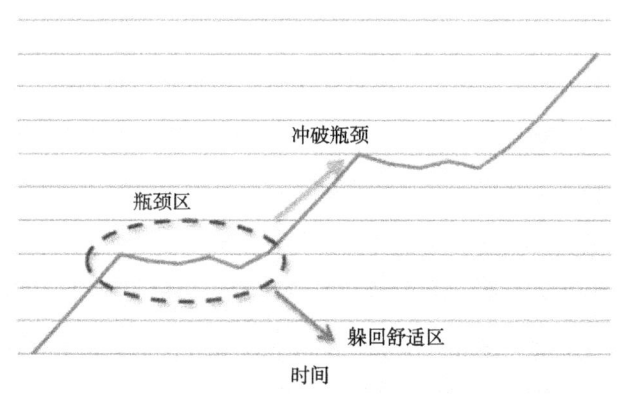

图3-8　学习曲线的瓶颈期

资料来源：专案管理生活思维（ID：projectup）。

华为副总裁刘善超曾说："华为的人才策略是'选拔制'而不是'培养制'，学习和发展多数是自己的事，华为选拔出能够自我发展的人，并提供给他们机会。"在现今这个时代，知识和信息的获得越来越容易，选择学习能力强和成就动机高的高潜力员工并给予其学习和发展的机会，他们会对自己的发展负责，会自发寻找学习的方式和内容，从而实现个人的快速成长。

如果企业选择了学习能力和成就动机低的人，强制性地去培养这类员工，一方面，员工由于难以突破成长的瓶颈期，个人会非常痛苦；另一方面，企业投入了精力与金钱却得不到理想的培养效果，会造成资源浪费。

果农一般会选优良的种子和幼苗来栽培，而不是选择成熟的果树来栽种，企业培养人才也是一样的。企业选种子人才要在经理层级以下的人员中进行筛选，如大学毕业生、工作经验在5年以内的职场初级人士等。杰克·韦尔奇建议："在招聘员工时，不要给他们提供职业生涯的'终极职位'，除非这个位置是一个职能部门的负责人或者CEO。"外部引进的成熟经理人，由于已经形成相对固定的思维和行为模式，不太适合做重点培养的种子人才。以选拔销售人才为例，不仅要看候选人是否具备销售能力，更要看其未来有没有潜力成长为销售经理。如果大量招聘只具备当前销售所需技能但缺乏发展潜力的员工，企业未来就会面临高级销售人才严重短缺的问题。

把培训当成一种福利，追求资源投入的均摊，这样的人才培养或者培训项目，不仅无法达到效果，还是对公司资源的极大浪费。

 培养能够培养的能力

企业人才培养也需要追求投资回报率。提高人才培养投资回报率的关键，是要识别出哪些能力更容易通过培养而获得提升。在这方面，我们给企业提出的建议是：难培养的素质重选择，可培养的能力重培养。

根据胜任力冰山模型，一个人冰山下的素质与其工作业绩和职业成功息息相关，对个人的行为与表现起着关键性的作用，却不容易通过外界的影响而改变。

GE 的 4E1P 领导能力模型，包括活力、激励他人、决断力、执行力和激情 5 个方面。

- 第一个"E"是积极向上的活力（Energy）。
- 第二个"E"是激励他人的能力（Energize）。
- 第三个"E"是决断力（Edge）。
- 第四个"E"是执行力（Execute）。
- 1P 是指激情（Passion）。

杰克·韦尔奇认为，决断力和执行力可以靠经验积累和管理培训来提高，而积极向上的活力和激励他人的能力属于个人的本性，很难通过培养来获得。所以，他建议企业在选人用人时，不要选择缺乏活力和激情的人，因为没有活力的人将削弱整个组织的动力。

对于难以培养的素质能力或特质，企业要靠人才招聘来获得。比如，企业很难通过培训让一个自我、自私的人变得先公后私。一个把个人利益放在第一位、以个人荣誉为中心的人，将其改变为把公司、团队利益放在第一位的人，可能性很小，即便能够成功也需要付出极大的成本。如果企业在这些素质能力方面花费精力去培养，得不偿失。

对于容易培养的技能、专业知识，企业则应注重培养。在人才选择时，对冰山上的知识、技能等，设定门槛类指标，达标即可入选，扩大可选择的候选人范围。选择完成后，把培养的精力和资源放在那些欠缺的技能与专业知识上，将显著提升企业人才培养的效率。

招聘领域一流的专家布拉德福德在《顶级评级法速查手册》一书中根据转化程度的难易对能力进行了分类（见表 3-4）。其中"相对容易改变"的部分代表经过培训、辅导后可以改变和提升的能力；"很难，但可以改变"的部分代表需要投入较大精力进行培养，但持续投入可以改变的能力；

"难以改变"的部分代表难以通过培养改变的能力。

表 3-4　能力转化的难易程度

相对容易改变	很难，但可以改变	难以改变
承担风险	判断/决策	智商
技术	战略技能	分析技能
教育	实用技能	创造力
经验	过去的成绩	形成概念的能力
组织/计划	足智多谋/主动性	正直
自我认知/反馈培训/发展/辅导	卓越的标准/变革领导力	果断/愿景
授权	冲突管理	鼓舞人心的追随
团队协作	需求兼容性	活力/驱动力
沟通（口头）	独立性	热忱/激情
沟通（书面）	压力管理	雄心壮志
第一印象	适应性	坚持
客户导向	可爱	
政治悟性	倾听	
选择优秀员工技能	生活的平衡	
配置员工技能	谈判技巧	
辅导/培训	有说服力	
目标制定	团队建设	
多元化		
组织会议		

表 3-4 可以作为企业人才培养的指南，对那些企业需要、又容易改变或可以改变的能力，企业需要进行持续的培养，以确保员工提升能力。

在实战中培养人才

在谈到如何快速学习战争的方法时,毛泽东说:"从战争中学习战争——这是我们的主要方法。"

案例

华为训战结合的人才培养特色

任正非于2014年针对华为大学的建设思路说:"我们要北伐了,你们不给我们培养出将军来怎么行?都要好好想一想。""华为大学一定要办得不像大学,因为我们的学员都接受过正规教育。你们的特色就是训战结合,给学员赋予专业作战的能力。

"华为大学要为华为主航道业务培育和输送人才,特色是训战结合,最终就是要作战胜利。这个目标似乎短浅了一些,但对当前转换管理中的华为是迫切需要的。5~10年后怎么样,未来再讨论。

"训战结合就是训练和作战是一回事。所有训练的表格要和我们实际操作的表格是一模一样的,代码、标识符……也是一模一样的。我们现在就是要把赋能简单化,简单化就是我不给你讲原理,我直接给你讲作战。那么有没有人能悟出原理呢?悟出原理的将来就是战略家。"

任正非在2015年项目管理论坛上的讲话,标题为"将军是打出来的"。其中重点提到:"将军是打出来的。在华为,必须多产粮食才能拿高工资,多产粮食才能当将军。有人说要搞通识培训,让大家通晓历史、哲学、地理……我不反对学习,但那是你业余时间的爱好,我们强调的是首先要把本职工作做好。将军是选拔出来的,不是因为学习了就可以当将军,但是不学习肯定不能当将军。我们不是在对着教科书纸上谈兵,不能以技术标准来考核任职,那是学生的考核标准。将军应该是打出来的,是选拔出来的。"

一提到人才培养，很多企业想到的就是培训。实际上，培训仅仅是人才培养的一种辅助方式，在工作实践中学习成长才是人才培养的主要方式，也是人才培养最高效的方式。

传统的课堂式培训可以让学员在短时间内系统学习某方面的知识或技能，但这种方式不是人才培养的主流。在人才培养和学习方面有一个著名的"721 学习法则"："70%的学习是在工作与生活实践中完成的，20%的学习是通过接受指导或在交流中实现的，10%的学习是通过课堂培训或阅读完成的。"

人力资源管理大师戴维·尤里奇提出了领导力发展的"532 法则"："50%学到的东西是在岗位上学到的，员工如果有高潜力的话，你可以给他们分配一个工作，然后给他们一些指导，通过工作来学习，这是学习最好的方法。但与此同时，我们还要做很好的培训。教育培训占到 30%。教育培训是一个体验的过程，要让他们作为团队来学习，而不是个人。我们要在培训的过程当中寻找到业务现实的解决方案，以业务为导向学习。还有 20%的领导力是通过我们的生活经验学到的，比如说如何与配偶建立起关系，如何与家长建立起关系，如何与小孩建立起关系。"

无论是"721 法则"还是"532 法则"，都反映了工作实践对于提升能力素质的重要价值。华为一直提倡向美军学习，"将军一定是打出来的，是在工作实践中成长起来的。在战争中学习战争是能打胜仗、成为将军的最有效方式"。

在实战中培养人才的方式有很多种，赋予挑战性的任务、轮岗培养、行动学习、导师制、发展面谈等都是能够快速提升员工能力的实战方法。

⊃ 赋予挑战性的任务：激发人才潜力

美国哈佛大学教授威廉·詹姆斯（William James）通过对员工的激励研究发现："按时计酬的员工每天一般只需发挥 20%~30%的能力就足以保

住饭碗,但是,如果能够充分调动其积极性,那么他们的潜力能发挥到80%~90%。"

对有强大学习能力的高潜力人才赋予挑战性的任务,能够使其在压力下激活内在的动力和潜力,使其在不断挑战新任务的过程中脱胎换骨,实现能力的突破。

挑战性的任务可以是参与战略制定、高层研讨会、跨部门和跨专业的作业等。要想培养管理者的战略视野,可以要求其参加企业的战略制定会议或其他重要事项的高层研讨会,并在会议中从企业全局视角思考,发表自己的观点。要想培养管理者独当一面的领导力,可以赋予其组建临时团队的权限,并带领团队解决企业层面的重大难题。要想培养高潜力人才的协调能力、沟通能力,可以要求其参加跨部门、跨专业的作业,提升其沟通和协作的频率。

● 轮岗培养:开阔视野,提高人才综合能力

轮岗是企业培养人才的一种有效方式,很多优秀企业如 IBM、华为等都在企业内部或跨国分公司之间建立轮岗制度。高层管理人员通过轮岗工作能够对企业的整体运营有更全面的了解,在做重大决策时就能站在更高的视角看问题,逐步形成战略思维。跨部门的轮岗能够让员工了解企业不同部门的工作重点,换位思考,培养多元化思维。海外不同区域的轮岗有利于员工了解不同的文化和市场特点,培养全球化视野。

以万科某高管的培养为例,在经历了 10 年 5 次轮岗后,其最终成长为万科某城市公司的高管(见图 3-9)。

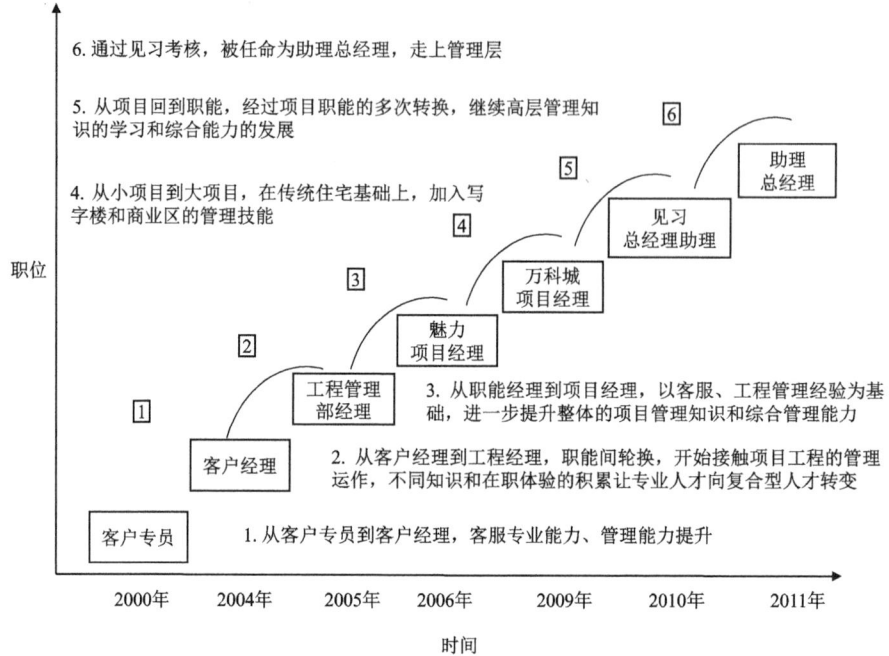

图 3-9　万科某高管的培养路径

资料来源：转岗——中高层培训的利器．赛普咨询。

⊃ 行动学习：在战争中学习战争

行动学习是一种"干中学，学中干"的人才培养方式，是一种在解决问题、完成任务的同时达到个人能力和组织发展同步提升的学习方法。

行动学习法是英国雷格·列文（Reg Revans）教授创建的，他在第二次世界大战后受英国政府的委托，进行管理发展研究，开始对行动学习法进行探索。1965 年他离开英国到比利时为高级管理人员组织管理培训课程时，首次引入这种方法。20 世纪 70 年代他返回英国，为英国通用电子公司开办了行动学习课程，受到广泛关注。专家们普遍认为，这种方法是可以与案例教学方法并列的另一种理论与实践密切结合的学习发展工具（见图 3-10）。

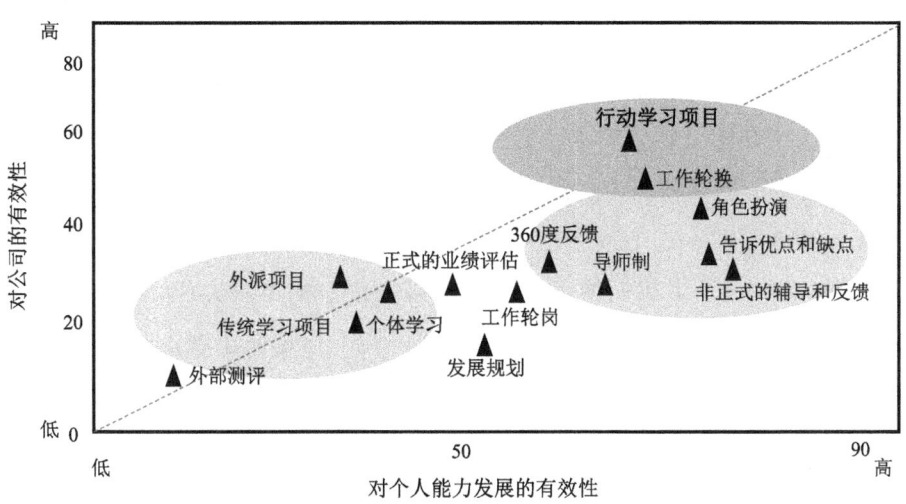

图3-10 学习发展工具对比

资料来源：麦肯锡调研结果，来自美国前50位公司的200名高级管理人员。

行动学习与传统培训的关键不同点是，它既解决了问题，又提升了学员能力，让学员在解决问题的过程中提升能力（见图3-11）。

	传统培训	行动学习
理念	先知后行，先学后用	知行合一，边学边用
主体	教师中心，教学关系	学员中心，支持促进
学员	相同任务，同一层面	任务相关，不同层面
内容	围绕学科，多个主题	围绕问题，关注需求
安排	间接性，与实际脱节	连续性，步步推进
形式	个体学习	团队学习/组织学习
动力	缺少内在动力	问题、责任、压力，有内在动力
效果	学习知识，能"说"，效果很难体现	提高能力，能"做"，以效果衡量学习

图3-11 传统培训与行动学习的区别

自20世纪90年代末开始，花旗银行、壳牌石油、霍尼韦尔公司、波音、强生、西门子、IBM 等许多世界 500 强企业开始引入行动学习，进行管理技能的培训，再造企业的领导和组织，取得了惊人的效果。杰克·韦尔奇说："GE 向全世界宣布，行动学习是将 GE 改变成'全球思维、快速转变的组织'的主要策略。没有引入行动学习前，GE 国际性业务占 18%；实施行动学习后，这个数字是 40%，并很快要达到 50%。"IBM 的郭士纳也提到："从一开始我们便下定决心要采用最好的学习方法，着手改变企业文化。我们通过行动学习的方式帮助一切工作走向正轨。"在国内，万科、华润、中粮、中化集团也将行动学习法广泛应用到企业的各项管理活动与人才培养中。

⇨ 导师制：领路人引领员工快速成长

导师制是资深员工带教高潜新人的人才培养模式。通常，资深员工的知识技能强、经验丰富且价值观认同度高。

华为的做法可以为很多公司提供参考。它先在中研部党支部设立以党员为主的"思想导师"，之后形成了"全员导师制"，其秉持的理念是"最优秀的人培养更优秀的人"。

导师制是在实战中培养人才的重要组成部分。通过在企业内系统地实施导师制，能够营造"传，帮，带"的文化氛围，让企业内部知识、经验得以传承和发展。导师制能够让新员工快速掌握任职所需的知识、技能，引导其顺利完成上岗过程。导师制的推行，可以增强员工的荣誉感，那些成为内部导师的员工和管理者，在工作上会更加严格要求自己，在新员工面前能够发挥模范带头作用。同时，导师制能够提高导师的组织管理能力，为企业干部队伍培养储备人才，更快地搭建和完善企业的人才培养体系。

导师制的推行并没有特别的组织环境要求，不论是成熟的大规模集团公司，还是初创的中小型企业，都可以实施导师制。但导师制的实施需要系统地设计，按照合理的流程逐步开展（如图 3-12），以确保培养效果最佳化。

第 3 章 培养值得培养的人和能力

图 3-12 实施导师制的系统流程

⊃ 发展面谈：成长路上及时总结与赋能

个人在成长过程中，尤其是在工作实战中很容易遇到困难和瓶颈，需要得到他人的帮助和支持。上级或导师的及时面谈沟通，不仅是人才培养的有效工具，更是帮助员工完成工作的必做事项。

所谓发展面谈，就是上级领导与员工针对本周期内员工的表现及成长情况，结合员工个人发展计划进行面对面的交流与讨论，从而指导员工绩效持续改进及个人持续成长的一项管理活动。区别于单纯的绩效面谈，发展面谈的目的是给员工赋能，帮助员工改进。其带来的价值，不仅是助力个人发展，更能够帮助构建组织能力，推动组织良性发展。

我们经常在培训中用 1∶167 这个数据，来形容发展面谈给员工带来的能量。按照每月工作时间 21 个工作日、每天工作 8 小时计，员工总工作时间就是 168 小时。如果管理者能够花 1 小时时间真正地从员工的角度出发，与员工谈近期的感受、能力现状、未来的发展目标及他的提升计划等，让员工感受到管理者的真诚和重视，那么员工在剩余的 167 小时里，将以饱满的激情投入工作中，保持高绩效状态（见图 3-13）。

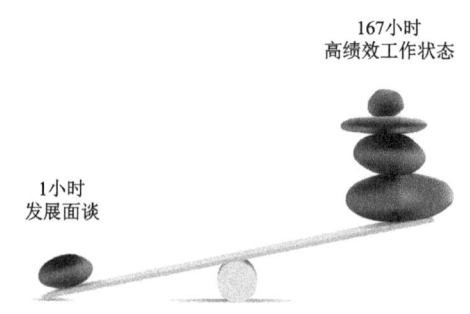

图 3-13　1 小时撬动 167 小时

进行发展面谈时，我们建议采用"5R"教练技术（见表 3-5），它包括关系形成（Relation）、目标设定（Refocus）、现实认知（Reality）、解决资源（Resource）和执行责任（Responsibility）。

表 3-5　5R 教练技术

5R 流程	内　　容
关系形成 Relation	• 构建与面谈对象之间相互信任的关系 • 让面谈对象相信你是来帮助他的
目标设定 Refocus	• 能够准确地找出对方谈话的主题和目标 • 帮助对方将目标具体化
现实认知 Reality	• 倾听目前面临的困难、问题和挑战 • 找到当前与未来的差距
解决资源 Resources	• 帮助面谈对象找到解决问题的资源和方案，从各个方案中选出最有可能实现的方案 • 让面谈对象清醒地认识到自己拥有改变的能力和解决问题的方案 • 激励和支持面谈对象自己找到最佳方案
执行责任 Responsibility	• 让面谈对象为了完成自己的目标、解决问题而制订具体的行动计划 • 让面谈对象接受教练成为他的计划执行检查和支持的人

在发展面谈中，面谈者要避免成为审判官、一言堂的长辈、老好人或挑战者，而要充分运用提问技巧，对面谈对象赋能。越来越多的研究及组织实践表明，成功的领导者都善于使用提问的方式，并且能够营造鼓励提

问和回答的积极氛围。卓越的领导者能够通过提问鼓励员工全身心投入工作，增强团队协作，激发创新思维，高效解决问题，从而赋予员工能量，真正做到授人以渔，让员工未来能自行找到应对难题的方法，能够持续成长。

让有培养能力的人做管理者

人力资源管理大师戴维·尤里奇曾问过企业管理者这样一个问题：

"在公司中，谁是人力资源实务的主要负责人？是部门经理、人力资源专业人员，还是部门经理和人资源专业人员两者一起，或者是顾问？"

大多数人给出的答案是：部门经理和人力资源专业人员两者一起。然而，戴维·尤里奇却提出：只有部门经理是人力资源实务的主要负责人。同样地，人才培养的主体不是人力资源部或培训部门，各级直线经理才是人才培养的主体，他们扮演着教练、导师或师傅的角色，承担着人才培养的重任。

杰克·韦尔奇说："在你成为领导者之前，成功的概念只局限于你自己，是你在职权范围内所表现出来的业绩、贡献度和问题解决的能力等。但是，在你成为领导者之后，你的成功就取决于如何帮助他人成功。领导者的成功指的不是你在做什么，而是你领导的团队能取得什么样的成果。一流的 CEO 首先是一名教练，伟大的 CEO 是伟大的教练。"企业家和各级经理人要成为员工的教练，赋予其能量，"训""练"结合，帮助员工成为优秀的"运动员"。

人才培养是经理人的职责，也只有那些具备人才培养能力的人，才能够成为管理者。德鲁克提到："把管理者和普通员工区分开来的第一功能是什么？那就是管理者首先是教育者。"企业晋升经理人的目的不仅仅是经理人能够带领团队达成目标，更重要的是经理人能把更多的团队成员培养成同经理人一样优秀的人才。《华为基本法》第一百零一条写道："高、中级干部任职资格最重要的一条，是能否举荐和培养出合格的接班人。不能培养接班人的领导，在下一轮任期时应该主动引退。仅仅使自己优秀是不够的，还必须使自己的接班人更优秀。"

直线经理培养人的能力直接影响企业人才培养的效率。目前，人才培养能力已经成为衡量直线经理能否晋升的重点考察项目。衡量一位直线经理培养能力的高低可以从以下几个方面来判断：

（1）团队绩效是否出色？

（2）团队成员每个人的个人绩效是否优异？

（3）团队成员每个人的绩效是否显著提升？

（4）团队成员中是否有合适的接班人？

对于企业家来说，让有培养能力的人成为管理者，企业的人才培养才能更高效，企业才能有源源不断的人才输出，也才能够打造真正稳健的人才供应链。

关键发现

- 人才培养是最经济、最可靠的人才获取方式。
- 在稳健的人才供应链中，中高层人才主要依靠内部培养与选拔。
- 提高培养效果的关键不在于培训的形式，而是培养对象是否值得培养。
- 值得培养的人需要具备两大特征：一是具备先公后私的品质，与企业的价值观相符；二是具有高潜力。
- 难培养的素质重选择，可培养的素质重培养。
- 在工作实践中学习成长是人才培养的主要方式，也是人才培养最高效的方式。
- 人才培养是直线经理的职责，要让有培养能力的人做管理者。

第 4 章
减少七大浪费的 345 薪酬[①]

> 管理的第一目标是使较高工资与较低的劳动成本结合起来。
> ——弗雷德里克·温斯洛·泰勒

 触目惊心的七大浪费

在多年的项目咨询实践中,我们发现,很多企业在薪酬管理上都关注如何在预算范围内调薪或如何优化薪酬结构,却没有意识到薪酬在容易忽视的方面存在严重浪费。

薪酬浪费很多时候都是隐形的,如同广告大师约翰·沃纳梅克所说:"我知道广告费有一半被浪费了,但我不知道被浪费的是哪一半。"企业的薪酬浪费现象也是如此,企业家或许知道薪酬发放存在浪费,但不知道薪酬浪费在哪里。

根据我们的经验总结,企业的薪酬浪费主要表现在以下七大方面:

[①] 本章更详细内容请参见《345 薪酬:提升人效跑赢大势》,李祖滨、汤鹏、李志华著,电子工业出版社,2019 年 4 月。

⊃ 第一大浪费：工资发给不合适的人

企业中不合适的人有 3 种：业绩低、价值观低的人，业绩低、价值观高的人，业绩高、价值观低的人。不合适的人不但不会给企业创造价值，还会给企业造成危害和损失，企业给这样的人发薪酬，可谓"亏大了"。

TCL 创始人李东生先生在《鹰的重生》一文中针对 TCL 面临的困境，首次公开反省了自己的三大管理失误：

（1）没有坚决把企业的核心价值观付诸行动，往往过多考虑企业业绩和个人能力，容忍一些和企业核心价值观不一致的言行存在，特别是一些有较好经营业绩的企业主管。

（2）没有坚决制止一些主管在一个小团体里面形成和推行与企业愿景、价值观不一致的价值观和行为标准，从而在企业内部形成诸侯文化和习气，严重毒化了企业的组织氛围，使一些正直而有才能的员工在企业里失去生存环境。

（3）对一些没有能力承担责任的管理干部过分碍于情面，继续让他们身居高位。这种情况不但影响了企业的经营，也影响了一大批有能力的新人成长。

久而久之，企业内部风气变坏，员工激情减退，很多高管纷纷离职，加之银行贷款非常困难，几乎导致 TCL 资金链断裂。

由此可见，不符合企业核心价值观的人，能力越强，对企业造成的潜在风险也就越大；而能力不符合岗位要求的人员，给企业带来的效益甚至有可能为负数。付薪给不合适的人员是严重的薪酬浪费。

⊃ 第二大浪费：低工资

薪酬浪费的另一个原因是，企业在对待员工薪酬上是"成本导向"，而实际上企业需要的是"价值导向"。这两种不同的思维方式导致企业在薪酬管理上有完全不同的选择。

> **案例**
>
> 某个公司招一个经理，候选人符合要求，但期望月薪2万元。
>
> 以成本导向考虑的公司认为：招了这个人会增加公司2万元成本，已经超过预算，参考市场薪酬水平和公司的预算，薪酬只能给到1.3万元。
>
> 以价值导向考虑的公司认为：这个人符合要求，他在岗位上能创造的价值是10万元/月。市场上1.3万元应该能找到类似的人才，但是可能要花6个月时间。如果这个人现在就到位，6个月他可以创造60万元的价值。

成本导向的做法看似为企业每月节省了7000元的人工成本，但是用价值导向去思考时，等待一个月的机会成本是10万元。而且，如果1.3万元招聘的人员不合适，没有创造出预期的业绩，会给企业造成更大的浪费。

因此，发放低工资表面看为企业节省了成本，但实际上低工资无法吸引市场上优秀的人才，甚至会导致现有人才流失，影响企业正常发展。从长远看，低工资是很大的浪费。

第三大浪费：低固定高浮动的薪酬结构

目前很多企业倾向于使用低固定高浮动的薪酬结构，员工创造多少业绩，企业就给相应的浮动奖金。表面上看非常公平，企业既能有效地激励员工，又可以合理地控制人工成本。

但在实施中，这种模式会存在三大问题：

（1）当个人业绩好的时候，员工觉得是源于自己的努力；而当业绩不好时，员工更多的是去寻找市场、竞争对手等客观原因。所以，当获得高业绩奖金时，员工觉得是自己应得的，而当业绩奖金较低时就会怨声载道。很显然，这样的心态让员工对企业不会有太多的归属感，甚至会以对立的心态看待企业。

（2）低固定高浮动的薪酬模式会导致员工过于关注自己的业绩，忽视不能直接带来业绩的工作，不愿意与团队分享和协作，阻碍员工之间的经验交流，不利于员工的成长，也不利于企业长期业绩的增长。

（3）低固定高浮动薪酬结构，让企业的薪酬竞争力较低，对于外部人才没有吸引力，优秀的人才无法进入，企业的人才供应进入恶性循环。

在低固定高浮动的薪酬结构下，企业所付出的浮动奖金只不过是早发或迟发而已。迟发奖金，企业付出的薪酬成本并没有减少，但相比于高固定低浮动的模式，却造成更多的员工抱怨和不满。而且，对于那些销售业绩受到外部市场影响较大的企业，高浮动的薪酬并没有体现出对于优秀人才的激励，这部分薪酬显然是被浪费掉了。

第四大浪费：不规范地随机调薪

很多企业在调薪方面都缺乏规范机制，面临着以下问题：

（1）随机式的内部薪酬谈判。这损害了薪酬的严肃性，薪酬调整成了任何时候、任何人都可以提要求的随意性事项。

（2）被动给员工调薪。有时是员工因为自己工作已满一年、合同要续签等原因主动提出调薪，人力资源部和老板被动地根据调薪申请进行谈判，决定是否调薪；有时是在员工准备跳槽离职时，企业为了挽留员工而提出调薪。这类被动式调薪的方式，老板难以成为赢家。如果不同意员工的调薪要求，员工会觉得工作没有得到认可，也破坏了老板慷慨和乐于分享的形象；如果同意调薪要求，员工不会觉得被认可、被激励了，而会觉得自己早就应该加薪了。企业加薪没有主动权，就不会产生激励作用。即使加薪，也变成了迁就员工、讨好员工，甚至"贿赂"员工，无法换来员工对企业的认同。

（3）没有统一的薪酬标准。没有严格的流程和标准，薪酬调整就难以做到公平公正。不公平公正的薪酬调整不但起不到激励作用，甚至还会对员工士气和稳定产生破坏作用。因此，谈薪酬要用体系和标准谈，而不能变成员工和老板之间的谈判。

➲ 第五大浪费：薪酬不保密

员工对薪酬是否公平的感受来自几个方面：一是外部公平，即与外部同行相比；二是内部公平，即与内部员工相比。在实际情况中，内部不公平往往比外部不公平更容易引起员工不满。

心理学的研究表明，我们每个人都会有自我认知的偏差：认为自己的能力高于他人，自己付出的努力多于周围的同事。心理学家将这种心理认知偏差称为"乌比冈湖效应"。在这种效应影响下，如果薪酬不能做到保密，同事之间在私下讨论薪酬，不会有任何一方是满意的：薪酬高的员工会认为，自己的贡献、付出的努力要比同事高出很多，薪酬却只高了一点点；薪酬低的员工则认为，自己的贡献并不比其他人少，得到的薪酬却更低！在这样的心态影响下，薪酬本来应该产生的激励效果，会被耗费殆尽，甚至会起到负激励的效果。

在薪酬不保密的情形下，员工的积极性受到很大的挫伤，不仅会影响员工的工作效率，也会影响其达成的成果。薪酬不保密，给企业产生的损失很难估量，但不可否认的是，大量投入在人才激励上的薪酬，被浪费了。

➲ 第六大浪费：慷慨随意地承诺

员工对于薪酬的满意度，来自个人感知到的激励（薪酬所得）和心理期望之间的对比。当感知到的薪酬所得越高，员工对薪酬的满意度就越高，激励效果也就越好；心理期望越高，在感知到的所得不变的情况下，则会让薪酬满意度降低，相应地，激励效果也就会降低。很显然，薪酬激励要获得更好的效果，让员工感知到的薪酬最大化和管理员工的心理期望，都很重要。

$$激励效果 = \frac{感知的激励}{心理期望}$$

基于前文提到的乌比冈湖效应,员工的心理期望往往会高于其实际应得的薪酬。企业管理者过度慷慨随意地承诺,会抬升员工的心理期望;同时,因为承诺往往要早于实际获得回报一段时间,这段等待的时间也会让员工对于获得薪酬回报的感知减弱。由此可见,慷慨随意地承诺不仅让上述公式中的分母变大,也会让分子变小,在这种情况下,激励效果自然会降低。

因此,慷慨随意地承诺把企业付出的薪酬浪费掉了。

○ 第七大浪费:单纯用薪酬激励

根据2016年翰威特的调研,超过90%的企业认同全面薪酬激励理念,但有近40%的企业没有将职业发展、学习和企业文化定义在全面薪酬范畴之内。

事实上,如今职场主力军——"80后""90后"的员工,选择企业的时候更关注的是文化、工作环境、职业发展机会等,单纯用薪酬福利激励员工可能效果平平。充分利用挑战性的工作任务、扁平化的沟通渠道、职业发展等不花钱的激励方式,一方面可以弱化员工对绝对薪酬的依赖程度,另一方面也可以节省部分薪酬支付成本,且能起到非常好的激励效果。

若企业单纯考虑用薪酬进行激励,用大量的薪酬投入代替职业发展、文化氛围、对员工的认可等非物质激励的效果,往往效果不尽如人意,大量的薪酬投入在这个过程中被浪费了。

员工与企业双赢的 345 薪酬

薪酬管理因涉及员工的切身利益和企业的成本投入与成果产出,是企业家和员工共同关注的人力资源管理工作。许多企业千方百计地想要设计出一套完美的薪酬激励方案,但我们在实践中发现,领先的薪酬体系,不是设计或寻求多么标新立异的薪酬方案,而是将薪酬体系的各个环节执行得更加精细，把该做的细节做好，用合适的方式把薪酬发给合适的人，减少、消除薪酬浪费现象。

优秀企业实施的薪酬激励体系有很多共性和相似之处，德锐咨询的《345薪酬：提升人效跑赢大势》一书将其总结为345薪酬：给"3"个人发"4"个人薪酬，创造出"5"个人的价值。345薪酬不是简单地解决如何定薪和发薪的问题，而是要在企业内部建立一套支持企业高价值产出、能够不断迭代优化的激励体系。这套激励体系包括：人才评价和筛选体系——选择合适的人，人才激励体系——对合适的人加大激励，以及组织塑造体系——让组织创造高价值（见图4-1）。345薪酬体系的实施解决了企业如何将有限的薪酬激励资源合理高效地分配给员工，激励员工创造出高绩效，从而提升激励效率的问题，其核心目标就是提高人效、做强企业。

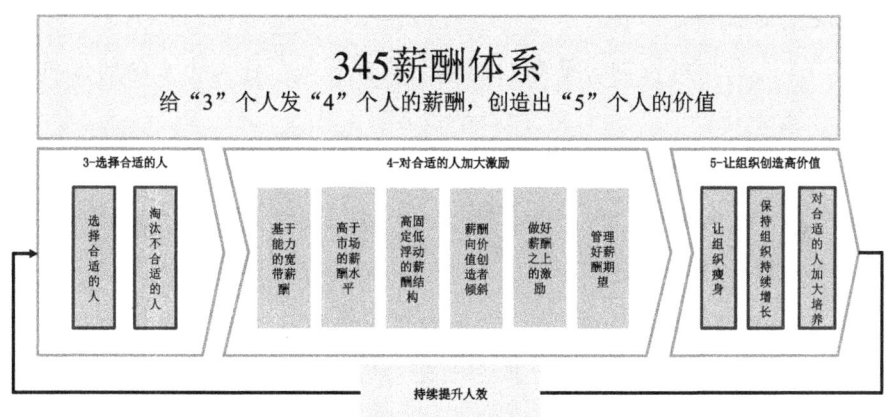

图4-1　德锐咨询的345薪酬体系

（资料来源：《345薪酬：提升人效跑赢大势》，李祖滨、汤鹏、李志华著，电子工业出版社，2019年4月）

> **案例**
>
> ### 龙湖物业的345薪酬实践
>
> 龙湖集团崛起成为全国一线房企，以细节和服务著称的龙湖物业功不可没。正是其优质的服务创造了"龙湖式幸福生活"的口碑和品牌效

应，让龙湖集团的品牌具备了坚强的支撑。

而在2006年，龙湖物业曾面临着种种问题，例如，对外服务和对内决策速度慢；一味强调品质，缺乏有经营意识的人；劳动生产率低，旗下项目的人均管理面积远低于同行；人员稳定性下降，严重时招聘到的人数不及辞职的人数，公司陷于"大量招人→人员大量流失→继续大量招人"的不良循环，严重影响了公司形象，降低了公司的吸引力。针对这些情况，龙湖物业开始进行组织和人力资源的改革。主要措施包括：

（1）通过提高劳动生产率，加大人均管理面积来提高员工待遇，"3个人干5个人的活，拿4个人的钱"，这样解决了薪酬支付能力和薪酬竞争力的问题。

（2）通过组织和人员的重新布局来实现放权，让员工有独立的责任和做决策的机会。

（3）设立相对长期的薪酬福利体系改进计划，将人力市场的溢价主动转移至公司。

以龙湖区域为例，通过调整组织架构，员工由原来的408人调整到343人，下降比例为16%。主要调整方式是，此前物业人员按照项目分工，调整后打破项目边界，改为按区域综合分组，统一调配人员，如维修人员负责相邻的两个小区。结果龙湖区域的人均管理面积由原来的1452平方米上升到1753平方米，上升比例为20%。龙湖区域人员的月平均薪酬由原来的1288元上涨到1520元。改革后，员工平均保障收入增长10%，人均管理面积增长27%，老项目人数下降21%，但公司整体成本下降，招聘需求和员工离职率下降。

从龙湖物业成功的人力资源激励实践来看，采用345薪酬，在人才高标准、高压力的基础上提供高报酬，其本质是人均产出和人力资源效率的提高。345薪酬让员工拿到了高于市场水平的薪酬，同时企业支付了低于市场水平的薪酬成本，这是员工与企业双赢的薪酬策略。

345薪酬之"3"——选择合适的人

任何企业在一定时期内的激励资源都是有限的,让有限的激励资源产生最大的效用,企业就要提升员工激励的精准度和效率。345薪酬体系成功实施的前提是"选择合适的人",这吻合了吉姆·柯林斯提出并被我们一直所倡导的先人后事的薪酬理念。

在《从优秀到卓越》一书中,吉姆·柯林斯提到先人后事的薪酬观点,可以总结为3个方面:

(1)重要的不是支付报酬的多少,而是支付给何人。

(2)高工资是建立在奖励创造价值的团队的机制上,目的是创造勤者生存、懒者淘汰的氛围。

(3)在企业实现转变中,人力不是最重要的财富,合适的人才是企业最重要的财富。

所以,要想避免工资发给不合适的人所造成的浪费,企业家们需要做以下几方面工作。

1. 人才盘点:区分合适的人和不合适的人

薪酬要发给合适的人,首先要识别哪些是合适的人。为了识别企业内部的价值创造者,企业通常都会采用人才盘点方法。人才盘点是指通过对组织发展的审视和内部人才多方位的评价,帮助企业管理者清晰地了解组织中的人力资源状况,找出组织的人才现状与未来业务发展要求之间的差距,从而更具有针对性地实施组织调整、人力资源管理等措施。

人才盘点包括组织盘点、人才数量盘点和人才质量盘点,其中人才质量盘点是整个人才盘点中的重点和难点。人才质量盘点通过对组织现有人员胜任能力、业绩乃至未来潜力状况能否支撑和适应组织未来发展需要进行评估,帮助管理者判断现有人员中哪些是合适的人、哪些是不合适的人。

人才质量盘点一般包括建立人才标准、实施人才评价和组织人才盘点三大步骤(见图4-2)。

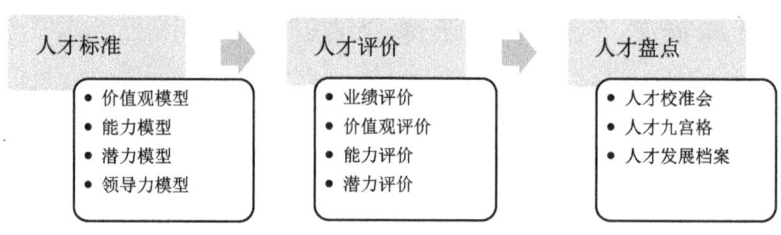

图 4-2　人才质量盘点三步骤

（1）建立人才标准。人才标准明确了组织合适的人的胜任标准，是整个人才质量盘点的基础，也为后续人才评价提供了评价依据。很多优秀标杆企业基于自身未来业务发展的能力需要，都会构建人才标准——素质模型，它是指将持续稳定地驱动员工产生高绩效的知识、技能、能力、个性、内驱力等要素进行整合，并且将其转化成员工具体的行为，达到可测量的目的。

（2）实施人才评价。基于素质模型，人才质量盘点的第二步就是针对每个员工逐一开展评价。从评价的维度看，一般分为业绩、价值观、能力和潜力维度。同时，企业须根据自身需要综合考虑参与人才评价的群体规模、时间和投入的人力成本，在追求数据全面性、准确性的同时也要考虑经济性。

（3）组织人才盘点。在人才评价之后，为了避免评价的误差，保证评估结果的客观性、准确性，同时也为了详细充分地讨论人员任用问题，企业还要组织相关人员参与人才校准会。校准会是整个人才质量盘点的核心环节，在校准会上会形成每个人的评价结果和任用计划，这些信息都是开展后续人才管理工作的基础。

人才校准会的一项重要产出就是人才九宫格定位。通过人才九宫格，企业可以对内部人才进行分层分类。在典型的人才九宫格中，通常会从"素质""业绩"两个维度评价企业内部员工，并且将员工区分为六大类：超级明星、核心骨干、中坚力量、待提升者、问题员工和失败者（见图4-3）。

第 4 章 减少七大浪费的 345 薪酬

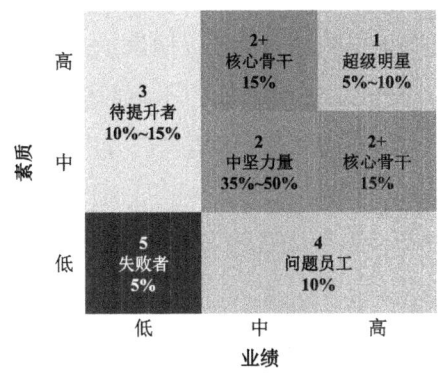

图 4-3 人才盘点九宫格

- 超级明星（定位为 1）：企业内部的明星，是真正引领企业发展的人员，短期内可以考虑给予晋升与激励。
- 核心骨干（定位为 2+）：企业内部的坚实贡献者，胜任当前级别的工作，在 1~2 年可以给予晋升。
- 中坚力量（定位为 2）：企业内部的稳定贡献者，这部分员工所占比例通常较高，能够胜任当前岗位，并且稳定贡献岗位价值。
- 待提升者（定位为 3）：具备一定的能力或潜力，但当期工作业绩不佳，达不到岗位的要求，对这类员工一般会设定期限要求改进。
- 问题员工（定位为 4）：工作业绩表现不错，但有些人对企业价值观认同度较低，这类员工占比过多会给企业的稳定性带来隐患。
- 失败者（定位为 5）：既没有能力，当期工作业绩也达不到岗位要求，需要尽快淘汰。

2．请不合适的人离开

当企业通过人才盘点识别出了价值创造者和非价值创造者，为了保证 345 薪酬体系成功落地，除了对价值创造者进行肯定和激励，还需要对不合适的人加以淘汰。

通过人才盘点，可以发现在企业中不合适的人大致分为以下 3 类，并需要配以不同的处理手段。

（1）价值观不符——尽快清除出去。如果一个人的价值观与企业不符，即使他的能力再强，在企业中也犹如"不定时炸弹"，后患无穷。因此对于价值观与企业不符的人，必须明确其改进方向与建议。如果不改进，需要马上清除出去。

（2）业绩达不到要求——明确改进计划。对于那些愿意跟随企业一起发展但目前业绩不达标的员工，需要对其进行辅导，明确提升建议和改进计划，并且持续跟踪。如果在一定时期的训练和辅导后，仍然无法有效提升工作业绩，也应尽快做出淘汰的决策。

（3）冗员——精编、减员、增效。当企业出现冗员时，会导致企业与员工双方的利益都受到损害。一方面，员工因为工作量不饱满，个人的能力和价值无法充分发挥，成长缓慢；另一方面，企业负担的人力成本过重，人浮于事，人均效能低下，最终将严重损耗企业的竞争力。所以，冗员一定要进行裁减，否则会严重影响企业的健康发展。

⬌ 345薪酬之"4"——对合适的人加大激励

为了更加充分调动合适的人的工作积极性，最大化地释放他们的价值创造潜力，提高他们的工作效率，需要加大对合适人才的激励。谷歌的十大用人法则中有一条就是"差异化薪酬"，对最优秀的员工支付更高的、"不公平"的薪酬，员工的薪酬与其能力和贡献相匹配，达到真正的公平。

对合适的人加大激励是345薪酬成功实施的关键，特别是在这个以"人"为核心驱动力的新经济时代，人才争夺和竞争非常激烈，如果不加大激励水平，企业就无法吸引、保留、聚集一批合适的人，也很难调动现有员工的工作积极性，在人才选择上更没有主动权。

1. 加大薪酬激励

加大薪酬激励，是避免低工资造成浪费的直接手段。效率工资理论认为，高生产率是高工资的结果。支付超过市场平均水平的工资更能稳住和吸引人才，在提高员工工作激情的同时也提高了员工工作懈怠的成本，具有激励和约束的双重功效,从而能产生更高的生产效率。而低工资一方面激励效果差,员工敬业度低,工作效率低下;另一方面造成企业现有优秀人才流失,且难以吸引外部优秀人才。

2. 高于市场水平的薪酬

薪酬对员工的激励效果取决于员工对薪酬感知的多少,而不取决于企业实际支付的多少。

德锐咨询研究发现,薪酬水平的激励效果会随着员工的薪酬感知,存在上下两端的放大效应。当企业支付比市场平均水平高20%及以上的薪酬时,叠加员工对企业的认同感、归属感,薪酬激励效果会有正面放大效应,员工感知到的薪酬水平会比实际的更高。当企业支付低于市场平均水平的工资时,叠加员工对公司的不满和对薪酬水平的高期望,员工感知到的薪酬水平会比实际的更低,相应的激励效果也就打了折扣。此时,当企业支付低于市场平均水平10%的工资时,员工感知到的薪酬会低于市场平均水平20%~30%(见图4-4)。

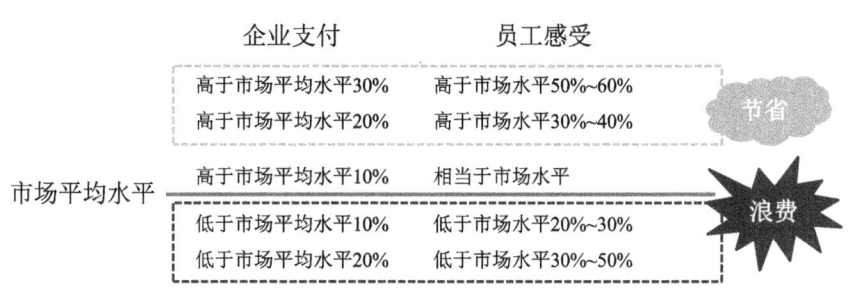

图4-4 薪酬水平上下两端的放大效应

基于薪酬水平上下两端的放大效应,我们可以发现,高于市场平均水平的薪酬是最节省的薪酬。这种节省,不仅来自不同的薪酬定位对于员工的激励效果的差异,还包括两端的放大效应产生的激励效果差异。

案例

福特的5美元工资制

亨利·福特（也称老福特）于1903年创立福特汽车公司。为了提高生产效率，老福特利用流水线批量生产汽车，使汽车走入美国工薪阶层家庭。为了配合新引进的生产方式，老福特还采取了另一项重大举措，就是大幅度提高工人工资。1914年1月5日，老福特宣布了福特汽车公司工人新的薪酬方案：最低日工资从2.3美元提高到5美元，每天的工作时间从10小时减少到8小时，另外还有利润分享计划。

老福特的这个决定引起了巨大轰动，每个人都想到福特上班，因为他们现在的收入连5美元的一半都不到。但不是所有的人都像福特的员工那样拥护这个做法的，其他汽车制造商认为老福特这样做会毁了整个汽车工业。舆论则一致认为，老福特"疯了"。

其实，老福特这样做是针对当时管理环境和竞争压力所采取的应对措施。在20世纪早期的美国汽车城底特律，工人与工厂仍沿袭一种传统的半松散式的雇佣关系：有活时工人来工厂上班，没活时工人回家。工厂无须在停工时给工人发工资，工人自然也没有义务对雇主做出长期稳定工作的承诺，纪律性较差，工人的流动性极大。1913年，福特工厂每100个工作职位就要招聘953人次，为此，公司需要不断为新招聘的工人办短期培训班，不断增加的各种福利制度也不能留住人。在这种情况下老福特才做出这个创新之举：用大幅提高工资和利润分享计划来减少工人的流动性，从而降低成本和提高效率。

实行日工资5美元后的3年中，福特公司的旷工率从10%降到了0.5%，工人们开始以在福特工作为荣，福特公司的利润提高近3倍，从1914年的2500万美元增加到1917年的7000万美元。实际上，福特公司每新增加的10美元利润中，只有3.5美元用于给工人提高工资，而其他6.5美元都落入老福特的腰包。

1918年，当新方案的强大作用充分展示出来、人们最后的一点怀

> 疑也被一扫而光后，老福特骄傲地在董事会上说："一天工作8小时，工资5美元，这是我们最成功的降低成本的方案之一。"
>
> 资料来源：于中宁，赵瑜.管理哲学：从福特到盖茨.经济导刊，2002.

按照之前薪酬管理的思想，当工人的生产效率只是市场的平均水平时，是不应该给他们涨工资的。只有工人做到不仅长期稳定地工作，并且能够保持"清洁、冷静"的高效率状态，才能涨工资。但是老福特并没有这样做，而是选择果断地将工人的日工资涨了一倍。老福特的"5美元日工资"本质上是一项约束措施：给一个远高于市场行情的工资，让工人自我约束。从经济学的角度解释，老福特通过远高于市场的工资增加了工人的失败成本，工人为了保住每日5美元的工作只能努力地提高生产效率，这也就是"高于市场水平的薪酬是最节省的薪酬"的内在约束机制。企业在提供高薪的同时也要求高效率，只有做到这一点，高于市场水平的薪酬才是最节省的薪酬。

3. 基于能力的宽带薪酬

薪酬模式的发展大体经历了从雇主薪酬、岗位（也称职务或职级）工资薪酬、薪点制薪酬、传统窄带薪酬到宽带薪酬的历程，设计方式也逐渐从粗放到精细，从简单到规范，从单一到体系化。不同阶段的薪酬模式之间主要的区别在于其设计的理念和付薪依据有所不同。

伴随着知识经济的发展，组织的转型升级和无边界化成为发展趋势。在这样的环境下，人才日益成为企业的核心竞争力，人力资本的价值创造能力在此背景下被凸显和放大，这对传统的薪酬模式提出了挑战。由于企业扁平化的需求，很多岗位被压缩成一个层级；由于组织无边界化和工作内容的灵活性，员工因能力差异创造的价值明显不同。因此，这就要求有新的薪酬模式，能进一步彰显能力的差异而非职位的差异。在此背景下，宽带薪酬模式应运而生。

宽带薪酬中的"带"指的是工资级别，"宽带"的意思是在同一个级别中，工资浮动范围较大（见图4-5）。实质上，宽带薪酬是一种以能力、业绩付薪为主，职位付薪为辅的三元薪酬模式。宽带薪酬通过强调"宽"来增加能力、业绩对收入的影响。同时通过固定薪酬和浮动薪酬的结构设计，在弱化职位对薪酬影响的同时，提高能力、业绩在薪酬中的影响力，使薪酬增长不仅取决于职位等级，更主要由能力和业绩决定，既体现薪酬的灵活性，又增强薪酬的激励性。由于宽带薪酬有上述优势，自1989年GE最早实施以来，目前世界500强企业中大约60%的企业都采用了宽带薪酬。

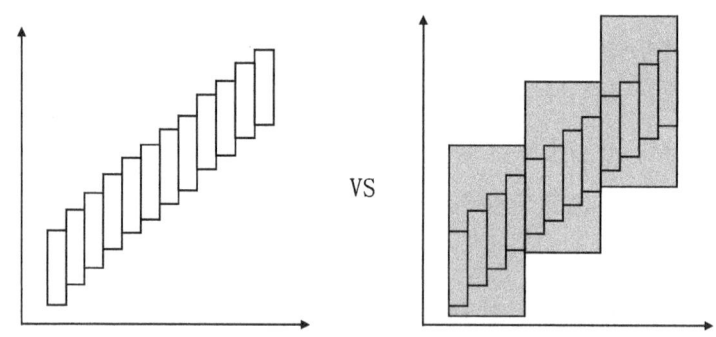

图4-5 传统薪酬模式与宽带薪酬的区别

在实施宽带薪酬的过程中，企业最担心的是由于分配不合理而带来内部不公平。员工往往"不患寡患不均"，但真正的不均不是绝对的不平均，而是薪酬回报与贡献的不匹配。因此，越是"患不均"，企业越是不能将薪酬激励资源进行"雨露均沾"式的分摊，而要真正按照员工对企业价值贡献的多少进行匹配性的分配。强化多劳多得、少劳少得，只有这样才是真正的对价值创造者的公平，也只有这样才能体现对他们激励的加大，激发他们更大的价值创造能力。

4. 高固低浮的薪酬结构

为了避免低固定高浮动薪酬结构产生的浪费，企业需要设置更加合理的薪酬结构——高固定低浮动。

华为人力资源副总裁吕克谈到华为薪酬结构的策略时曾说："很多企业家认为给员工较低的固定工资，做好再给高额的奖金的准备，这样员工就会做出好业绩。而实际上这个想法是错的，华为过去也犯了这样的错误。现在华为改变了做法，提高了员工的固定工资，降低浮动比例，激励效果反而增强了。因为员工感受到的激励是薪酬总额，'低工资、高奖金'是让员工带着低工资的状态去工作，产出低的绩效，而得到的却是不低的奖金。这是很不经济的薪酬结构。"

德锐咨询研究发现，高固定低浮动的薪酬结构要优于低固定高浮动。主要体现在以下几个方面：

（1）**高固定给员工更多安全感**。高固定的薪酬能够保障员工的生活，物质条件稳定后员工没有后顾之忧，可以更加全身心地投入工作。

（2）**高固定提升员工归属感**。薪酬结构的不同部分确定依据不同，固定薪酬的确定依据的是员工个人能力，浮动薪酬的确定依据的是工作业绩。所以，薪酬结构的固定部分是对员工能力最直接的认可，员工与企业之间的"心理契约"是双向性的，员工感受到企业对自己能力价值的肯定，其对企业的归属感和认同感也会更强。

（3）**高固定可以营造正向的团队氛围**。员工不用为了生存进行恶性的竞争。在这样的激励方式下，员工更加乐于分享，团队协作的氛围更浓厚。

（4）**高固定更能吸引人才**。应聘者在不了解企业内部的实际情况时，与企业间互相没有信任基础，企业对他们的吸引会更多地源自薪资总额及作为保障部分的固定薪资水平。

对于薪酬结构的固定与浮动，企业管理者容易有一个误解——以绝对金额看待固定与浮动薪酬，认为像谷歌、华为这样的企业，并不是高固定低浮动，它们既有高固定的薪酬，又有高浮动的奖金。其实，薪酬结构的设计基于一个前提：企业资源是有限的。对于领先的企业，能做到高固定和高浮动当然更好，但无法做到这一点的多数企业，同样的激励资源，只要对薪酬结构做出调整，就可以达到更好的激励效果。

我们将薪酬固定与浮动的配比模式分为 4 种（见图 4-6），其对人才的吸引和激励有着不同的效果：卓越的企业会选择"高固定高浮动"的薪酬结构来吸引稀有、顶尖的人才；优秀的企业普遍选择"高固定低浮动"的薪酬结构来吸引优秀人才；而采用"低固定高浮动"薪酬结构的企业则只能吸引为个人提成努力的普通人才，渐渐趋于平庸；那些选用"低固定低浮动"的落后企业，无法吸引人才，慢慢会因无法生存而消失。

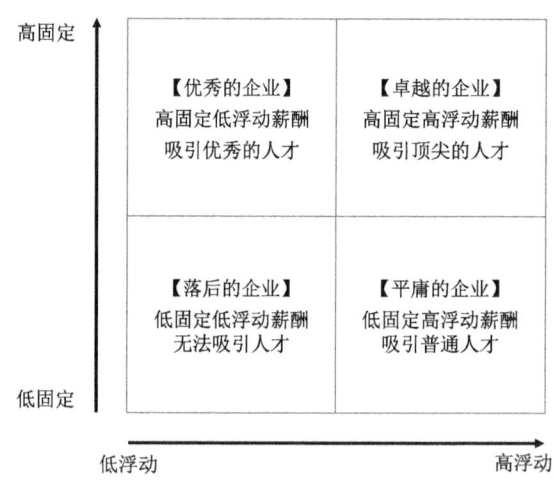

图 4-6　薪酬结构与效果

高固定低浮动的薪酬结构并不意味着企业内部所有层级和岗位都采取一样的薪酬固浮比。企业需要遵循"岗位对企业经营结果的影响程度越大，该岗位员工的薪酬浮动比就越高"这一原则，根据岗位职责与企业经营的关联程度，同时结合外部的薪酬调查等设计不同的固浮比。

员工所处的层级越来越高，其岗位、能力和业绩对企业经营结果的影响就越来越大。所以，层级越高，薪酬水平越高，浮动薪资占比也越高。结合项目实践与研究经验，我们建议固定与浮动的薪酬在不同层级的比例如图 4-7 所示。各企业可以结合自身所在的行业和竞争对手情况，以及实际支付的薪酬水平等情况进行调整。

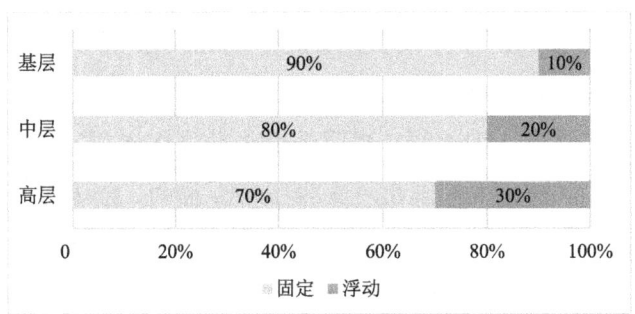

图 4-7 不同职级薪酬固浮比

不同序列对于企业业绩的贡献方式也不同。业绩的间接贡献者（技术人员、职能人员等）的工作以提高经营管理效率为主，他们更适用于较高的固定薪资占比，以此来给予他们充足的安全感，保障企业后台的稳定性。业绩的直接贡献者（管理者及业务人员）可以适当提高其浮动薪资占比，过分刚性的薪酬结构不利于业绩目标的达成，也不利于内部公平。

高固定低浮动的薪酬结构在设计时须结合企业内部不同层级、序列，乃至所在行业、竞争对手等情况综合考虑，平衡好薪酬保障功能和激励功能之间的关系，切忌"一刀切"，以保证薪酬激励发挥作用。

5. 淡化福利支出

福利是指员工所能享受到的工资之外的间接收入。作为全面激励体系的一种激励方式，它在满足员工需求上发挥着作用，所以很多企业本能地认为，给员工提供越多而全的福利项目，员工的满意度会越高，工作积极性也就越高。但德锐咨询基于大量的项目实践和标杆企业研究后认为，企业应该淡化福利支出。

目前国内很多企业出现的员工积极性、满意度不高的现象，其实是一次分配出现了问题，要么工资过低，要么收入分配不合理。过多的福利项目会大量侵占企业利润和一次分配资源，削弱企业的可持续发展能力和收入的竞争力，而一次分配中存在的问题依然会使企业进入恶性循环。此外，高福利项目和额度也会给企业发展带来很多弊端。首当其冲的就是企业生存经营成本上升造成企业竞争力下降；其次，福利项目设置不当也会让员工过度安逸，滋长懒惰和不思进取的思想。

对于国内大多数企业来说，聪明的做法是弱化福利，强化一次分配的公平性和竞争力。弱化福利支出不是说不需要福利，企业的福利应该更加聚焦在保障员工生活的基本诉求和工作的高效开展上。

法定福利是企业福利项目设置的基本要求和底线要求，所以企业在进行法定福利设计时要以法律要求为准绳来全面履行，避免因基本福利保障的缺失而造成员工不满、工作积极性低，或者造成企业的法律风险。自主福利的形式千差万别，有劳动保护类的福利，诸如体检、工作服、取暖费等；也有针对特殊/高端人才的特色福利，如购房免息贷款、车贴、住房补贴等。企业自主福利要围绕让员工更放心地生活、更高效地工作这两个大原则来设计。

在设计福利项目时，企业应注意从几个方面来保证其激励效果。

（1）以沟通强化福利感知。企业要通过多种途径和渠道，包括新员工培训、海报、品牌宣传等，提高员工对于企业福利的认知和参与度，增强员工的满意度。

（2）精准而有效的福利设计。比起多元化的福利，直击痛点的、用心的福利设计更让员工满意。

（3）让福利真正满足员工需求。福利项目要能解决员工工作障碍和瓶颈，而不是简简单单地提供一项进账。

6. 用好薪酬之上的激励

2016年猎聘网向择业者进行的求职意向调查（见表4-1）显示，优秀的人才需求最迫切的是发展空间、内部人际关系与文化氛围、学习的机会，薪酬福利等物质激励则排到了第五位。

表 4-1　企业吸引优秀人才的因素

想要什么	占调查比例（%）
发展空间广阔	45.6
人际关系简单	35.0
周围都是牛人，每天都能学到新东西	34.4
公司文化好、三观正，每天充满正能量	31.3
薪酬福利优厚	29.3
工作氛围宽松，能做自己想做的事	26.9
公司前景好，是今天或明天的独角兽	16.0
工作环境舒适	13.8
老板人格魅力爆表，工作能力令人膜拜	11.7
公司品牌响当当	7.7
钱多事少离家近	4.2

资料来源：猎聘网 2016 年求职意向调研。

薪酬是激励员工最基本和最直接的形式。但是，伴随着经济社会的发展、员工需求层次的提升，仅用薪酬作为激励的主要方式已经不能满足员工的需要。尤其是现今"90 后"的新生代员工已成为职场的主要力量，他们的需求更是呈现出个性化和多元化的特征，对自我发展、自我价值实现的需求不断提升。因此，企业要想吸引、留住人才，充分激励并调动员工的积极性，除了加大薪酬激励，还必须采用更加多样化的激励方式，这样才能有效地激励员工为组织创造价值，也可以避免单纯薪酬激励产生的浪费。

7. 更快速的职业发展

更快速的职业发展就是为了满足员工的成就和权利需要，让员工从成长中获取自信，从而激发员工的内在驱动力。员工的快速成长也是 345 薪酬的内在诉求，员工只有快速成长了，才能为企业创造更多的价值，从而保证企业更快速地发展。

在众多实践性的发展项目中,"挑战性任务"和"轮岗"是两种最常用、效果也相对最为显著的人才培养方式。对有强大学习能力的高潜力人才赋予挑战性的任务,能够使其在压力下激活内在动力和潜力,在不断挑战新任务的过程中脱胎换骨,实现能力的突破。而岗位轮换有利于员工了解不同岗位的工作内容,培养人才的多角度思考能力。当企业为了人才的成长,设计专门的挑战性任务或轮岗机会,以企业的投入为人才培养提供机会,这种机会本身就对员工很强的激励。

"人"的时代对管理者的要求变得很高,现在的管理更讲究赋能与指导、尊重与授权、共创与共享,管理者需要转变命令式任务管理的思维。管理者们要做的就是明确目标,在过程中进行跟踪、辅导和评估。跟踪的不仅仅是工作进展,还有员工的工作方法和心理状态,尤其关注风险点的把控。通过一些正式和非正式的沟通,管理者需要对员工的阶段性工作进行总结,帮助其快速提升能力。相比于物质的激励,多数员工对于获得指导、帮助、认可和授权的机会更加看重,他们希望通过这个方式体现个人的价值。

8. 更向上的企业文化

伦敦商学院的康戈尔教授曾说:"文化非常像鱼缸里的水,尽管它在相当大的程度上不易被人重视,但是它的化学成分,以及其中能够支持生命的元素深深地影响着鱼缸里的生物。"

企业文化虽然不容易具象化,但是对内部员工的思想和行为有着深刻的影响。正向的企业文化不仅能帮助企业牵引员工行为,同时也能提升员工的归属感和责任感。高绩效、高价值观导向的文化,为员工设定了行为的高标准,强化了那些有高成就心、高进取心的员工的认同;高度关怀的、以人为本的文化,则让所有员工感受到了企业与个人之间的情感连接,让自我更好地融入组织、信任组织。

9. 激励人心的愿景

人类天生就是目标找寻者,目标为生活提供了活性能量。清晰动人的愿景为企业勾勒了将来要达到的目标，指引整个组织前进的方向，它是企业和员工追求成功的精神指引，是一种重要的激励手段。

美国知名演讲人及商务顾问加里·胡佛在其所著的《愿景：企业成功的真正原因》一书中阐述了愿景对企业的重要作用：

愿景可以团结人，让来自多样化背景的员工有着相同的价值观和共同的目标。

愿景可以激励人，清晰的愿景、明确的目标，可以成为不断促进和激励人的因素。

愿景是困难时期或不断变化时代的方向，人们在有这样愿景的企业里会着眼于未来，暂时忘却眼前的困难，或者至少有着克服这些困难的信心和愿望。

愿景能够建立起一个共同体，伟大的愿景可以激励与企业有关的每个人，可以把与企业有关的每个人联合起来，会把知道企业的人变成企业的拥护者。

所以，无论是企业还是个人，都应该旗帜鲜明地描绘愿景，有了愿景，员工和企业才会为愿景的实现而奋斗。德锐咨询的研究实践也发现，未来愿景清晰的企业和个人更有机会创造持续的业绩，更有机会成长为卓越的企业和个人。愿景是企业和员工持续制定和实现高目标的强大精神动力。

10. 管理薪酬期望

许多企业虽投入了大量的激励资源，但因为激励举措实施不到位，激励效果一般，产生了薪酬的浪费。

为了充分发挥"4"的激励效果，企业需要建立规范、透明的激励管理机制，让员工看得见，摸得着，还能数得清。同时还需要做好沟通工作，确保企业的激励政策和要素都被员工充分理解和认同，从而达到激励效果的最大化，保障345薪酬成功实施。

11. 让薪酬感知与期望回归合理

从期望公式来看,在激励资源投入一定的情况下,企业需要关注员工实际感知到的所得,并合理有效地控制员工心理期望,避免因心理期望过高引起不满。

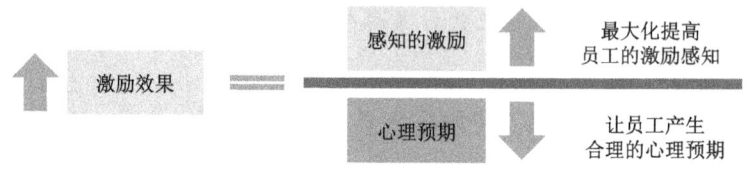

图 4-8　激励期望公式

做到这两点,企业家们需要注意以下几个方面:

(1)明确机制,减少模糊感。人力资源管理机制不明确导致的模糊感是不合理期望的主要来源。当员工不了解工作目标、企业缺乏明确的绩效衡量方法、员工不了解薪酬政策及与绩效的关联机制、企业缺乏明确的晋升机制和通道等,都有可能让员工产生不合理的期望。

(2)开诚布公地全面沟通薪酬,提高员工的公平感知。薪酬公平感知中很重要的组成部分是人际公平和信息公平,这两项公平主要指的是:在薪酬管理过程中,是否真诚、坦诚地与员工进行沟通,提供必要的解释。实际上,坦诚地沟通信息对企业的薪酬管理十分有利。研究表明,员工因为缺乏对内外部信息的了解,很多时候对薪酬的感知不能反映实际情况。即便有时企业支付了与同类公司相同甚至更高的薪酬,员工仍然觉得薪酬较低。

在《哈佛商业评论》发表的一篇文章的调研结果(见图 4-9)表明,当企业支付了高于市场水平的薪酬时,有 80% 的员工感知到的低于市场水平或与市场水平持平;当企业支付同于市场水平的薪酬时,有近 2/3 的员工感知到的低于市场水平。

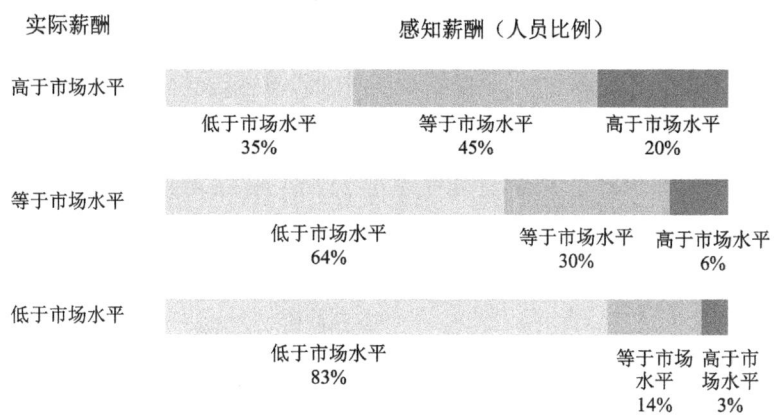

图 4-9 实际薪酬与感知薪酬对比

资料来源：《哈佛商业评论》。

当员工对感知的薪酬打了折扣，其对于薪酬的满意度自然会比应该达到的水平更低，工作积极性低于本应达到的水平。如果不开诚布公地与员工进行全面沟通，让他们知道自己的薪资水平在人才市场上具有竞争力，放任员工陷入对薪酬不满的情绪里，不仅会影响他们的工作成果，严重的会导致员工离职。即使实际情况是企业的薪酬确实偏低，如果企业能够积极、明确地说明原因和薪酬策略，也能够降低低薪的负面影响。

（3）评价反馈，提升自我认知。在乌比冈湖效应影响下，人们往往会对自己的贡献和能力水平有更高估计，相应地，往往也会对薪酬有高于自身贡献和能力的期望。因此，企业应建立全面及时的评价反馈体系，通过上级对下级的直接反馈、360 度评价等，让员工有更加清晰的、符合自己实际情况的自我认知。

12. 制度公开，金额保密

对于薪酬，很多企业管理者都认为在实际操作中难以做到完全的保密。一方面，企业对薪酬保密的工作不能够做到面面俱到；另一方面，员工对于获知其他员工的薪资具有极大的兴趣，希望从薪资比较中获得心理上的满足。

薪酬不保密带来的薪酬浪费，前文我们已经详细阐述过了，薪酬保密的必要性无须赘述。薪酬完全保密或许很难，但企业要把谈论薪酬的机会降到最少，这是每个企业都应该努力去做的事情。我们提倡的薪酬保密，是薪酬具体数额保密，薪酬管理制度应公开（见图4-10）。

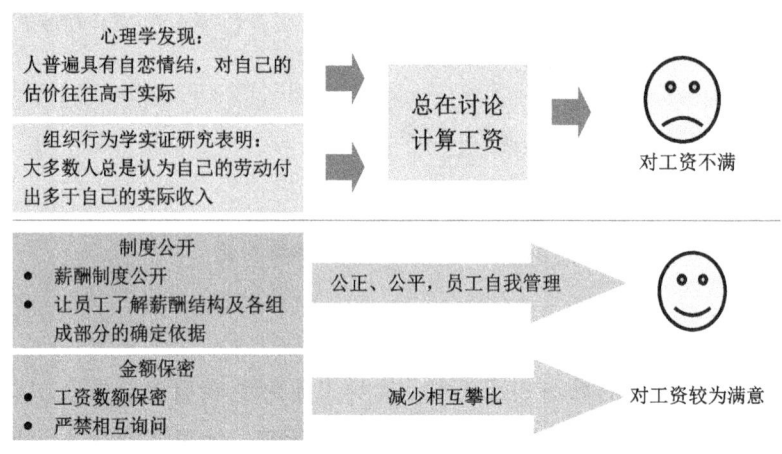

图 4-10　制度公开、金额保密的薪酬保密机制

"制度公开"是指所有关于薪酬的制度及规定向全员公开，让员工理解企业的薪酬管理原则、薪酬结构、福利规定、薪酬发放等相关条款，最大限度地让员工了解企业的规范和要求。薪酬制度中明确调薪方式，让员工清楚只要不断努力工作，当能力和业绩提升时就会获得调薪机会。同时，明确规定员工不得议论工资，也不得公开个人的工资，一经发现将严肃处理。

"金额保密"就是指员工个人薪酬具体金额要严格保密，只有员工本人、部门负责人和薪酬管理人员知晓，个人和知情者均不允许向非相关方公开或传递薪酬金额的具体信息，一旦违反相关规定，就要受到惩罚。

企业不仅要用薪酬保密制度约束员工行为，也需要从细节上做好薪酬数额保密工作，降低员工个人薪酬金额泄露的风险。

（1）不管以何种形式发放工资，都应当向员工分别单独提供工资清单或工资条，同时需要员工确认收到工资条。

（2）财务和薪酬管理人员需要做好数据和材料保密工作，有关工资数据和调薪单等要单独存档，以免薪资信息泄露。

（3）工资的发放要严格按照规定时间发放，宁可提前也不可轻易延后发放。

实施薪酬保密管理，不是追求百分之百的保密，而是建立起薪酬保密的企业文化。在这种文化下，薪酬讨论的频率和攀比的机会降到最低，减少了滋生不满的土壤，使员工的视角从他人的薪酬转向自身能力的提升，更多地和自己比，从而更好地激励员工。

345薪酬之"5"——让组织创造高价值

任正非说："物质薪酬是生存的保障，一定要给员工加薪的机会；但是加薪不是无条件的，一定要让员工做出好的结果，拿出高的绩效来交换。有人效、有结果，给员工多少钱都不过分。"激励员工做出高价值的结果，然后让员工得到高收入，这种共赢的状态对企业和员工的发展都是长期的、可持续的。

在"3"（合适的人）就位、"4"（高激励）到位之后，企业要考虑的是如何确保员工有"5"的价值产出，这是实施345薪酬体系的目的。经过人才选择和激励加大后，要让3个人创造5个人的价值，一方面，企业需要对合适的人进行系统的培养（详见本书第3章），让他们具备引领企业发展的能力；另一方面，企业必须为合适的人创造充分施展才华、贡献价值的组织环境，否则，如果缺乏明确的目标和高效的组织土壤，即便识别并激励了合适的人，也无法创造出预期价值。

创造高效的组织环境

管理大师德鲁克说：充分发挥人的长处是组织存在的唯一目的。达成345薪酬的效果，企业需要调整组织架构，为合适的人施展才华、贡献价值创造组织环境。

标杆企业在组织能力进化的每个阶段都伴随着组织架构的调整、流程的优化，同时在每个阶段，不断使其达到最优状态，精简组织与精简流程就是它们进行组织变革的两大法宝。

精简组织，是通过组织结构的扁平化和对员工的信任授权来实现组织管理层级的压缩，决策点前移，从而实现整个组织的敏捷、高效运作。为了实现组织的扁平化，企业一方面可以通过增加管理幅度、压缩管理层级来减少信息传递的节点；另一方面需要进行集分权结构的优化，在保证可控的前提下，将决策点前移、下移，让"听得到炮声的人呼唤炮火"，减少决策在时间和空间上的延迟。

精简流程，是通过跨部门间流程接口的简捷化和部门职责的柔性化、无边界化来实现组织各部门之间的高效配合，从而实现整个组织运作的协同化。企业需要在一、二级流程实现端到端的设计，以保证所有部门整体目标和利益的一致性，从而实现跨部门间的高效协同。

通过纵向压缩、横向协同来进行组织和流程的精简与优化，对组织进行"瘦身健体"，可以有效解决"小企业大组织"的难题，提升企业运营效率，打造敏捷型组织。

⊙ 高目标创造高价值

345 薪酬体系以其高严格选人、高人性激励的特点可以很好地促进企业的发展；企业也只有保持持续增长、取得高绩效，才能拥有持续实施 345 薪酬体系的能力。

高目标的制定与实现是连接企业持续增长和 345 薪酬体系的桥梁。因此，企业在推行 345 薪酬体系时，需要实施良好的目标管理，让实现高目标、创造高价值成为企业惯性，让保持持续增长成为企业能力，从而助力企业实现高目标、高绩效和高激励之间的良性循环，最终成为"三高组织"，这是 345 薪酬体系成功的标志（见图 4-11）。

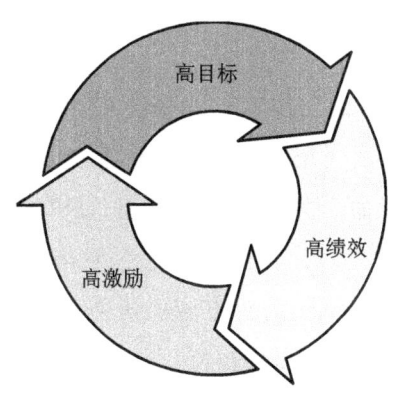

图 4-11　三高组织

（1）**高目标**。立志基业长青的企业必有高远的目标追求和自我要求，所以在企业经营上会制定高目标，而高目标也可以引领和激励员工，是高绩效的牵引、高激励的保障。

（2）**高绩效**。为了实现高目标，企业和员工都必须实现高绩效或高产出，比行业增长更快、比过去增长更快，它是对员工高激励的必要条件。为此，企业应积极实施变革，不断提升员工素质能力，通过人才盘点和绩效管理系统等识别出价值创造者，并对非价值创造者进行流动和淘汰，实现企业内部高效运作。

（3）**高激励**。建立在人效增长基础上、与高绩效紧密相关的激励机制，是对员工追逐高目标和创造高绩效的强力回馈。在高目标和高绩效实现的前提下，加大价值创造者物质和非物质激励，拉开价值创造者和非价值创造者的激励差距，实现资源和政策向价值创造者倾斜，从而实现高激励。

实施 345 薪酬的决心与勇气

345 薪酬体系能够运转的基础，是企业愿意付出更高的薪酬，去给予优秀的人才更高水平的激励；员工愿意付出更多的努力，去帮助企业获得成果、创造价值。在实践中，往往在企业和员工之间会产生一个"谁先付出,谁后付出"的难题。

"先付出"与"后付出"体现的是企业家如何看待企业与员工之间关系的哲学态度。主张"后付出"意味着企业家更多地把企业和员工之间看作雇佣关系:员工的使命是为企业创造价值,只有创造了高价值才应该有高薪酬的回报。主张"先付出"的企业把企业与员工之间看作联盟关系:作为联盟,企业和员工都试图为对方增加价值,致力于长远意义上的互惠共赢。在这个个体价值不断崛起的时代,随着雇佣关系的不断改变,企业与员工双方应该致力于形成一个共赢共生的联盟关系。德锐咨询建议企业家们要敢于先迈出驱动组织发展螺旋式上升的第一步——给合适的员工高激励,激发员工创造价值的意愿和能力。

跨出这一步的关键,是企业家要具备足够的决心与勇气。

⊃ 让不合适的人离开的决心

345薪酬主张选择、激励那些合适的人,主张组织和人员精简,其内涵本身就表达了对于不合适员工的不容忍,需要企业有主动淘汰不合适的人的决心。

有些人认为,企业主动淘汰人是残酷的。事实上,没有绝对不合格的员工,只有不合适的员工。每个人都有把工作做好的渴望,都希望获得他人的认可和尊重。让一个人待在一个不能让他成长或得不到成就感的环境中,才是对他真正的残酷。因为在这里影响了他个人的成长和能力的提升,最后只会导致他选择的机会更加有限。

吉姆·柯林斯在《从优秀到卓越》中讲到,让一个人成年累月地处于不确定中,霸占了他生命中可以用来干其他事的宝贵时光,最终落得一事无成,那才是真正的冷酷无情。杰克·韦尔奇认为,含含糊糊的温暾式管理,最终吃亏的是员工,这也是对员工不负责任的做法。因此,及时让不合适的人离开,不仅是企业发展的需要,也是员工发展的需要。员工从不合适的岗位上解脱出来,能够及时调整自己的定位,寻找更合适的发展机会。或许这个过程是艰辛的，但最后他一定能找到自己的定位和价值，在合适的环境和岗位上真正地发挥作用。

⊃ 给合适的员工加薪的勇气

从德锐咨询的"付出勇气矩阵"（见图4-12）可以看出，当员工和企业都能积极地付出时，双方一定是共赢的。当企业和员工都不愿意先付出时，那么双方就会进入互相消耗的尴尬局面，最后造成企业没有高产出、员工没有高激励的双输结果。

当企业先于员工付出时，企业就拥有更多的主动权：一方面企业可以对现有员工提出更高的标准和要求，另一方面企业也可以主动对不合适的员工进行更换。当员工先于企业付出时，这时候的主动权往往在员工特别是优秀员工的手上，他们可能留下；但从长期看，更大的可能是他们会对企业失望，等不到企业"付出"就先离开了。这时候企业就会面临优秀人才不断流失、无人可用的被动局面。因此，企业先付出，就更有主动权。

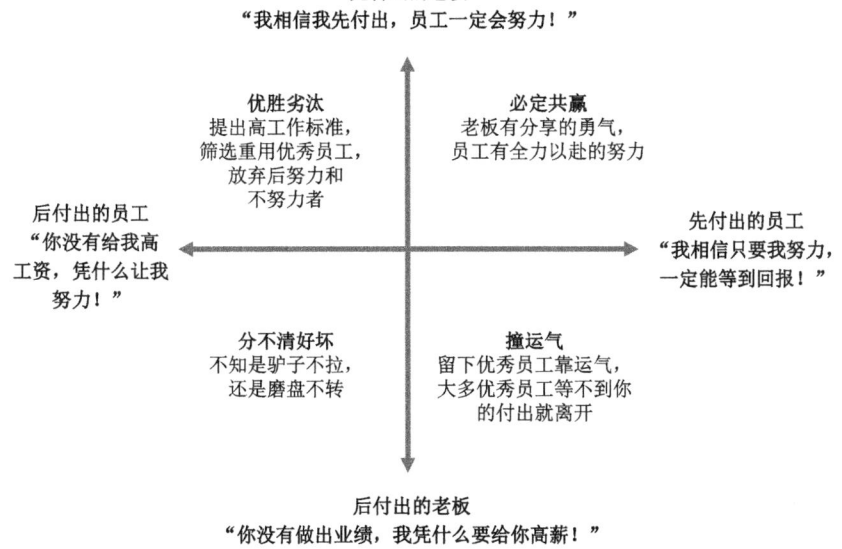

图4-12 付出勇气矩阵

345薪酬体系的"先付出"本质上也是一种利他的行为，把员工的利益放在首位，先考虑他人，再考虑自己。这样的利他精神不仅是一种境界，更是企业发展的需要。稻盛和夫先生曾用8个字总结了他所有的成功之道——敬天爱人，利他之心。除了稻盛和夫的京瓷，在很多日本企业身上都可以看到利他的影子。比如，丰田"追求人与社会、环境的和谐"的经营原则，松下"为了使人们生活变得更加丰富、更加舒适，并为了世界文化的发展做出贡献"的使命，它们并不惧怕暂时性的亏损，认为企业存在的目的是要为社会创造一点价值，为社会留下一点东西。

关键发现

- 薪酬上重要的不是支付多少，而是支付给何人。
- 345薪酬，即给"3"个人发"4"个人薪酬，创造出"5"个人的价值，其核心目标是提高人效，做强企业。
- 最大的薪酬浪费是工资发给不合适的人。
- 高于市场水平的薪酬是最节省的薪酬。
- 高固定低浮动的薪酬结构，激励效果优于低固定高浮动结构。
- 用好薪酬之上的激励，可以消除薪酬浪费，起到更大激励效果。
- 企业需要采用制度公开、金额保密的形式，进行薪酬保密。
- 管理好薪酬期望，让薪酬看得见、摸得着、数得清。
- 企业需要创造高效的组织环境，用高目标牵引员工创造"5"的价值。
- 345薪酬的实现，需要企业家有让不合适的人离开的决心，以及给合适的员工加薪的勇气。

第 5 章
小额、高频、永续的股权激励[①]

> 股权是金条，工资、奖金、福利是钢筋、水泥和木材，不能用金条去做钢筋、水泥、木材该做的事情。
>
> ——李祖滨

 股权金字塔：有效激励的秘密

近几年，"事业合伙人""合伙人时代""跟投机制""股权激励""让员工像老板一样工作"，这些标题和概念的出现让企业家目不暇接，股权激励热度大增。股权激励是企业整个激励体系中的重要一环，近几年越来越多的企业开始重视股权激励，这是"人"的时代特征的重要体现。

股权激励如此受企业家关注，有标杆企业成功经验的功劳。其中，华为的股权激励就一直受到很多企业的关注。

[①] 本章更详细内容请参见《股权金字塔：揭示企业股权激励成功的秘诀》，李祖滨、胡士强著，中信出版集团，2018 年 6 月。

> 案例

华为股权激励历程

华为在经营业绩上成为中国企业的榜样,在管理模式上更成为众多企业学习的标杆。推动华为成功的因素有很多,其中长期实施股权激励起到了重要作用。虽然华为未上市,但当前持有其虚拟股份的员工近10万人,比很多上市公司的股东人数还要多。根据启动的时间,可以将华为的股权激励发展历程划分为三大阶段。

第一阶段:1990—2001年的员工持股计划(内部融资计划)

员工持股计划的出发点是进行内部集资,资金募集的目的性更强,且第一阶段的股权有实股的性质,影响了公司的控制权。为了解决这个问题,华为专门开展了股份制改造。

第二阶段:2001年开始并延续至今的虚拟股激励

到了第二阶段,华为开始实施虚拟股激励,这种模式下的实股持有人只有华为控股工会和任正非,其他员工持有的都是工会同比例发行的虚拟股份,解决了公司的控制权问题。该激励模式延续至今,也是最被外界津津乐道的激励模式,对华为的奋斗者们起到了巨大的激励作用。

华为的股权激励计划起到强大激励作用的要素是其高额的分红回报及良好的未来增值预期。

华为虚拟股的价值按照每股净资产计算,从2002年到2011年,每股净资产增长了一倍(见图5-1),华为的股权激励效果由此可见。2011年后,考虑到银行断贷,新的配股给员工带来资金压力,每股虚拟股的价格在5.42元维持了几年的时间。除了快速的股份增值,每年的高额分红也对员工产生了极大吸引力(见图5-2)。

2010年因受金融危机影响,行业投资机会少,华为将大量的现金用于分红,当年分红额度达到高点,之后几年也保持了较高的分红额度。员工的年收益率达到25%~50%。

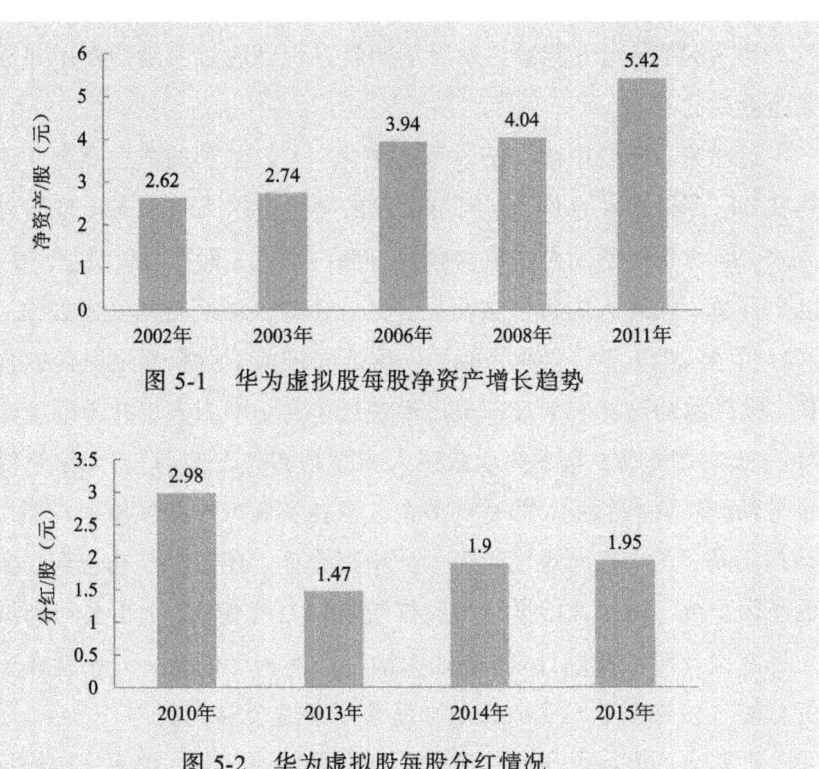

图 5-1　华为虚拟股每股净资产增长趋势

图 5-2　华为虚拟股每股分红情况

第三阶段：2014年推出TUP激励计划，对原有股权激励模式再次进行调整优化

为了解决华为3万名外籍员工的激励问题，同时也为了解决持有大量虚拟受限股的老员工躺在功劳簿上不再奋斗的问题，华为再次升级长期激励模式，推出了以5年为期限的TUP（时间单位计划）激励模式。这种激励模式相比于虚拟股，不用员工出资，但5年必须清零，没有虚拟股持有者所拥有的公司管理权限，但有优先分红权，类似于一种奖金的递延计划。这种模式面向的员工范围更广，同时稀释了虚拟股持有者的收益，可以更大程度上激发员工的奋斗激情，是虚拟股的重要补充。

从华为几十年的快速发展及股权激励的高回报可以看出，从成立早期就开始实施的股权激励让华为实现了企业与员工双赢，而华为对于长期激励模式的不断创新，也成为众多企业学习的榜样。

华为只有一个。能够在发展早期就意识到股权激励的作用并成功实施的企业少之又少。

近年来，随着中国经济改革的深化、人口红利的消失及企业家观念的转变，以万科事业合伙人、阿里巴巴的湖畔合伙人等形式出现的人才激励方式，推动股权激励再次成为企业界热门话题。而"大众创业，万众创新"的大环境，随着人的价值被凸显，更是让股权激励持续受到关注。尤其是2015年至2016年，企业界似乎一夜之间进入了股权激励时代或合伙人时代。股权激励这样一个在欧美已经使用多年、中国人也并不陌生的管理工具，忽然之间成了众多企业眼中人才激励的"万能药"。无论是传统行业还是新型高科技行业，都有众多企业正在实施或准备实施股权激励；无论是几亿元、几十亿元规模以上的大中型企业，还是处于初创期、寥寥数人的小微企业，纷纷开始推行与股权激励相关的变革。上市公司和拟上市公司都在设计股权激励计划，创业大潮中的搏击者们从一开始就在思考股权的分配，仿佛企业不谈股权激励就落后于这个时代。

近年来，上市公司股权激励计划数量快速增长，据不完全统计，股权激励业务发展可以大致分为3个阶段：2006—2010年为股权激励业务发展初期，年均公告数量为两位数，平均每年仅公告40个股权激励计划；2011—2014年股权激励计划公告数量稳步增长，年均公告数量达到121个，实现了年均27.7%的增长率；2015年至今，股权激励年均公告数量达到323个，实现了19.00%的年均增长率。不过相比美国，A股上市公司和新三板挂牌公司实施股权激励计划的比例仍然偏低。据统计，美国10000家上市公司中90%以上都做了股权激励，其中高科技公司股权激励基本达100%。如果以美国为参照，未来上市公司的股权激励计划数量仍有较大的增长空间。

此外，非上市公司实施股权激励的需求也在快速增长，这其中有传统企业转型期人才吸引与保留而产生的需求，也有初创企业在早期组建核心创业团队而产生的需求。但是，并不是所有股权激励都能起到激励效果。

第5章 小额、高频、永续的股权激励

无论是学术界的研究还是实践的结果都表明,股权激励与业绩和人才保留之间,并不是在任何情况下都有正相关关系的。

那么哪些企业适合做股权激励?什么时间实施股权激励?实施股权激励需要注意哪些事项?

通过探究股权激励学术研究成果,结合帮助数百家公司实施股权激励的实践经验,我们发现,企业实施股权激励能否成功取决于五大要素:

- 要素一:高预期。
- 要素二:高成长。
- 要素三:人力资源管理领先。
- 要素四:精准选人。
- 要素五:先公后私的人。

企业在实施股权激励时,如果周全考虑了这些方面,将会大大提升股权激励的实施效果和成功率,这五大要素共同构成了股权激励金字塔(见图5-3),揭示了企业股权激励成功的秘密。

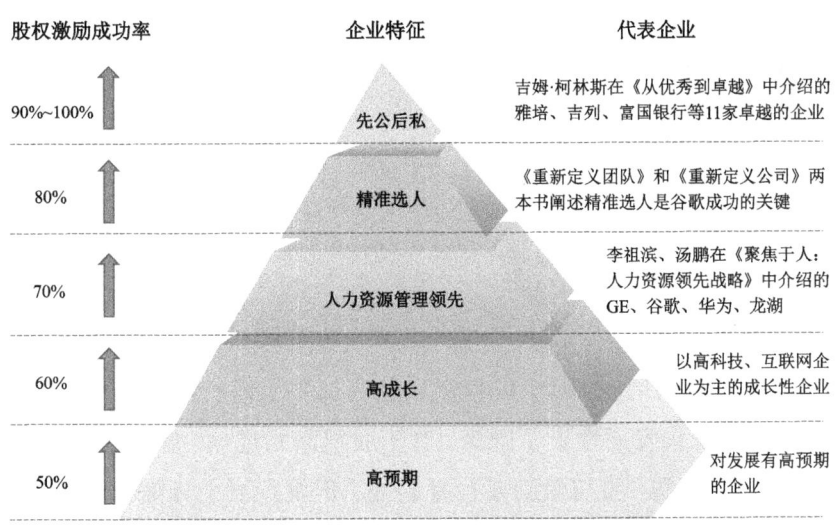

图5-3 股权金字塔模型

资料来源:《股权金字塔:揭示企业股权激励成功的秘诀》,李祖滨、胡士强著,中信出版集团,2018年6月。

（1）一般企业实施股权激励，其成功概率不超过50%。

（2）未来发展有较高预期的企业实施股权激励，成功概率也只有50%，再乐观一些最多有55%。

（3）以高科技、互联网企业为代表的高成长性企业，人才在企业的发展中起到主导作用，其股权激励的成功概率可以达到60%。

（4）在高成长性企业中，如果人力资源管理体系较为成熟、领先，其股权激励的成功概率能达到70%。

（5）在人力资源管理领先的高成长性企业中，如果还能做到高标准地精准选择激励对象，那么股权激励的成功概率能达到80%。

（6）拥有领先的人力资源管理体系，高标准地精选人才，并且将"先公后私"作为选择股权激励对象的第一标准的企业，能够确保股权激励的成功概率达到90%~100%。

股权金字塔揭示的核心秘密是：股权激励的成功与否取决于是否将"先公后私"作为选择激励对象的第一标准。

在理解股权激励成功的秘密后，要想做好股权激励，需要遵循股权激励七大金律，最大限度地采用小额、高频、永续的股权激励模式，通过"完美九定"系统设计股权激励方案。

股权激励七大金律

在股权激励热潮中，乱象丛生，很多企业及培训机构不仅没有考虑股权激励是否有效的问题，对于股权激励的高成本及潜在的高风险都予以忽视，这给企业未来发展埋下了隐患。对于股权激励过热、急于求成的现象，德锐咨询的观点是：股权激励盛行是趋势，但推行要十分谨慎。股权激励是一项复杂和精细的工作，不是简单地设计一个方案即可，盲目实施不但无法获得效果，反而会浪费大量成本，甚至造成巨大风险。

针对股权激励乱象，我们果断提出"股权七诫"并针对性地提出解决

第 5 章 小额、高频、永续的股权激励

股权激励七大难题的"德锐咨询股权激励七大金律"（见表 5-1）。

表 5-1 股权激励七诫与七大金律

股权激励七诫	股权激励七大金律
一诫：不可盲目跟风	第一金律：该不该做比如何做更重要
二诫：不可轻率选择激励对象	第二金律：激励谁比如何激励更重要
三诫：不可只顾分蛋糕而忽视业绩增长	第三金律：做大蛋糕而不是分蛋糕
四诫：不可将金条用作砖头、木材、水泥	第四金律：股权是金条
五诫：不可错配股权危及控制权	第五金律：从一开始就合理配置股权
六诫：不可股权分配重资金、轻贡献	第六金律：可持续的贡献是股权分配首要依据
七诫：不可只用实股做激励	第七金律：先虚后实更稳健

➲ 股权激励第一金律：该不该做比如何做更重要

在股权激励的热潮中，很多企业因受外界环境或者同行业企业的影响，准备开展股权激励计划，咨询我们用哪种模式更好，德锐咨询首先让企业家思考的问题就是：您的企业是否具备实施股权激励的基础？

基于大量股权激励的实施经验，德锐咨询提炼出股权激励决策模型，建议企业家在做股权激励决策时，问自己以下 4 个问题。如果 4 个问题的答案都是"是"，企业家则可以考虑马上开始实施股权激励；否则，我们建议暂缓实施股权激励，对答"不是"的问题进行深入分析并予以解决，待条件成熟时再实施股权激励。

- 人才，企业内部是否有合适的股权激励对象？
- 未来，企业未来发展预期是否很强？
- 当下，企业发展是否处于上升期？
- 机制，企业内部人力资源管理基础是否完备？

以上问题构成了德锐咨询股权激励决策模型的四要素：人才、未来、当下、机制（见图 5-4）。

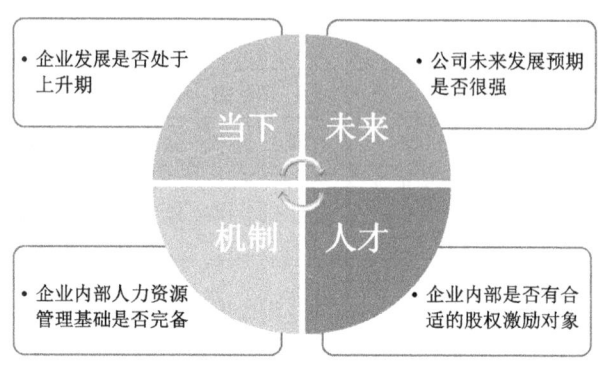

图 5-4　德锐咨询股权激励决策模型

1. 人才：企业内部是否有合适的股权激励对象？

根据"先人后事"的理念，开展股权激励需要考虑是否有合适的人。如果没有合适的人，即便投入了巨大的股权成本，也无法达到激励的目的。按照吉姆·柯林斯提出的用人原则，股权激励也需要遵循"宁缺毋滥"的原则。

无论采取怎样的激励模式或持股方式，都意味着企业希望能够引入可以共同开创、发展事业的合伙人。德锐咨询针对客户的需求开发了股权激励对象成熟度评估表，供企业家判断企业内部是否有合适的激励对象（见表 5-2）。

表 5-2　股权激励对象成熟度评估表

序号	评估题目	1	2	3	4	5	6
1	决定企业发展方向的决策，有核心团队成员共同参与讨论						
2	企业内部有不可或缺的管理人才或营销、技术人才						

续表

序号	评估题目	1	2	3	4	5	6
3	只要企业核心人才团队发挥作用,企业遇到再大的挑战都能安然度过						
4	企业存在一些高价值人才,即便企业遇到再大的困境都不会轻易离开						
5	企业核心团队成员始终以企业的发展为努力方向						

注:评估表右栏中,1代表完全不同意,2代表不同意,3代表略有异议,4代表基本同意,5代表同意,6代表完全同意。

企业家利用该评估表对企业进行自评,如果得分在25分以上,则可以初步确定企业内部存在可以开展股权激励的合适人才;如果得分在20~25分,则需要再针对个体进行分析;如果得分在20分以下,则基本可以确定企业内部不存在合适的股权激励对象,需要慎重考虑开展股权激励的时机。

2. 未来:企业未来发展预期是否很强?

如果企业未来有很强的发展预期,则意味着员工无论是薪酬福利还是职业发展都会有一个光明的未来。从股权上来说,企业有很强的未来发展预期代表了企业股权未来有很大的增值空间。如果员工成为股权激励对象,员工就与企业的未来绑定,员工可以参与到创造光明未来的过程中,这本身就是对员工的一种认可;同时,在未来员工也可以获得一笔可观的收益。

如果企业未来愿景明晰、前景光明,即使分配到很少的股权份额,对激励对象来说也有很大的想象空间,员工对股权激励方案认同度会很高。

企业的未来预期既受外部环境影响,也来自内部的主观打造。

- 很强的未来预期来自所处的行业是朝阳行业。
- 很强的未来预期来自企业走在正确的道路上。

- 很强的未来预期来自合适的人组成有高凝聚力的团队。
- 很强的未来预期来自对企业未来愿景的描绘与传达。

企业家们制定正确的战略方向并明确描述与传达未来愿景,成为企业提升未来预期的关键。所以,实施股权激励计划前一个很重要且容易被忽视的工作是对企业战略的梳理。

3. 当下:企业发展是否处于上升期?

发展处于上升期的企业,当前良好的发展势头既保障了短期内有较高的分红回报,又预示着企业未来有良好的前景,其业绩的快速发展相当于为股权激励中所分配的股权做了明确的收益背书,明确了其当前和未来的价值。

企业发展是否处于上升期,不仅取决于企业本身,其所处的行业的成长性也有较大影响。处于具有以下特性的行业中,企业实施股权激励方案能够带来显著的业绩提升:

- 成长性强、机会多的行业。
- 竞争性强的行业。
- 对于知识、人力资本等无形资本依赖度大于有形资本依赖度的行业。

4. 机制:企业内部人力资源管理基础是否完备?

完善的人力资源管理基础是股权激励成功的基石,没有完善的人力资源管理系统作为支撑,股权激励无异于空中楼阁,既浪费,也不稳固。

总结大量的股权激励实施经验,我们发现与股权激励比较相关的人力资源管理基础主要包括以下几个方面:

- 职位等级体系
- 人才盘点和评价机制
- 薪酬福利体系
- 绩效管理体系
- 企业文化塑造机制

第 5 章 小额、高频、永续的股权激励

针对股权激励决策模型的 4 个问题,我们在很多场合向上千位企业家和高管做过调查,大多数企业家认为"企业内部有合适的激励对象"和"对企业发展预期很强"是决定股权激励实施与否更重要的考虑因素(见图 5-5)。可以说,四大决策要素中的这两项是股权激励决策最重要的两项。没有合适的激励对象,那么股权激励也就没有实施的前提。很强的未来预期无论是对企业还是对员工来说都意味着有较高的远期价值,实施股权激励才更有可能成功。

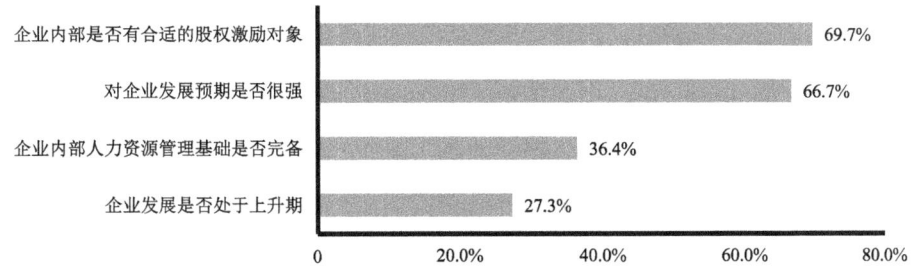

图 5-5 股权激励决策模型四要素重要性排序

股权激励第二金律:激励谁比如何激励更重要

股权激励主要面向的是企业核心团队成员,目的是为企业发展寻找合伙人,所以对于人才的要求比企业招聘人才的标准要高。德锐咨询结合对标杆企业选择的股权激励对象及企业家关注点的研究,总结出筛选合适的股权激励对象的 4 个因素(见图 5-6):

- 价值认同。
- 未来潜力。
- 近期业绩。
- 历史贡献。

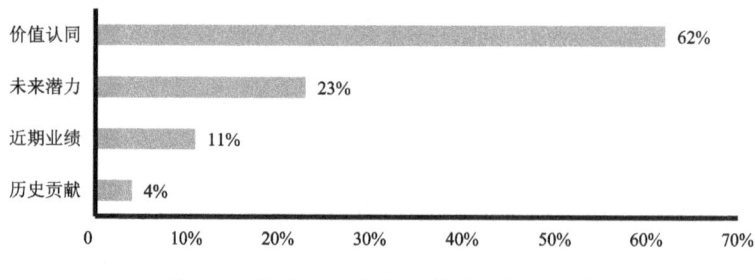

图 5-6 筛选合适的股权激励对象的因素

大多数企业家和高管都会认为"价值认同"和"未来潜力"是选择股权激励对象更重要的两大因素，但又不得不承认，在实际操作中大多数还是根据"近期业绩"和"历史贡献"选择激励对象的。

企业选择激励对象，看"近期业绩"和"历史贡献"是比较简单却并非有效的方法。说其简单，是因为只需要简单的数据统计就能完成。说其并非有效，是因为：

（1）肯定了过去，但没有激励未来。股权激励的属性是激励未来，而过去的贡献更适合用现金去激励。

（2）捆绑了功臣，忽视了未来之星。

在实践中，选人应该作为股权激励的第一要务。

如何判断某位员工是否是合适的激励对象？针对该问题，德锐咨询开发了筛选股权激励对象的素质模型（见表5-3），供企业用于筛选价值认同度与未来潜力高的激励对象。

表 5-3 股权激励对象（合格的合伙人）素质模型

素质项	素质描述
先公后私	把长远利益和公司整体利益放在第一位；公司的成功高于个人的财富和名誉；令人折服的谦逊；永不放弃的决心，做该做的事；当有所成就时，归因于外部与团队，当有失误时，归因于自己

续表

素质项	素质描述
成就动机	始终把做好企业、创造更大的成就作为自己的奋斗目标；渴望成功，喜欢迎接挑战，不断追求卓越；在工作上执着追求，近似工作狂；不满意现状，总是希望把事情做得更好、更漂亮
学习成长	有强烈的学习型心理，对于新技术、新领域保持高度的热情，在发展中不断学习，在学习中不断促进发展；经常总结经验，增加学识，提高技能
聪慧敏锐	能够准确预测环境发展趋势，敏锐把握发展机会；反应敏捷，能够快速抓住问题并准确决策

在选人时首先要考察激励对象价值认同程度，选择先公后私、成就动机高、学习成长能力强、聪慧敏锐的员工作为股权激励对象，将珍贵的股权资源用于激励全身心投入企业中的持续奋斗者。

在企业经营过程中，也会遇到非全力投入的"只贡献鸡蛋的鸡"，比如资源承诺者、兼职人员及早期未做出明显贡献的普通员工等，须慎重使用股权激励。一旦发现股权给错人，需要按照我们总结的十六字方针及时解决：事先约定，及时收回，破财消灾，果断止损。

◉ 股权激励第三金律：做大蛋糕而不是分蛋糕

当我们在谈论激励的时候，不能忘记激励的终极目标——为企业创造更大价值。

实施股权激励后，企业家股权被稀释了，但企业业绩未实现预期增长、战略目标没有达到的案例有很多。深究背后的原因，多是企业在启动股权激励方案时，聚焦于股权的分配，而忽略了价值创造，将股权激励仅作为分股权或分利益的工具。股权激励作为激励工具中的利器，在使用过程中更要关注其最终要产生的绩效，关注能否为"做大蛋糕"做出贡献。

要想做大蛋糕，就要发挥愿景的引领作用。愿景要清晰描述企业的未来预期，让员工能够看得到未来。愿景可撬动员工的积极性，发挥出杠杆作用。

要想做大蛋糕，就要调动团队的力量。激励对象需要承担做大蛋糕的责任，前提是将企业层面的愿景和战略目标进行分解，转化为每个团队的目标。

为了发挥团队做大蛋糕的优势，最大限度地提升绩效，在实际操作中，可以采用设定双重目标的方式，即以团队目标为先、个人目标辅助的双重目标保障机制（见图5-7）。

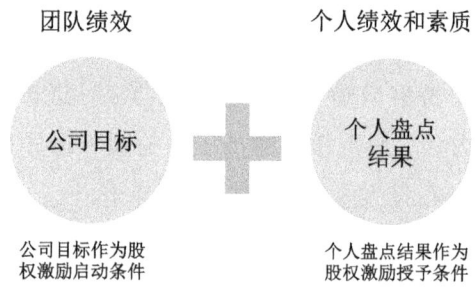

图 5-7　德锐咨询股权激励绩效约束模型

360公司创始人周鸿祎如此阐述做大蛋糕与分蛋糕的关系："我们公司公开的股份比例，现在除了投资人拿了股权，大部分的股权分给员工和团队了……当然你拿着股票也可能变成废纸，财务自由也是有风险的。你需要不停地努力，确保你持有股票的这家公司有源源不断的创新能力，这样你的股票就会很值钱。"

● 股权激励第四金律：股权是金条

如果把建立一套完整的企业激励体系比作盖房子，那么工资、奖金和福利等传统激励方式就好比是钢筋、水泥和木材，它们是建造房子必不可少的材料；而股权激励就好比是金条，它可以用作建造好的房子的装饰，可以使整个房子更加富丽堂皇。因此，如果房子建好了，并且结实耐用，

第5章 小额、高频、永续的股权激励

那么在有条件的情况下再在关键的、有价值的地方使用金条,将会使整个房子既结实耐用又富丽堂皇;而如果搭建房子主体的钢筋、水泥这类材料都没有,就选择金条去搭建和弥补,不仅代价高昂,而且很难结实耐用,失去了其作为金条的价值和意义。

"股权金条说"的核心其实就是在阐述企业实施股权激励的时机和条件。根据德锐咨询对许多企业的了解,与市场上众多企业对于股权激励的热情相比,具备直接实施股权激励条件的企业很少,它们有的战略愿景没有梳理清晰,有的几乎没有文化激励,有的没有建立系统和清晰的职业发展体系,有的希望用股权来填补薪酬激励的不足,有的甚至没有绩效评价体系,这些企业在短期激励基础薄弱的情况下实施股权激励,就好比在一间破旧的茅草屋上镶金条,既不伦不类,又浪费资源。

➲ 股权激励第五金律:从一开始就合理配置股权

创业之初企业股权架构设计的关键词是:控制权与差异化。

控制权是指在创业之初,不论创始人有几位,一定要确保核心创业者能够掌控企业的经营权,这不仅是为了确保最大贡献者的收益,更是为了所有创业者的事业能够平稳、快速地发展。对于创业企业来说,核心创业者应该拥有企业67%以上的股权,确保企业的经营思路保持一致且稳定。

差异化是指所有创始人的股权比例需要体现出差异化,以免为未来埋下股权争端的隐患。事实上,所有股东对于企业的贡献不可能完全一致,且其对于企业的话语权本身也应该体现出差异化。只有在股权比例差异化的情境下,最后对于企业的发展才能够确保有决策结果,所以无论谁的股权比例更大,都能保证企业的经营所受影响最小。

在实际操作中,创业企业还可以在一开始就预留出股份,即所有创始人并不将所有股权完全分配掉,而是预留出 10%~30%不等的股权,用于后续人才的股权激励、外部投资机构的引入及创始人股权的动态调整。对于预留的股权分配,同样需要遵循控制权与差异化原则。

当公司股权的分配已经完成,不合理的持股比例已成事实,主导经营的企业家无法通过直接持有的股权控制经营权时,就需要通过特别的机制设计实现对于企业经营权的控制。图 5-8 所示的 6 种特定的模式可以供企业家参考。

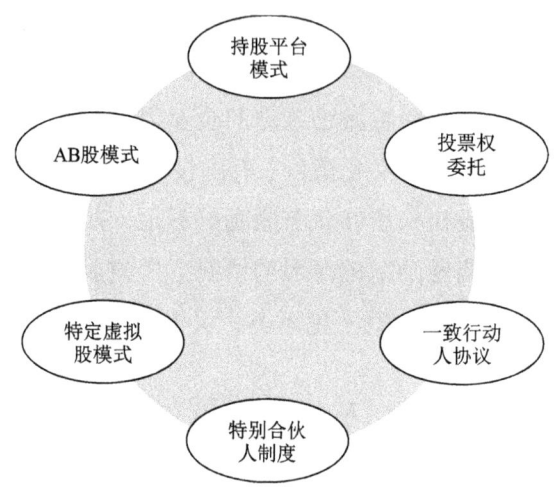

图 5-8　掌控经营权的 6 种方式

股权激励第六金律:可持续的贡献是股权分配的首要依据

工业时代,组织的发展大多是资金、资源驱动的,股权结构一般根据初始出资额进行分配。然而,越来越多的企业实践表明,资本的价值贡献更多体现在企业发展初期,随着企业的发展,资本的价值贡献边际效用递减,而人力资本的价值贡献边际效用不断提升。在"人"的时代,越来越多的企业认识到人才的价值,人力资本参与股权分配越来越多地出现在企业中,某些情况下人力资本已经成为股权分配的最大变量。

华为在做股权分配时,遵循两个重要的原则:
- 注重可持续的贡献。
- 保持动态合理性。

可持续的贡献作为股权分配的首要依据,是"人"的时代股权分配的主要特征。贡献时间长、贡献大，则股权分配多；贡献持续时间短、贡献小，则股权分配少。甚至在贡献不再持续时，会逐渐稀释、削减原有的股权额度和比例。

这是"人"的时代对工业时代价值分配原则的延续——谁创造了价值，谁就分享利益。该原则又可衍生出以下3个公平合理的衡量法则：

法则一：谁创造主要价值，谁分享主要利益。

法则二：谁创造次要价值，谁分享次要利益。

法则三：谁不创造价值，谁就不分享利益。

在当前这个时代背景下，股权分配多少将与持续贡献大小严格匹配起来。企业家在分配股权时，需要遵从上述基本的准则。

股权激励第七金律：先虚后实更稳健

激励工具的选择是股权激励的一大核心，直接决定了激励效果能否达成。

从大的角度划分，激励工具可以分为实股激励和虚拟股权激励两大类。实股通常是指具备《公司法》规定的股权特征，拥有股东表决权、分红权、增值权、知情权等所有股东权利的股权。常用的实股激励工具包括限制性股份、业绩股份、股份期权等。虚拟股权（也称虚股）是指在股权激励中，公司授予激励对象一种虚拟的股份，激励对象可以据此享受一定数量的分红权和增值收益，但没有实股所具有的公司资产所有权、重大事项表决权，且不能转让和出售。常用的虚股激励工具包括虚拟股份、成长分享计划、TUP、任期激励等。

虽然没有享有实股完全的权限和收益，但从收益大小和风险可控性等角度对比，虚股依然能够起到很好的激励效果，甚至比实股有更多的优势。虚股激励，不仅可以获得长期的激励效果，同时也可以为企业留下回旋余地，待时机成熟后再以实股加强激励效果。综合对比虚实股权激励效果，虚股激励相比于实股激励，有4个方面的优势：①不涉及控制权；②操简便；③获得的收益与本人创造的价值相关性更强；④可用额度理论上是无限的（见表 5-4）。

表 5-4 虚实股权激励对比

对比项	虚股激励	实股激励
控制权	不涉及控制权	影响股东控制权
操作性	直接操作，无须变更股权	手续复杂，变通性差
收益性	根据所创造的价值分配收益	不创造价值仍然分配收益
可用额度	额度无限制，可无限使用	受到股权总额度限制

通过上文的对比分析，我们认为，对于多数企业来说，"先虚后实"的股权激励实施路径最为务实、可靠和稳健，既能保证激励效果，又能控制激励风险。所谓"先虚后实"，包含两层含义：一是设计方案可以从虚股激励切入，待时机成熟后再实施实股激励；二是企业可以设计虚股激励和实股激励两种模式，同一个员工可以按照先虚股再实股的路径获得激励。

为了帮助企业做到"先虚后实"，我们总结了两条参考策略。

1. 能"虚"则不"实"

股权激励的目的是激发关键人才持续的奋斗激情，做出持续的贡献。在能够保证预期的激励效果的前提下，不论企业自身条件如何、激励对象是否合适，首先应该优先考虑虚股激励工具，而不是刚开始就用激励成本和风险更高的实股激励工具实施激励。

2. 用"实"可先"虚"

即使确定了使用实股进行股权激励，也要充分分析企业的实际情况，以及激励对象的合适度，原则上先采用虚股激励，待时机成熟、有合适的激励对象后，再考虑进行实股激励。

德锐咨询的股权激励七大金律是股权金字塔揭示的股权激励成功要素的实施指南：该不该做股权激励是股权激励的前提，也是金字塔的起点；

激励谁比如何激励更重要是提醒企业家构建精准选人机制,选择先公后私的人作为激励对象;只有具备高预期和高成长性的企业,才具备做大蛋糕的潜质,不至于将股权激励做成分蛋糕的工具;股权金条说要求企业家在人力资源管理基础搭建成熟完善的前提下,再使用股权进行激励。企业家要从一开始就合理配置股权,股权的分配依据是激励对象的可持续贡献,先虚后实的激励方式是股权激励稳健实施的保证。

领先的股权激励模式:小额、高频、永续

请停止简单粗暴的股权激励方式

要想股权激励起到期望的效果,企业家们首先要做的就是停止简单粗暴的激励模式。所谓简单粗暴的激励模式,就是大额、低频、间断的传统股权激励方式。这样的股权激励方式带来的更多的是新闻效应,不是持续的激励效果,背离了股权激励作为长期激励工具的初衷。

大额,就是一次授予能够给予的最大限度的股权额度,这个额度远超激励所必需的额度,造富但不可持续。大额实施股权激励的企业大多以折扣价格向激励对象授予股份,或大额授予分红等现金激励,这些让出的利益会降低企业财务报表中的利润。从长远看,那些在支出时价值不高的股权,在未来很可能价值连城。尤其是拟上市企业,需要格外关注净利润指标,企业如果一次性拿出大额度股权或现金做激励,会对企业上市前财务数据产生不利影响。

低频,就是两次激励相隔数年,失去连续激励的效果。准备期和实施期大家积极努力,实施后急于变现走人。股权在授予后,激励效果开始下降,限售期一过,激励对象普遍有变现倾向。可变现额度越大,越容易出现这种变现倾向,也就是一次性给的额度越多,越容易让激励对象选择变现走人。近年来上市公司频繁出现的大批高管变现离职,损害公司长远利

益的事件，实实在在地验证了这一点。

间断，就是一次实施，以后再无，成就了少量幸运儿，却错失了激励更多人才的机会。激励一批人，下一批不知要等到猴年马月。实股是极度稀缺的资源，授出的同时，剩余部分必然越来越少。如果一次性授予过多，很难形成持续的激励，而企业的发展是长期的，如果在未来的几年内引入高层次人才，可用于激励的股权额度将大于受限。

简单粗暴的大额、低频、间断的股权激励模式危害显而易见，为了解决企业家们股权激励的难题，德锐咨询总结出一种额度不大、时间间隔较短且持续开展的激励模式，即"小额、高频、永续"的股权激励模式。

- 小额：在满足激励强度的前提下，以尽量小的额度实施激励，在保证激励效果的同时，能够不浪费、可持续。
- 高频：实施间隔时间不长，最好每年都进行激励，将股权激励与年度的现金收入关联。
- 永续：股权激励持续实施，一期方案尚未完全结束即开始新一期激励，滚动授予或解锁、行权，形成激励的循环效应。

"小额、高频、永续"不是一个单纯的方案，而是一个持续运行的机制。它规避了"大额、低频、间断"模式导致的短期行为、激励过度、不可持续等问题，能够同时兼顾个人与整体、短期与长期、激励与保留、效果与成本。

"小额、高频、永续"的股权激励机制的价值已经被很多上市公司发现并加以挖掘和应用。从最近几年的股权激励数据来看，实施多期股权激励计划的企业占A股已实施股权激励计划的比例，从2012年至今保持整体上升趋势（见图5-9）。2017—2018年，因为首期股权激励计划大幅增加，多期计划占比有所下降，但2019年再次上升。尤其是在总股权激励计划数量下降的情况下，多期计划仍呈上升态势，说明过往实施过股权激励的企业，再次实施股权激励的意愿明显更强。

第5章 小额、高频、永续的股权激励

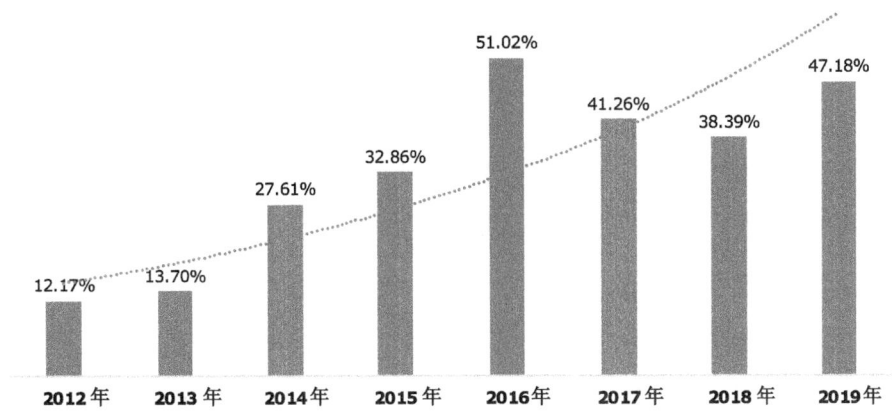

图5-9 A股上市公司实施多期股权激励公司比例

实施多期股权激励计划的企业占比越来越多的同时，每期计划激励额度占企业总股份的比例也在逐步下降。2019年的激励额度占总股本比，中位值比近10年平均水平有所下降，从2.14%下降为1.89%。一方面，A股上市公司多期股权激励总额度渐渐靠近限制边界；另一方面，也反映了激励额度的小额化这一整体趋势。

实施"小额、高频、永续"的4个关键

为了实现"小额、高频、永续"，企业在设计股权激励时，应重点注意以下几点。

第一，着眼未来，事先规划

规划的内容包括近几年的战略目标、业绩目标、员工队伍、股权激励的总比例、激励计划的期数、激励对象的范围、获取激励额度的业绩条件等，明确的阶段规划有利于将珍贵的股权激励用于企业发展关键时期的关键员工的激励。

第二，化整为零，分步实施

在规划股权激励的额度时，可以将拟进行激励的总额度，分成多期计

划实施，以实现持续性激励。例如，原本计划将 8%的股权用于激励核心员工，可在第一期只做 3%的激励，剩下的 5%在未来的几期中再付诸实施；即便这 5%，也可以按照切分比例的方式，拉长实施的周期，如每次切分剩余部分的 20%。随着时间的推移，企业股权越来越有价值，拿出其中的小部分进行股权激励，激励的力度也足够大。

第三，聚焦少数，逐步扩大

在选定股权激励的对象时，可先从最关键的少数人开始，再逐步扩大范围。因为在企业发展的初期，股权的数量有限，为了能够用少量的股权发挥最大的激励效果，需要将好钢都用在刀刃上。最关键的少数人能够得到有效激励，会更容易将企业的业绩做上去，将蛋糕做大。后续继续实施股权激励，当蛋糕足够大时，再扩大激励对象的选定范围，这样既能及时激励近期做出重大贡献的员工，也能对其他尚未在激励范围内的员工起到吸引的作用。

第四，加快频率，灵活授予

数额相对控制，激励对象范围逐步扩大，激励的频率就可以逐步加大。每期股权激励计划之间，企业的经营情况往往会变化较大，股份的价值也在快速变化。应该用什么价格、基于什么业绩条件、激励哪些员工、用哪个激励工具、用多少份额实施激励，都会随着时间推移而不断发生变化。只有保持高频率，才能保证股权激励计划足够的灵活性。同时，高频率的激励方式要求每次的激励额度要有所控制。

从操作上来看，小额、高频、永续的激励模式会增加股权激励计划实施的复杂度与难度，特别是对于上市公司来说，时间、条件受到诸多规则限制，推行起来难度更大。但优秀的企业会回归到"激励"的本质去看待股权激励。如果能够达成更好的激励效果，在操作上投入更高的成本，也是值得的。这也是我们建议企业采用这种激励模式的原因。

案例

美的集团的股权激励实践

美的集团2013年上市,2014年开始推行股票期权激励计划,基本保持每年一期的节奏在持续实施。

在股票期权激励方面,美的截至2017年实施的4期股票期权激励计划,呈现出几个方面的特点。

(1)设置的业绩目标越来越精准、细致。从表5-5可以看出,考虑到净利润增长受到经济环境及行业发展态势影响较大,从第三期开始不再设置明确的增长率。从第二期开始增加了经营单位的考评,形成了三级考评的业绩目标,并在第三期对该指标设置了由董事长酌定的灵活处理方式。第四期更是设定了分级行权的标准,也就是公司层面、经营单位层面和个人层面不同的业绩达成结果分别对应不同的行权方式和比例。

表5-5 美的集团4期股票期权激励行权条件

	第一期	第二期	第三期	第四期
行权条件	1.较上一年净利润增长不低于15% 2.净资产收益率不低于20% 3.年净利润不低于近三年平均值且不为负; 4.个人考核B级别以上	1.较上一年净利润增长不低于15% 2.净资产收益率不低于20% 3.年净利润不低于近三年平均值且不为负; 4.经营单位考评80分以上(达标) 5.个人考核B级别以上	1.净利润不低于前三年的平均值且不得为负 2.个人考评B及以上 3.经营单位考评80分以上(低于则由董事长酌定)	1.净利润不低于前三年的平均值 2.个人考评B及以上 3.经营单位业绩达标,全部行权;经营单位业绩一般,行权65%,35%注销;经营单位业绩较差,不可行权

通过小额、高频、永续的激励模式,美的能够在每期新的激励方案中及时调整业绩的标准和评价方式。

(2)激励人数逐年增加,总激励股权比例在降低。从表5-6中可以看出,美的的股票期权激励人数从2014年的693人增加到2017的1476人,而激励股票总数到2016年达到12753万股之后,到了2017年又有所下降,占总股本比例一直在降低。每个激励对象的额度占比是持续降低的,这符合小额化的趋势。

表5-6 美的集团4期股票期权激励人数与额度变化

	第一期	第二期	第三期	第四期
公告时间	2014年1月	2015年3月	2016年5月	2017年3月
参与人数(人)	693	733	931	1476
股票总数(股)	4051.2	8430	12753	9898.2
占总股本	2.41%	2.00%	1.98%	1.53%

(3)行权周期在缩短,频率在提升。美的股票期权激励的等待期都是一年,每次激励都是分3期行权的。前三次激励,美的都设定了两年的行权期,每次激励的总周期为5年;2017年的第四次激励,则将行权期缩短到了一年,总周期缩短为4年。时间的缩短,让激励的频率变得更高。

(4)重点激励的对象在不断变化。第一期股票期权激励的对象包括研发、制造、营销和其他业务骨干,第二期和第三期增加了信息技术骨干,第四期则去掉了营销和信息技术骨干,增加了品质人员,每年的激励重心都在变化。这从侧面反映了美的业务发展重心在变化。例如,信息技术人员在中间的一段时间能够起到关键作用,就加大激励,在需要关键品质的管理人员发挥作用时,加大对该类人员的激励。这就是小额、高频的激励模式的另一个优势,既能够长期激励关键人员,又能够在短期内对企业的业务发展策略起到良好的支撑作用。也只有经过灵活设计的激励机制,才能在短期内有较大的弹性空间。

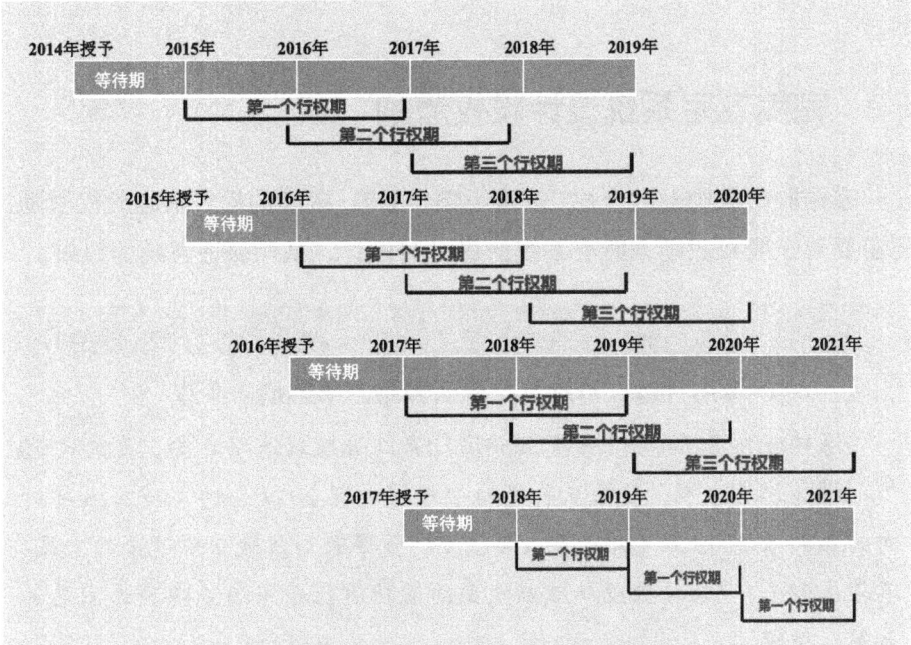

图 5-10 美的 4 期股票期权行权时间安排

表 5-7 美的集团 4 期股票期权激励关键激励对象的变化

	第一期	第二期	第三期	第四期
公告时间	2014年1月	2015年3月	2016年5月	2017年3月
业务骨干	研发、制造、营销、其他业务骨干	研发、制造、营销、信息技术、其他业务骨干	研发、制造、营销、信息技术、其他业务骨干	研发、制造、品质、其他业务骨干

从上市后的第二年，美的集团除了实施多期股票期权激励计划（针对骨干员工），还实施了多期事业合伙人持股计划（针对总裁副总裁等核心团队）和限制性股票激励计划（针对部门负责人等管理人员），美的集团的股权激励形成了小额、高频、不断滚动、不断优化调整的特征。这种激励模式，回归了激励的本源，既能够起到激励效果，又能够让激励对象与股东责任共担、价值共享、与企业共进退。

完美九定系统设计股权激励

遵循股权激励七大金律,按照小额、高频、永续的模式实施股权激励,还需要对于股权激励方案有系统的思考与设计,从而保证激励的效果。

案例

海翔科技:系统设计股权激励方案的成功实践

海翔科技 2008 年开始建立并运行系统性股权激励方案,员工从 70 多人增加到 260 人,股东从初始的 2 人增加到 2014 年的 37 人,6 年时间销售额从 2000 万元增长到 1.8 亿元。董事长刘江曦回首过去的发展,不禁感慨道:"系统性股权激励方案的成功运行是海翔 6 年高速发展的最有力保障。"

第一步:以时间换取共赢空间,让老股东减持股份,支持股权激励

海翔科技股权激励有一个很大的问题是原股东股权如何处理,尤其是对于不参与公司经营的外部大股东蒋锐华的股份处理。很多人给了刘江曦各种方法建议,"做空海翔科技,另外注册公司""对蒋锐华软硬兼施、黑白两道,按原价收购回来 40% 的股份""好言相劝,多花些钱,把蒋锐华的股份买回来"。

深入了解了海翔科技的情况后,德锐咨询提出了实施股权激励的观点:当我们把时间作为一种工具时,很多问题都能找到共赢的解决方案。我们提出,在未来的 6 年,在确保蒋锐华股权收益持续增长的前提下,实施股权比例增资稀释的方案,让蒋锐华成为股权激励方案的支持者。这样既不会因采取过于激烈的手段而牺牲公司品牌,又能够让股东在股权激励方案上保持一致,实现公司、原股东、激励对象共赢。

5 年时间,蒋锐华的股权比例从 40% 降到了 18%,但股东权益却是原来的 3 倍(见表 5-8、图 5-11)。当原股东看到现实的收益的时候,才真正支持股权激励方案的实施。

表 5-8　海翔科技业绩与股东权益增长趋势　　单位：万元

业绩与权益	2008年	2009年	2010年	2011年	2012年	2013年
销售额	2000	3000	4500	6750	10125	15188
股东权益（净资产总额）	500	750	1125	1688	2531	3797
股权比例	40%	34%	29%	25%	21%	18%
个人股东权益	200	255	325	415	529	674
个人股东权益累计	200	455	780	1195	1723	2397

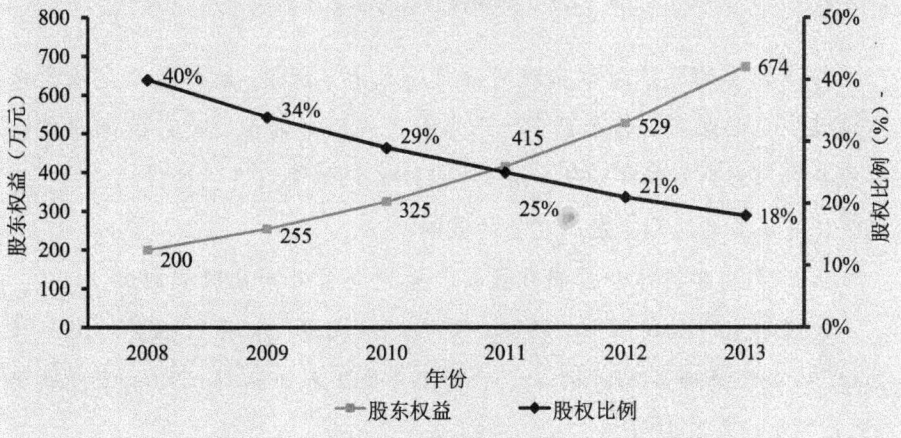

图 5-11　原股东股权比例与股东权益的变化

第二步："先选人，后激励"，素质模型作为人员评价的量化工具

"先选人，后激励，选对激励对象比激励方案更重要。"这是德锐咨询给刘江曦最有震撼力的一句话。所以在推行股权激励之前，先梳理了公司核心价值观，建立了高层、中层和基层人员的素质模型（见图5-12）。

在之后的6年中，海翔科技一直坚持以素质模型为人才评价体系的核心，将素质评估用于人才的培养、选拔和股权激励对象的选择，并且遵守德锐咨询给出的选择激励对象的4个标准：价值认同、未来潜力、近期业绩、历史贡献，其中价值认同排在第一位。

图 5-12 海翔科技人员素质模型

许多企业的股权激励出现问题是选人出了问题。股权激励是基于未来价值实现的激励，价值认同、未来潜力这两个因素决定着激励对象能不能在未来为企业创造价值，进而获得个人的激励。遵循这样的标准，海翔科技有很多成功选择激励对象的案例。

第三步：虚实结合，侧重核心、兼顾全员的两层股权激励

如何避免"激励几个，抑制一群"的情况发生？系统性股权激励计划以 3 个方案形成了对核心骨干、优秀员工和全体员工的整体性激励（见表 5-9 和表 5-10）。

表 5-9 系统性股权激励的两层计划

项目	全员成长分享计划（虚股）	核心骨干持股计划（实股）
周期	每年 1 次	两年 1 次
激励对象	符合工龄条件的各级别员工	A 级以上员工
评价标准	业绩考核、素质评价和突出贡献	业绩考核、素质评价和突出贡献
授予资格	一年总体评价在 B+以上	两年总体评价在 B+以上

表 5-10 建立在职业发展基础上的两层股权激励系数

职级	行政序列	技术序列	销售管理序列	综合管理序列	第一层:成长分享系数	第二层:员工持股系数
高层 T2				总经理	24	24
高层 T1				副总经理 事业部总经理	16	16
高层 S			销售总监	总监	10	10
中层 A		高级工程师	大区经理	高级经理	5	4
中层 B		主任工程师	高级区域经理	经理	4	—
基层 C	高级专员	工程师	区域经理	主管	2	—
基层 D	专员	助理工程师			0.8	—
基层 E	文员				0.4	—

（1）核心骨干实股激励。面向核心骨干建立股权激励计划，让核心骨干持有公司股权。这样基层的员工都能够感受到自己职业发展的方向和成为公司股东的希望。

（2）优秀员工用虚股激励。面向全员建立成长分享计划（虚股激励），符合绩效标准的优秀员工，不论什么级别都能获得相应的超额利润分享。获得虚股激励是获得实股激励的前提。

（3）鼓舞全体员工向往股权激励。没有进入成长分享计划和股权激励计划的员工，能够明确知道自己业绩和能力的差距，也清楚公司股权激励的绩效和潜力标准，能够鞭策自己努力提升自己，为公司创造价值。

员工持股计划计算标准：

$$Y_1 = \frac{G \times C_1}{\sum C_i} \quad i = 1, 2, \cdots, n$$

式中　Y_1——个人员工持股计划激励股份金额；

G——员工持股计划激励股份总额；

C——个人职业等级对应的员工持股系数。

成长分享计划计算标准：

$$Y_2 = \frac{G \times C_1 \times P_{O_1} \times (P_e - 70)}{\sum \left[C_i \times P_{O_i} \times (P_{e_i} - 70) \right]} \quad i = 1, 2, \cdots, n$$

式中 Y_2——个人成长分享计划奖励金额；

G——成长分享计划奖励基金总额；

C——个人职业等级对应的成长分享计划奖金系数；

P_e——个人绩效考核系数；

P_o——岗位系数。

第四步：建立"业绩+潜力"的双维度科学评价体系

股权激励通过公开标准、公开流程、考评透明等方式，让各级员工清晰了解自己通过多久的努力和怎样的职业发展路径，可以成为公司股东。这种机会均等、公开透明、渠道清晰、虚股和实股相结合的方案，实现了全员激励的效果。

第五步：设立启动条件，设置股权激励的"安全阀"

设置股权激励"安全阀"是关键的一步，当公司经营指标达到标准时，激励计划才能启动。这样既提升了激励对象的责任意识，又降低了公司实施股权激励的风险，让股权激励成为公司与员工"共担风险、共享收益"的有效机制（见表5-11）。

表5-11 系统性股权激励两层计划的"安全阀"

项目	全员成长分享计划（虚股）	核心骨干持股计划（实股）
启动条件	年度销售额增长率在30%以上并保持良好的赢利能力	年度销售额增长率在30%以上并保持良好的盈利能力。保障原股东权益，原股东因增资造成股权比例下降时，要确保其股东权益的增长

第六步：通过严格的股份回购规定，建立退出机制，防止人员风险

当实施激励之后发现激励对象出现问题或不合适时，股份回购的规定就是确保公司利益的关键。系统性股权激励方案设计的股份回购分惩罚性回购和公平性回购两种情况。

（1）惩罚性回购。激励对象发生以下情形时，其已获得的激励股份由公司按照认购价回购。

- 在公司不同意的情况下，激励对象坚持离职。
- 激励对象违法、违规。
- 激励对象给公司造成损失。
- 其他对公司造成损害或不利影响的情形。

（2）公平性回购。

激励对象发生以下情形时，其已获得的激励股份由公司按照公司当期每股净资产价值回购。

- 激励对象与公司协商并双方达成一致后，中止或解除劳动关系，激励对象不再在公司任职。
- 激励对象被公司认定不符合岗位要求，被调离原岗位或被公司解除劳动合同。
- 根据公司的需要和安排，激励对象被调离原岗位。

成功的股权激励需要系统设计，一旦系统性的股权激励计划发挥作用，将出现神奇的激励效果。

我们发现，很多企业的股权激励之所以不成功，除了理念错误，还有一大原因，就是股权激励方案没有系统设计。股权是企业最重要的、成本最高的激励工具，如果要想开展股权激励，需要进行系统的设计，而不是草率行事，为未来留下诸多隐患。我们提出了股权激励设计的"完美九定"，供企业系统设计股权激励时参考（见图5-13）。

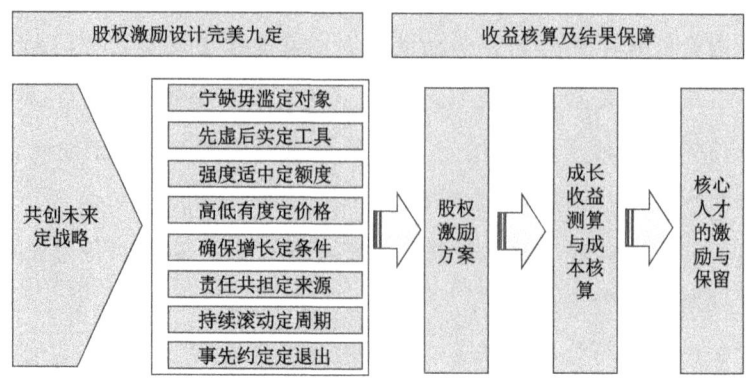

图 5-13 股权激励方案设计模型

○ 共创未来定战略

股权激励是做大蛋糕而不是分蛋糕，目的是共创未来。描绘出"蛋糕"的样子是定战略的第一步，这个过程对于企业来说，就是定战略的过程。

描绘未来的战略目标，需要清晰了解企业的优势、不足及面临的机遇和挑战，对企业未来的样子有明确的期许。

确定的战略目标，是未来 5~10 年企业的发展远景，既要有对未来画面的描绘，也应该有明确的量化标准，并应符合 SMART 原则（见图 5-14）。

图 5-14 明确目标的三阶段框架

相比于战略目标的清晰性,在定战略过程中关键人员的参与、达成共识更加重要。企业需要通过引导激励对象参与,将企业的战略目标与对个人的激励连接起来。

⊃ 宁缺毋滥定对象

在股权激励方案设计中,既要考虑覆盖的人员范围,又要对每个激励对象进行精细的选拔,宁缺毋滥。在具体选择激励对象时,一般按照三大步骤开展:

第一步,根据级别框定范围。结合企业所处行业、对于人力资源的依赖程度框定大致的范围,同时需要考虑企业是否存在特定的重要岗位,如果存在这种岗位,需要将其纳入激励范围。

第二步,根据入司年限进行初步筛选。员工的入职年限及在职期间的贡献,能够作为衡量哪些人可以进行股权激励的门槛指标。对于成熟企业,如果员工普遍入司时间较长,可以设置 1 年或 2 年的入司年限门槛。对于员工普遍入司时间较短的创业企业,对于激励对象也需要设置一定的入司时间门槛,一般为 6 个月或 1 年。

第三步,利用人才盘点进行人员精细筛选。在经过前两个步骤的初步筛选后,基本就会将激励对象框定在相对合理的范围内。通过对在该范围内的员工进行业绩贡献和素质能力双维度评价以及人才测评,可以评估出每位被盘点对象能否达到激励对象的选择标准。

⊃ 先虚后实定工具

在多数情况下,激励工具是和激励对象同步明确的,激励工具的不同会影响激励范围的大小。

德锐咨询建议,在选择激励工具时,一般以虚股激励模式为首选,能够用虚股激励解决的问题,尽量不用实股激励。在企业没有成熟的、被原股东认可的、能够给企业做出可持续性贡献的激励对象时,或者原股东对于激励对象仍有疑虑,但又有必要用长期激励工具留住、激励核心人才时,一般优先采用虚股激励。

在选用虚股激励工具后,可以以时间周期和业绩表现为标准,允许激励对象在一定时间后将虚股转变为实股。

强度适中定额度

定额度,是指定股权激励的总额度和每个人额度分配的方式。

在确定股权激励总额度时,需要考虑3个方面的因素:

- 保证股权激励的强度足以达到预期的激励效果。
- 确保企业家、创始人不因股权过度稀释而失去经营控制权。
- 总激励股权价值应该在股权激励对象的支付能力范围内。

另外,上市公司还需要考虑法律法规及上市规则对于激励额度的明确规定。

基于不同激励对象的职级、岗位价值、综合评价、入职年限及创业风险差异,赋予不同的系数,以这些系数计算每个激励对象可获得的激励额度。

个人额度分配系数=职级系数×岗位价值系数×人才盘点系数×入职年限系数(或者创业风险系数)

其中,职级系数需要以企业完善的职位等级体系为基础;岗位价值系数需要企业核心管理团队在专业人员指导下进行岗位价值的评估、赋值;人才盘点系数需要经过系统的人才盘点后确定不同九宫格定位的系数;入职年限系数或创业风险系数最容易确定,一般直接用加入企业的时间进行分段赋值。

在确定所有人员的各类分配系数后,计算个人分配额度:

$$个人分配额度 = \frac{个人额度分配系数}{\Sigma 个人额度分配系数} \times 股权激励总额度$$

上述公式计算的结果,还需要董事会或创业企业家对最终结果进行校正,校正的依据包括:激励对象历史的贡献与未来持续做出贡献的潜力、相比于短期激励的激励强度、激励对象的支付能力等。在计算结果整体明显偏离预期的情况下,还需要对股权激励总额度进行调整。

◯ 高低有度定价格

在实施股权激励时,如果使用的是虚股激励,一般不会涉及定价的问题,因为虚股无须激励对象出资购买。

在实施实股激励中,股权定价需要区分属于上市公司还是非上市公司。上市公司的股权价格应该符合法律法规的规定;而非上市公司有相对较大的定价自由度。主要考虑的几个方面还包括股权的实际价值、激励效果、股份支付问题。

最简单的定价方式就是以企业注册资本来定价。这种定价方式适用于企业初创时,注册资本金最能反映实际的股权价值。

多数时候,以企业的每股净资产为基准定价,这种定价方式最能够反映股权的实际价值。

对于轻资产、市场估值很高的企业,用每股净资产不能反映股权的实际价值。此时一般用外部投资者进入时的市场估值来确定股权价格,该价格反映的是投资者对于企业未来价值的评估。

无论是上市公司还是非上市公司,股权激励的定价既需要考虑激励性,让激励对象能够在做出贡献的同时获得应有的回报,同时也要考虑公平性,让原股东的利益不会被过于稀释。

◯ 确保增长定条件

定条件是指针对激励股权授予或对应权利获取而设置的条件,是股权激励高约束特征的具体体现。股权激励定条件矩阵(见图5-15)中根据条件设置的节点可以分为授予条件和权益获取条件;根据条件的考察主体,可以分为团队业绩条件和个人业绩条件。

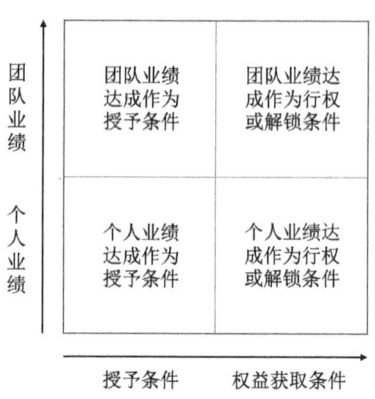

图 5-15 股权激励定条件矩阵

团队业绩作为授予条件，就是指企业整体达到所设的年度业绩目标作为授予股权的前提；团队业绩作为权益获取条件，就是指企业整体业绩目标达成作为期权行权或限制性股票解锁的前提条件。

个人业绩的结果采用人才盘点中每个激励对象的九宫格定位。将定位为"1""2+"的人员作为达到条件的人员，只有这些人员拥有获授股权、行权、解锁的资格。

⊃ 责任共担定来源

定来源，就是确定用于股权激励的股份来源，或者用于虚股激励中的分红、增值等收益的来源。在选择股份或收益来源的时候，其出发点应该是原股东责任共担，应避免对某个股东单独做出"激励"或某个股东的权益过度稀释。

激励股份的来源，有 3 个方面：一是单一大股东转让，二是所有股东同比例转让，三是企业增资扩股或定向增发（见表 5-12）。通过这些方式，获得激励股份额度的同时，稀释股权比例，扩大股本。

第 5 章　小额、高频、永续的股权激励

表 5-12　不同股份与收益来源的比较

激励模式	股份/收益来源	产生的影响	适用的企业
虚股激励	大股东转让	减少大股东经济收益	股权集中的企业
	所有股东同比例转让	原股东经济收益同比减少	股权相对分散的企业
实股激励	大股东转让	稀释大股东股权，增加股东数量	股权集中的企业
	所有股东同比例转让	原股东股权同比稀释，增加股东数量	股权相对分散的企业
	增资扩股	原股东股权同比稀释，增加股东数量，增加可用资金	股权相对分散、总股本较低的企业

在表 5-12 中，需要重点关注的是实股激励中的股份来源问题。实股的转让或稀释，会影响企业实际的股权结构，需要考虑企业经营控制的临界点。

持续滚动定周期

图 5-16　持续滚动股权激励周期示例

所谓定周期，就是股权激励的时间安排，包括授予周期与解锁、行权周期。根据"小额、高频、永续"激励模式，股权激励设计的周期是高频、永续，"高频"是指每年定期分配，"永续"是指一直稳定地延续。如每

年实施一次，每次 3~5 年一周期，周期内设置解锁周期或行权周期（见图 5-16）。

一般情况下，实股或虚股的授予时间是从方案被批准之后 1 年，且最好与财务年度保持一致，以便于衡量其业绩条件。授予的周期一般为 1 年授予一次，2~3 年完成授予，这样的时间安排既能够有效激励，不至于因为周期太长降低激励效果，又起到了保留核心员工的作用。

上市公司的激励周期，有明确的法律规定。限制性股票激励中，禁售期最短为 12 个月，解除限售（解锁）的最短时间也是 12 个月，且至少要经过两个解锁期才能够解除完毕。在上市公司的股票期权激励中，等待期同样最短为 12 个月，行权周期的最短时间也是 12 个月，且至少要经过两个行权期才能够行权完毕。

在实际操作中，按照小额、高频、永续的滚动激励模式，每年都会有新的股权或期权授出，能够起到更好的激励与人才保留的效果。

⊃ 事先约定"定退出"

"定退出"是体现股权激励的高约束性的另一个工具。由于股权的特殊性，所以退出受到多个方面的限制，事先约定且体现在协议中是在股权激励实施前必做的基础性工作。

股权激励的退出机制一般分为两种：

（1）公平性回购（正常退出）。正常退出的公平性回购适用于激励对象正常离职、达到股权激励协议中所约定的退出条件等情况，退出价格需要结合授予价格进行设定。

（2）惩罚性回购（不再符合激励条件而退出）。对于不再符合激励条件的激励对象，实施的是惩罚性回购。惩罚性回购，即按照不高于其出资额度的价格回购其所持有的股份。激励对象出现违反法律法规、损害企业利益等行为时，会采用惩罚性回购的方式收回其股权。

关键发现

- 该不该做股权激励比如何做更重要,激励谁比设计股权激励方案更重要。
- 在考虑对谁进行股权激励时,最重要的两个考虑因素是价值认同与未来潜力。
- 进行股权激励时要注重股权激励七诫与股权激励七大金律。
- 从激励工具的角度来说,股权是金条,工资、奖金、福利是钢筋、水泥和木材,它们各司其职、各有功用,不能用金条去做钢筋、水泥、木材该做的事情。
- 做大蛋糕而不是分蛋糕,是股权激励的终极目的。
- "小额、高频、永续"可以使高管不仅关注短期业绩,同时还兼顾长期发展,与企业成为真正的"命运共同体"。
- "小额、高频、永续"的股权激励模式,能够避免激励额度大、成本过高;避免激励少数人、影响一批人;避免准备期和实施期大家积极努力,实施后急于变现走人等问题。

第 6 章
走向团队绩效

> 一个人不管如何努力，永远也赶不上时代的步伐，只有组织起数十人、数百人、数千人一同奋斗，你站在这上面，才能摸得到时代的脚。
>
> ——任正非

 该死的绩效

21世纪的第二个10年，企业管理者从原来的将绩效考核奉若神明，开始出现观念分化：一部分人依然坚守传统绩效管理模式，认为没有这个标尺就不能称为管理，另一部分人却对传统绩效管理痛恨有加，致力于消除它的影响，甚至用这样的话来代表他们的心情：这该死的绩效！

何以如此？一方面，中国30多年前"打破大锅饭"、个人承包责任制的经济改革让几乎所有的企业家都对绩效管理的功效深信不疑；另一方面，企业界又缺少能把绩效管理做成功的优秀案例，倒是产生负面效应的

---

① 本章更详细内容请参见《重构绩效：用团队绩效塑造组织能力》，李祖滨、胡士强、陈琪著，机械工业出版社，2019年6月。本章中"绩效"一词，根据表述需要，可用来指代绩效管理、绩效结果或绩效考核。

事例层出不穷。现在国内很多企业雄心勃勃地启动了绩效管理，但不同的起点却走向了相同的终点——失败。企业家们认为，企业推广不了绩效管理是人力资源部给企业带错了路，而人力资源从业者们却说，企业推动不了绩效管理是企业家们没有很好地为绩效管理保驾护航。

《绩效主义毁了索尼》被众多"绩效有害"论者所引用，这篇文章的主要观点是：索尼因为形成了绩效主义，扼杀了索尼的创新精神，最终导致索尼在数字时代失败。最近10年来众多企业在绩效管理上的变革，为这一观点提供了注脚。

- Adobe 在 2012 年取消了年度绩效考核制度，用更频繁的非正式考核取而代之。美敦力、微软和 Gap 随后跟进。
- 2015 年 3 月德勤宣布重塑绩效管理，因为绩效管理已经跟不上企业目标的完成。
- 2015 年 8 月 Autodesk 重新设计绩效管理体系。

据《华盛顿邮报》报道，至 2015 年 8 月，有将近 10% 的《财富》500 强企业取消了传统的年度绩效考核。德勤人力资本调查显示，只有 12% 的企业相信它们的绩效管理流程"值得投入时间去做"。

由此，我们不禁要问：绩效管理到底怎么了？

要解答这个问题，需要回归激励的本质：激励我们的到底是什么？我们经常在培训、论坛上向学员提出下面两个问题：

（1）你有过的一段忘我地投入工作中的经历，原因是什么？

（2）希望员工忘我地投入工作中时，你最常用的方法是什么？

多次的调研结果都如表 6-1 所示：激励人的因素大多是被赋予挑战性的任务，得到信任、认可与尊重等，几乎没有人提到因为公司有严苛的绩效考核而受到强激励的。但面对如何激励员工的问题时，很多人选择了加薪和奖金、扣奖金等奖惩措施。

表 6-1　被扭曲的激励逻辑

你是怎样被激励的？		你是怎样激励下属的？	
问题 1：你有过的一段忘我地投入工作中的经历，原因是什么？		问题 2：希望员工忘我地投入工作中时，你最常用的方法是什么？	
A. 新的、有意义的、挑战性的、感兴趣的工作，得到公司、上级的信任、认可和尊重	99%	A. 给予员工新的、有意义的、挑战性的、感兴趣的工作，给予员工信任、认可和尊重	30%
B. 担心完成不了任务受惩罚、扣奖金，为了加薪和奖金	1%	B. 完成不了任务扣奖金，给做得好的员工加薪和发奖金	70%

这种自相矛盾的激励逻辑，反映出多数管理者目前在认知和行动上的偏差，他们认识到了外在激励的局限，但在实际行动上对这种方式形成了依赖。有些企业老板、管理者对绩效考核的迷恋达到了"疯狂"的地步，导致"绩效过度"。

所谓绩效过度，即管理者由于对绩效管理体系存在认知偏差，导致在管理中过度使用、过度依赖绩效考核并过度延伸绩效功能，从而产生各种不良后果（见表 6-2）。

表 6-2　绩效过度的表现、后果与误区

"绩效过度" 5 种表现	1. 过频：考核周期过于频繁 2. 过繁：考核计算过于复杂 3. 过细：考核指标分解到每个人、每件事 4. 过散：指标过多，关键指标"不关键" 5. 过偏：指标不平衡，偏重短期和财务指标
"绩效过度" 6 种后果	1. 花钱多，激励效果差 2. 增加工作量和管理成本 3. 抑制员工创造性和主动性 4. 破坏内部协作 5. 影响企业整体目标达成 6. 影响组织能力提升

续表

"绩效过度"7个误区	1. 不考核就没有管理员工的抓手 2. 不考核就无法体现多劳多得 3. 不考核就无法识别员工 4. 不考核的事情没人重视 5. 不用钱考核员工就没有动力 6. 管理能力不足的时候可以靠考核来补 7. 希望用可自动计算的工具代替人

德锐咨询对中国企业的绩效考核过度总结出"过频""过繁""过细""过散""过偏"5个方面的表现。为了找到所谓更加科学、量化的方式，很多企业投入巨大的人力和物力去开发最为精细的考核体系。绩效过度的表现带来了诸多不良后果，这些后果多有一定的隐蔽性，被管理者忽视了。很多企业陷入绩效过度带来的短期收益中不能自拔，而对其产生的负面效果熟视无睹。表象背后的原因是这些企业对绩效管理的认识存在严重误区，把绩效考核当作最重要甚至唯一的管理工具。然而，"对绩效考核的重视"并未能将这些企业引上通往成功的道路，反而使它们面临重重障碍，举步维艰。

团队绩效是大势所趋

在"人"的时代，绩效管理到底该何去何从？如何让绩效管理真正发挥对组织发展的促进作用？实际上，想做好绩效管理虽然有难度，但也并非毫无希望。

随着社会的不断进步，人员特性的不断变化，采取以团队为单位的工作模式已经成为时代的需要，企业团队化正在成为一种趋势，团队越来越成为企业成功的关键因素。一项对《财富》500强企业的调查显示，超过1/3的企业表示团队合作是本企业的核心价值观，100%的企业都曾运用项目团队，87%的企业运用功能团队来完成诸如提高质量、控制成本等某些具体任务，47%的企业现在正采用固定的工作团队作为完成工作的基本方法。注重团队管理已经成为企业发展的一种潮流，团队建设与团队绩效考评日益成为企业绩效管理建设的新趋势。

德锐咨询研究发现，领先的企业在绩效管理实践中，通常对那种基于"精准数字"的绩效考核和奖惩制度不以为然，而把绩效管理的重点放在与员工沟通的改善上。绩效管理不是为了成就一个英雄，而是要从组织层面建设一个高效的、具有很强战斗力的企业团队。领先企业在推行绩效管理的过程中，重点关注如何保持团队的创造力和员工的积极主动性，以及如何促进团队持续稳定地创造卓越的业绩。

⇨ 团队绩效是时代的必然选择

从绩效管理思想的演变来看，绩效管理的重点在不断进化。20世纪50年代以前企业大多是工业型的，绩效管理倡导提高运营效率；60~80年代阶层领导的概念成为当时管理思维的主流，企业专注追求利润、增长等财务工程，绩效考核也特别强调财务指标；从90年代开始，面对外部环境的变化，企业管理开始转向以客户为中心，员工在企业管理中的地位越来越重要，在此背景下主导的绩效管理思想是协作管理；进入21世纪，可持续发展变成企业管理的首要追求，外部环境的快速变化、市场竞争的日趋激烈，需要企业更快地响应市场需求，以赢得竞争优势。而采取团队这种工作形式能够非常有效地促进企业实现这一目标，因此绩效管理的重点不仅仅局限于个人，开始更多地考虑以团队为单位进行绩效管理（管理思维的进化见表6-3）。

表6-3 管理思维的进化

时间	20世纪50年代以前	60~80年代	90年代	现在
关注点	企业为王	执行官为王	人才为王	团队和团队领导为王

续表

时间	20世纪50年代以前	60~80年代	90年代	现在
关键词	运营效率	利润、增长、财务工程	客户服务，员工作为领导者	授权团队
代表人物/企业	安德烈·卡耐基、亨利·福特	杰克·韦尔奇、彼得·德鲁克	舒尔茨·霍华德、史蒂夫·乔布斯	Netflix, Google, Facebook, Amazon

《重构绩效：用团队绩效塑造组织能力》一书对团队绩效做了如下定义：团队绩效就是企业全体员工把企业目标、团队目标（而不是个人目标）的实现作为首要任务，企业对员工的激励要以企业目标和团队目标（而不是个人目标）的实现作为首要依据，从而帮助企业塑造组织能力，持续做大利润。

团队绩效管理并不意味着对个人能力评价的放弃，它既包含团队的整体绩效管理，也包含团队成员的个体绩效管理。因为群体内部很容易产生社会惰化的现象，作为团队负责人一定要采取有效的管理措施防止该现象的发生。防止社会惰化可以通过关注员工公平感及责任意识来有效实现。公平感主要可以分为自我公平和外部公平，社会惰化主要是员工追求外部公平的反映。如果他认为企业中其他团队成员并没有付出努力，是懒惰笨拙的，他就会通过减少努力和工作量来重建公平感。另外，团队内部要建立科学公正的价值评估体系，如果个体认为自己的贡献无法被衡量，效率就会下降，产生责任分散效应。

在团队绩效管理的理念中，团队是一种不同角色的平等组合。一方面，强调技能的互补，既要有职能部门专家，也要有专业技术人才；既要有决断剖析者，也要有沟通协调者。这样的组合才能在和谐的环境下产生优于简单加总的绩效水平。另一方面，强调团队内部共同参与决策，大家以较为平等的身份进行平等的交流，这样可以更加有效地促进人才培养、知识沉淀、团队协作和组织自我优化。

案例

通过团队绩效管理实现团队的自我优化

德锐咨询研究了团队绩效管理对于组织自我优化的促进作用。在研究中,我们以部门为单位,分别为某公司的箱包部、女鞋部、饰品部设置了以团队为考核单位的绩效指标,同时给予各个负责人及成员一定的权限,并鼓励内部积极沟通。

在实行团队绩效管理之前的一个周期,饰品部的考核结果为合格、女鞋部的考核结果为良好、箱包部的考核结果为优秀,在各个部门内部员工绩效等级也都有差别(见表6-4)。

表6-4 某公司实行团队绩效管理之前的绩效情况

团 队		个 人			
部门	部门绩效等级	经理	绩效	员工	绩效
箱包部	优秀	经理1	优秀	员工1	优秀
				员工2	优秀
				员工3	落后
女鞋部	良好	经理2	良好	员工4	优秀
				员工5	良好
				员工6	落后
饰品部	合格	经理3	合格	员工7	优秀
				员工8	优秀
				员工9	良好

在持续以团队为对象进行绩效管理后,当在第四个考核周期结束时,我们进行了回顾和对比。主要有两个重要发现:

(1)各个团队的绩效都有了一定的提升,之前只达到合格水平的饰品部,其绩效结果已经提升到良好;而女鞋部也提升到了优秀水平;箱包部继续保持着优秀水平,但业绩上也获得了提升。

（2）各个团队内部的人员结构发生了一些类似自我进化的情况。在饰品部，员工的业绩表现持续较为优异，只有经理的绩效表现不尽如人意。在第四个周期时，我们发现，饰品部内部员工已经自发地弹劾了部门负责人（经理3），取而代之的是一位颇具管理能力的新负责人（经理4）。女鞋部和箱包部的变化主要体现在内部员工上，其中女鞋部的员工6由于优胜劣汰被员工10所取代。而在持续表现优异的箱包部，员工3的业绩表现在团队带领下有了长足的进步，到第四周期时，绩效表现已经从落后提升为良好（见表6-5）。

表6-5 某公司实行团队绩效管理之后的绩效情况

团队		个人			
部门	部门绩效等级	经理	绩效	员工	绩效
箱包部	优秀	经理1	优秀	员工1	优秀
				员工2	优秀
				员工3	良好
女鞋部	优秀	经理2	良好	员工4	优秀
				员工5	良好
				员工10	优秀
饰品部	良好	经理4	优秀	员工7	优秀
				员工8	优秀
				员工9	良好

通过团队绩效管理，该公司获得了帮助员工成长、弹劾糟糕经理、自动优胜劣汰这些成果。

从上述案例可以看出，团队绩效管理对于企业的自我优化有强大的促进作用。要特别强调的是，在建立团队绩效管理体系时，企业要充分给予团队负责人调配资源的权力，包括任免权、奖惩权等，同时让团队内的员工拥有自由和自主权、施展不同的技能和天赋的机会，这样有利于组织的自我进化，推动组织能力的不断提升。如果女鞋部的经理没有得到一定授权，不可能淘汰掉落后的员工而实现团队的自我优化；如果饰品部的员工没有得到一定的授权，也不可能通过合理渠道弹劾部门经理，获得一位优秀的部门负责人。

> **案例**
>
> **授权的作用**
>
> 斯坦利·麦克里斯托尔将军在他的著作中描述了美国军队等级森严的指挥与控制结构如何阻碍了美国在伊拉克战争早期的成功。麦克里斯托尔将军在观察到基地组织如何扰乱美军并取得战斗胜利之后，采取了与以往截然不同的解决方案：给予训练有素的军队极高的自主权，成立了实时的信息与操作小组来整合信息并提供给全军。斯坦利·麦克里斯托尔将军创造了一种新的结构，保障了整个机构的活力和灵活性。这种全新的组织保证了军官们能够迅速地从他们的辖区转移到任务所在地，并知道在任务完成之后可以重新回到自己原本归属的组织中。这种新型的组织模式，即"团队网络"，拥有高度的授权、强大的沟通能力及快速的信息流。

很多有关团队有效性的研究表明，被授权的团队比传统的团队能更好地自我管理和展现更高水平的绩效。授予团队权力，一方面，能够有效避免信息在传递过程中往往会发生的损耗与偏差，从而有效地保证决策的速度和决策的科学性；另一方面，更重要的是，对团队授权能够将管理者从对基层的全权事务管理中抽出身来，更专注于企业战略与团队建设，从而更好地激发团队绩效的提升。

⊃ 借助团队绩效成功模型实现变革

德锐咨询在多年绩效管理咨询实践经验的基础上，基于团队绩效管理思想，针对传统绩效管理出现的各种病症，构建了"团队绩效成功模型"（见图6-1）。

第6章 走向团队绩效

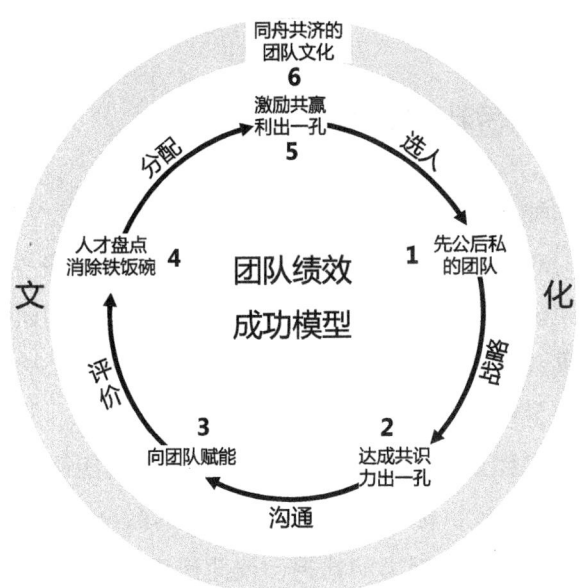

图 6-1 团队绩效成功模型

资料来源：《重构绩效：用团队绩效塑造组织能力》，李祖滨、胡士强、陈琪著，机械工业出版社，2019 年 6 月

该模型由六大要素组成：选人、战略、沟通、评价、分配和文化。团队绩效管理由组建先公后私的团队开始，到达成战略共识、开展赋能沟通、进行双维度人才盘点，再到利出一孔的激励，以有竞争力的激励体系推动选人的精细化与精准化。接着开始新一轮的运转，形成一个升级的团队绩效循环。以上这些环节经过多轮的运行，会形成一个体系和机制，配合文化落地的举措，塑造出同舟共济的文化，在该文化的环境中，最终形成团队绩效良性的、持续运转的体系。

实践证明，通过对绩效管理模式的重新构建，按照团队绩效的模式和要求进行绩效管理，企业得以培养出更多优秀人才。通过对组织进行持续的优化和沉淀大量的知识，企业可以形成协作良好的团队。这种同舟共济的团队文化让企业具备持续的自我完善能力，其组织能力也得到了有效的提升，企业长期目标的实现有了扎实的基础。

打造先公后私的团队

选人就像选种子，绩效高低在选人的时候就决定了。当我们考虑实施团队绩效考核的时候，首先要做的不是设定流程或设计评估机制，而是选择有利于提升团队绩效的"种子"，打造支持团队绩效的团队。现实是，大多数企业只重视设计绩效管理体系，忽视了人的问题，失去了绩效提升的基础，也降低了绩效管理的价值。

团队绩效要求团队中的每一个人把企业目标或团队目标作为工作的首要任务，支持以团队目标实现作为首要依据的激励方式。这要求团队中成员具备自愿合作和协同努力的精神，彼此信任，随时补位，资源共享，保持紧密合作，愿意及时给予对方必要的支持；从团队整体的利益出发，当个人利益与集体利益发生冲突的时候，站在全局的角度看问题，考虑解决方案并做出决策；不局限于一时的利害得失，能够从长远角度支持团队的战略规划及举措。

总结以上的要求，当团队成员具备团队协作、全局意识、眼光长远的行为特征时，更有利于团队绩效的实现（见图6-2）。

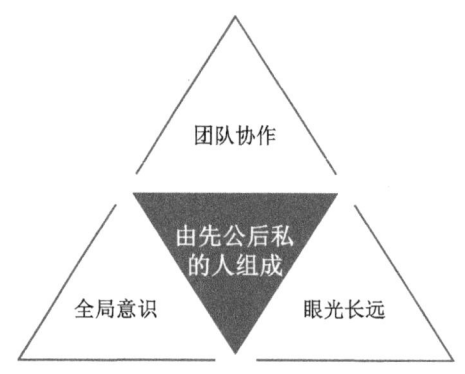

图6-2　团队绩效需要的团队成员行为特征

团队协作、全局意识、眼光长远这三大行为特征，与先公后私者的行为特征不谋而合。因此，让一群先公后私的人组建成先公后私的团队，更有可能成功实施团队绩效管理模式的转型。

达成共识，力出一孔

在以往咨询实践中，我们在诊断访谈环节经常会提出这样的问题："公司的战略目标和方向是什么？"我们发现，董事长总能够对战略侃侃而谈，高层管理者则往往一知半解，中层管理者能讲出战略的更少，基层几乎完全不清楚公司的战略方向。更有甚者，CEO 和高级管理者因对战略的理解不同而采取了不同行动：有的追求规模，有的追求质量，有的实施企业再造，有的授权员工。正如彼得·圣吉所说："许多领导人都拥有个人愿景，却从不把个人愿景转变为振奋组织的共同愿景，他们缺乏把个人愿景变为共同愿景的概念。"

绩效管理来自战略。企业经营的核心是为实现阶段性战略目标，而战略目标源自企业战略，所以在实施绩效管理前必须清晰构建并沟通企业战略。因此，要想有效获得"力出一孔"的团队绩效，需要完成两项基础工作：一是明确战略与目标，二是达成战略共识。

明确战略与目标

德鲁克在《管理的实践》中提到，管理者的工作成果衡量标准来自其对企业绩效目标的完成所做的贡献，因此管理者们必须根据企业的目标，明确他们需要达到什么样的绩效成果。事实上，这不仅适用于管理者，全体员工都应清晰地了解企业的目标以及对自己工作成果的要求。

平衡计分卡创始者卡普兰和诺顿曾在《战略型中心组织》一书中指出："战略型中心组织需要员工理解战略，并且每天的工作围绕战略进行。这不是一个自上而下的指令过程，而是一个自上而下的沟通过程。"战略并不是孤零零地存在的，它扮演着承上启下的角色，上接企业的使命和愿景，下接全员的工作目标。通过自上而下的沟通，使命和愿景帮助企业确定战略目标，随后管理者将战略目标逐级分解至各个部门及每个员工，通过使用战略地图和平衡计分卡两种战略衡量和沟通工具将战略落实到每个人的行动指标、目标值和行动方案，最终把战略转化为可操作的行动，让战略成为每个人的日常工作。

达成战略共识

认同的准确比绝对的精确更重要，战略共识比战略本身更能够帮助达成目标。对战略的共识，意味着每个员工都清晰地了解企业的战略及目标，知道对自己工作成果的要求以及自己的工作与企业的战略、目标的关联性。一个明确的、经过充分沟通的战略，能够指导员工在做决定时，清楚地知道应该选择做什么与选择不做什么。只有如此，战略在执行过程中才能很好地落地——战略执行不是自上而下的命令，而是充分的沟通过程。

企业中高管须充分参与企业战略规划、解码全过程，保证在战略执行上理解一致。组织中高管进行战略研讨，能够有效培养中高管战略思维，让中高管主动深入思考企业的使命、愿景，梳理企业未来战略的发展方向，完成企业快速发展的顶层设计，并且制定系统的落地措施，让企业在未来的3~5年内实现快速增长。

> **案例**
>
> ### 华为：战略共识，力出一孔
>
> 华为每年的战略目标能够近乎100%完成，与它非常重视战略共识密不可分。每年1月华为会召开一个市场大会，约1900位公司中高层，会从全球各地飞往深圳集合。在6天的会议中，大家需要了解行业变化和客户需求的情况，总结以往的历史经验和教训，分析目前公司拥有的各种资源，制定下一年及未来3~5年的战略规划。每年7月，同样是这批人，依旧在深圳集合，纠偏战略，同时总结好的做法和需要改进的地

第 6 章 走向团队绩效

方,输出下一年度的战略规划。正是因为华为有战略共识,才会有"力出一孔"的力量,使大家都朝着一个目标努力。

同时,战略不仅是中高管的战略,同样需要基层员工熟悉和了解。战略研讨能够保证中高管对于战略达成共识,而战略的传播能够保证基层员工理解战略,避免因为战略理解误差而造成执行上的错误。在企业醒目位置张贴战略地图来清晰传达企业的战略是一个有效的方法,员工在日常工作中随时反复看到企业的战略地图,可以保证他们熟知企业的战略重点,在思想层面凝聚共识。正如卡普兰和诺顿在《战略地图》一书中所述:"当我们把一些组织的战略地图挂在会议室的墙壁上时,与会代表会利用他们喝咖啡的休息时间研究每一张地图,甚至包括与他们毫不相干的组织的地图,还时常描绘出草图并在上面填上一些关键目标。"

当然,战略共识不仅仅局限于战略目标。在从战略目标确定到落实至全员行动的过程中,需要对企业的愿景、使命、价值观、战略规划、企业优势和差距、关键任务举措、衡量指标等内容达成共识。

一场全面的战略共识研讨会,涉及对于市场环境的分析、对自身优劣势的盘点及对未来的规划等。战略研讨会一般安排在每年 10~12 月,企业的中高管参与会议。我们将会议过程总结为 8 步——市场洞察、发现优势、共启愿景、明确战略、寻找差距、关键举措、确定指标和指标分解(见图 6-3)。

图 6-3 战略共识研讨会步骤

在实践中,结合企业实际情况,每场研讨会聚焦于对战略达成共识,并不必须完整实施这 8 个步骤。综合考虑可提供的研讨时间、企业管理层对于企业优劣势的理解等，有些步骤可以省略，有些步骤也可以后续单独沟通讨论。

用高效工具助力战略落地

大多数企业缺乏的往往不是伟大的战略，而是有效的战略执行。实施团队绩效管理对管理者的管理能力提出了一定要求。为了充分发挥团队绩效管理带来的益处，德锐咨询建议企业管理者们熟练掌握平衡计分卡与计划管理这两大战略落地工具。

1. 用平衡计分卡诠释企业战略

平衡计分卡是一个全面的框架，它帮助高级管理层把企业的愿景和战略转变为一套连贯的业绩指标，帮助高级管理层把企业的愿景和战略转化为所有员工的基本价值观和信念。70%的《财富》1000 家较大规模企业以及 60%的世界最大 300 家银行都采用了平衡计分卡。

利益相关者理论认为：对于企业来说，能否获得长久的生存和繁荣，最关键的是能否考虑到其重要的利益相关者并满足他们的需求。平衡计分卡实际上是从股东、客户、员工这 3 个与企业发展最密切的利益相关者出发思考企业目标的。它提供了一个框架、一种语言，以传播使命和战略，利用衡量指标告诉员工当前和未来成功的驱动因素。平衡计分卡把使命和战略转变为财务、客户、内部业务流程、学习与成长 4 个层面的目标和指标。这 4 个层面使企业能够在财务和非财务，短期和长期，结果和动因，硬性客观指标和软性主观指标之间达到平衡（见图 6-4）。

运用平衡计分卡可以有效避免指标被视作控制行为和评价以往业绩的工具。一套计分卡的衡量指标应该有不同的用途——阐明企业战略，沟通企业战略，促使个人、组织、跨部门的行动方案一致，以实现共同目标。它应该是一个沟通、告知和学习系统，而不是控制系统。

第6章 走向团队绩效

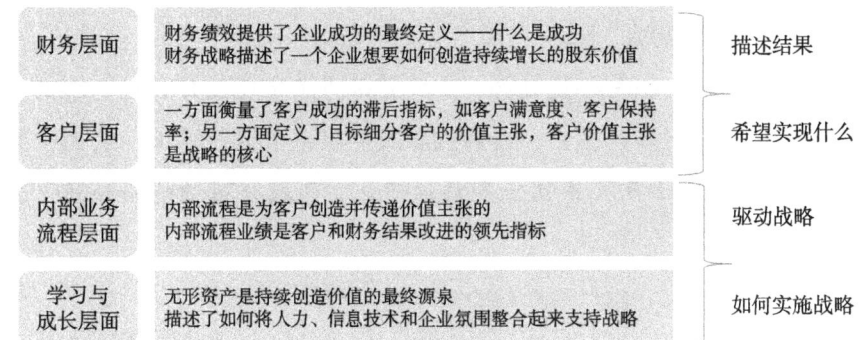

图6-4 平衡计分卡4个层面之间的关系

团队绩效管理利用平衡计分卡将企业战略目标进行分解,并进一步细化为团队的绩效指标和内部成员的共同目标。这样,通过平衡计分卡可以对发展战略进行任务分解,将之转化为具体的行动计划和实现方法。在团队内部,根据成员的职责分工并结合个人发展计划,来确定每个团队成员的目标。由此,使得企业内部个人目标和战略目标、团队目标紧密联系起来。

案例

平衡计分卡在博格公司的应用

博格公司近年来准确抓住外部机会,瞄准细分市场,迅速上升至行业领先位置。它致力于2025年、2030年、2035年实现三连跳,分别实现成为中国行业内领先的企业、国内资本市场上市并进行国际资本运作、成为世界领先的国际化品牌战略。为了将战略有效分解并落地,利用团队绩效管理,德锐咨询运用平衡计分卡为该公司详细梳理了各部门的绩效指标。

第一步,基于公司的愿景及阶段性战略目标,为该公司梳理确定了2020年度目标:

- 成为中国行业内最大的企业。
- 销售额达到6亿元(含税)。

- 增长率达30%。

第二步，基于公司年度目标，分析公司为了实现该目标所具备的优势、劣势，并从财务、客户、内部流程及学习成长4个层面，共同分析明确需要完成的任务及各项任务的优先级，形成公司的战略地图（见图6-5）。

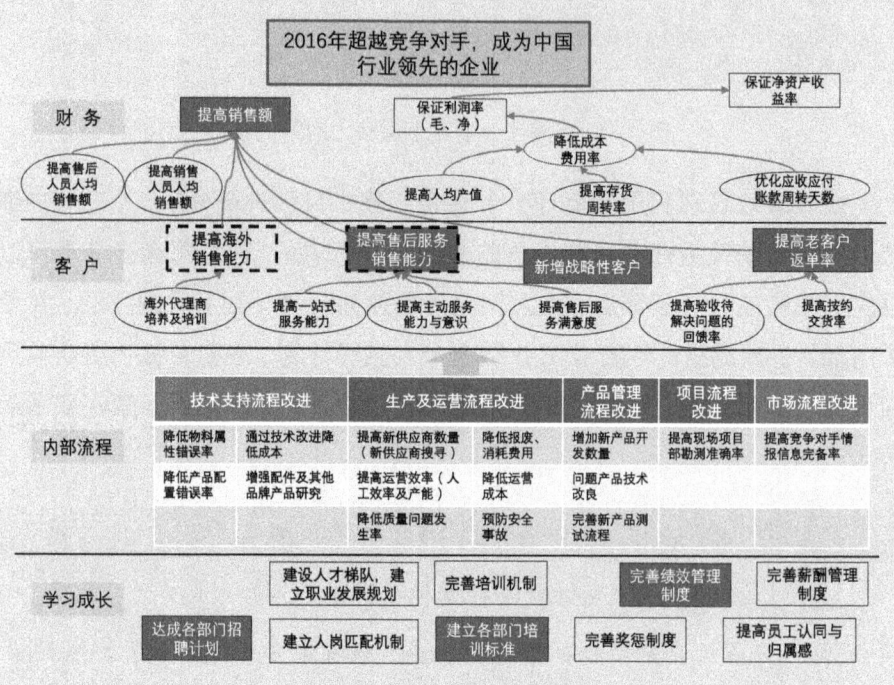

图6-5 博格公司战略地图

第三步，利用指标分解矩阵，将绩效指标分解到部门。首先在表中填入可分解的指标，将它们作为KPI指标分解的源头；然后根据各个部门职能进行KPI指标驱动力的分析，分为主责部门和重要关联部门；在各个部门和指标交界栏内做相应的记号，表明将该指标分解至该部门（见表6-6）。

第四步，依据绩效指标分解矩阵，整理出各个部门的绩效指标，并组织部门负责人、分管领导等研讨确定各个指标的目标值，这样最终形成了部门绩效指标（见表6-7）。

表 6-6 博格公司绩效指标分解矩阵（部分）

维度	战略主题	指标	工程部	国际市场部	销售部	售后部	人力资源部	IT部
财务	提高销售额	销售额			★			
		销售人员人均销售额		▲	★		▲	
		应收账款周转天数			★			
		降低物流成本	★			▲		
客户	关系	新增战略客户		▲	★			
		深挖培养代理商		★				
		提高客户满意度		★	▲			
	产品特性	订单按约交货率	▲		★	★		
		产品质量合格率	★					

注：★表示主责部门，▲表示重要关联部门。

表 6-7 博格公司销售部绩效指标（示例）

维度	绩效指标	目标值
财务	2020年销售额	6亿元
	人均销售额	3000万元
	应收账款周转天数	30天
客户	新增战略部	2个
	订单按月履行率	95%
	老客户返单率	90%
	产品质量合格率	90%
内部流程	竞争对手情报完备率	90%
	销售流程改善	形成销售管理制度
学习成长	人员招聘	80人，100%
	人员培养资料/计划	100%
	职业发展规划	100%
	人员能力匹配度测评	100%

2. 计划管理驱动目标达成

计划管理是一个包括计划制订、辅导、执行、总结与反馈的过程。在这一过程中强调上级和下级的及时沟通与互动。围绕部门的目标责任书，给予员工充分的自由度去撰写每月的工作任务，激发内在的驱动力。同时，上级的及时辅导、跟进也帮助员工紧密围绕组织目标，保证员工对战略目标理解的正确性与一致性。其目的是减少企业经营风险损失，充分利用资源，使各部门之间更好地统筹安排、协调配合，发挥综合效率。在团队绩效管理中，计划管理分部门、按层级开展，它是达成平衡计分卡所描述的各项目标的路线图。计划一经下达，各部门都必须发动全员采取切实有效的措施，确保计划的实现（见图 6-6）。

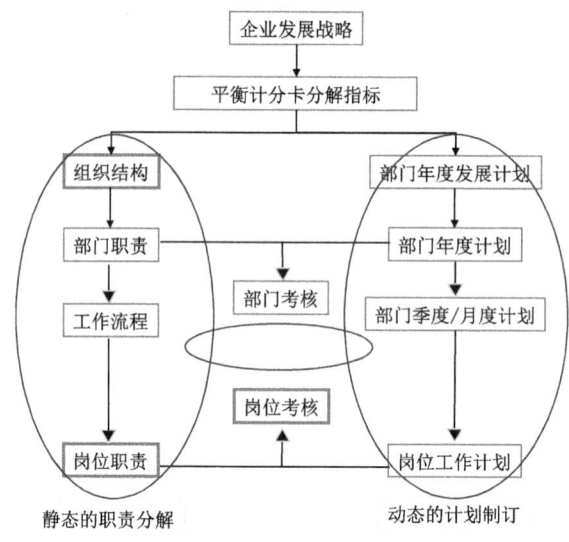

图 6-6　企业计划管理流程

为了确保计划管理的有效性，需要注意 3 个层面的一致性：

（1）企业、部门和员工在计划目标上的一致性。部门年度计划必须承接企业战略，一切计划以企业战略目标为出发点，以终为始。另外，所有员工的年度计划要能承接部门年度计划，支持部门年度计划的达成。

（2）各个层级（包括总监、经理、主管和普通员工）在计划目标上的一致性。层级之间的计划要有一定的承接和支持性，各个层级根据职责划分逐步落实总体计划。

（3）年度计划与具体工作的一致性，即具体工作步骤支持工作目标及年度计划。

计划管理的目的性决定各项计划都必须设定目标，目标设置得是否科学合理直接影响整个计划的执行活动。无论是制定团队目标还是员工目标，都必须符合SMART原则，要特别强调的是目标设置须具有一定的挑战性。事实证明，挑战性目标可以激励员工更好地表现。

向团队赋能

对于组织绩效来说，绩效目标与考评明确与统一了前进的方向，并不能驱动绩效，绩效真正的驱动力来源于赋能。就像火车轨道与发动机，前者明确方向，后者提供动力。在战略共识达成以后，绩效管理的最重要工作是过程沟通辅导，而不是评估。

阿里集团学术委员会主席、湖畔大学教育长曾鸣指出：未来组织最重要的功能不再是管理或激励，而是赋能。所谓赋能，就是管理者通过沟通等方式激活个体和企业的内在动力，关注工作过程，给予及时的反馈、指导，以实现短期目标，并面向未来帮助员工改进、提升员工能力和组织能力，以实现企业的长期发展。

在团队绩效实施的过程中，企业最常用也是最有效果的赋能方式是发展面谈与欣赏式复盘。

发展面谈为个人赋能

行为科学已经证明，员工渴望得到更频繁的沟通反馈，这有助于他们调整行为，为实现目标做出更多的努力。越来越多的企业也开始逐渐凸显发展面谈在绩效管理中的地位：GE取消年度业绩评估政策，转而利用一款叫"PD@GE"（意为"在 GE 的绩效发展"）的应用软件及时进行工作反馈，其目的就是更频繁地进行工作反馈，帮助员工更好地成长进步；德勤要求经理和员工每周进行一对一沟通面谈；谷歌、脸书根据实际情况，进行单周或双周一对一的沟通面谈。

在团队绩效管理中，发展面谈是非常重要的环节，通过及时的发展面谈可以定向针对高绩效员工、高潜力员工、低绩效员工提供全程跟踪辅导。发展面谈的质量将直接影响整个绩效管理工作的成效，同时也将长远地影响组织的文化氛围和员工的成长。通过有效的发展面谈，员工重新审视过去的目标，正确地认识自己的绩效结果。在审视过去的过程中，员工可以不断反思总结，明确自己的优势与不足，并针对不足，与上级共同制订可行的改进计划，促进其能力和绩效的不断改进。同时，在沟通过程中就下一步的目标达成一致，从而推动目标更有效地达成（见图6-7）。

1. 使员工正确认识自己的绩效，保证绩效考核的公开公正性
2. 有助于使员工明确自己的优势与不足，提高自主管理能力
3. 有助于帮助员工制订改进计划，不断提升员工个人能力与绩效
4. 有助于明确下一阶段的绩效目标，推动绩效管理的执行和优化
5. 有助于拓展上下沟通的渠道，找出影响部门绩效的原因，提升绩效
6. 有助于达成绩效目标的一致性，推动企业目标的实现

图6-7　发展面谈的目的

在实践中，管理者多是谈工作、谈事情，很少能将谈论的重心转移到人身上，即聚焦于人。发展面谈最重要的价值就是将管理者从谈论工作等"事"的视角转移到谈论员工个人发展等"人"的视角。在发展面谈机制建立以后，企业的一把手应该起到表率作用，与员工站在一起，帮助员工改善、提升和实现发展愿望，这也是人才培养的重要手段之一。

第6章 走向团队绩效

◯ 欣赏式复盘为企业赋能

联想创始人柳传志曾说过:"做一件事情,失败或成功,要重新演练一遍。大到战略,小到具体问题,原来的目标是什么,当时是怎么做的,边界条件是什么。做完了回过头看做得正确不正确,边界条件是否有变化,要重新演练一遍。这是提高自己非常重要的一种方式。"柳传志说的这种方式是一种团队的反省机制——复盘。

复盘又叫"复局",是围棋术语。下完一盘棋后,重新摆一遍,看看哪里下得好,哪里下得不好,下得好的下次沿用,下得不好的想想怎么拆解。复盘是中国人第一次提出从哲学到实践、从理论到方法的原创管理体系。它对于企业管理的价值主要可以体现在4个"为了":为了知其然与知其所以然;为了同样的错误不再犯;为了传承经验和提升能力;为了总结规律和固化流程。通过复盘可以实现把失败转化为财富,把成功转化为能力。

> **案例**
>
> **联想的复盘**
>
> 联想的复盘是以项目组的形式进行的,每位业务人员都会参加所做项目的复盘工作。项目组需要查阅历史文档,反复讨论汇总观点,撰写报告;最后召开全公司人员参加的复盘会,公司会邀请相关嘉宾,每个项目组进行主讲并与台下员工互动;会后以复盘的结论指导行为。事实上,美军、英国石油公司、联想、万达等机构和企业都已经形成了体制化的复盘实践,并从中获得极大价值,有力地促进了组织发展。
>
> 国务院总理李克强在视察了中关村创业大街、了解了"联想之星"的复盘实践后,给予了高度评价,指出:"你们把中国围棋复盘的理念运用到创业中来,这本身就是一项发明。在复盘当中可以看出哪一步走错了,哪一步走得特别精彩。把这个思想传播出去,不仅能创造物质财富,还能创造精神财富。"

鉴于众多优秀企业的实践,很多企业也开始召开复盘会议,希望通过复盘打造学习型组织，但现实往往不尽如人意。因为，很多复盘会议只关注问题，不关注原因和改进，只关注追究责任，不关注整个团队的成长，造成复盘会议被开成了"批斗会"。

在这类会议上，上级、各部门相互找茬，甚至部门之间在界定问题上花了很长时间。企业投入大量资源用于修正问题，却发现这些努力对于改善绩效收效甚微。会议现场常常是级别最高的上级在一直发言，参与者的士气则十分低落或者异常紧张。长此以往，企业慢慢形成一种负面文化——只关注问题、习惯性防卫、淡忘初心，此种氛围内在地破坏了团队的有效协作，造成一定的内耗。

面对组织的难题和极具挑战性的目标，培养和保持组织成员的热情十分重要，高明的做法是将欣赏式探询作为复盘的主基调。在欣赏式基调下的复盘能够调动组织中"积极的能量"，激发团队的潜能，促进团队积极参与，进而为组织赋能。我们将这种复盘定义为欣赏式复盘。

欣赏式复盘，是通过营造积极氛围，重点挖掘优势和收获，完成对一项任务的目标回顾、差距分析、行动计划，过程中不断调动相关人员的积极心理，通过欣赏式探询确保其发自内心地接纳并做出改进，充分开发团队潜能，避免传统复盘过程中的负面情绪，在潜移默化中让任务责任人和复盘参与者接受，实现组织整体的学习与改进。

在欣赏式复盘中，我们特别强调正向氛围的营造与对未来的展望，将复盘的步骤总结为4步（见图6-8）。

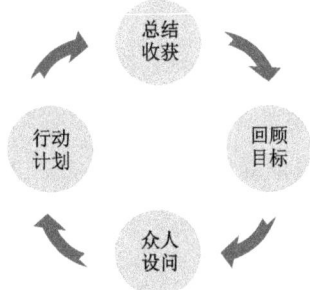

图6-8 欣赏式复盘四步骤

第一步，总结收获

我们把总结收获放在复盘的首位本身就是设下了欣赏的基调，总结收获就是总结此段周期中取得的成果，通过收获的总结提升大家的士气与积极性。先总结收获能够让大家打开心扉，以开放的心态参与进来。

第二步，回顾目标

目标是评估的基准，也是复盘的起点。回顾目标可以说是战略目标的过程管理，从目标责任者的角度再次审视我们要做什么，总结已经做到什么程度，分析差距在哪里，不要忘记了我们既定的目标，确保我们的方向一致，不要跑偏。在回顾目标环节，实际包含了两项工作：一是回顾当时的目标共识及设立的初衷，二是明确实际结果与目标的差异。

第三步，众人设问

经过前面的步骤，我们仍然在自己的思考圈子里围绕目标进行思考。企业整体目标的完成需要各个部门相互配合，审视整体目标完成情况的时候，也需要从多个部门的视角展开。

众人设问的环节，更多地从他人角度、全局角度提出问题：当时如此行动的初衷是什么？当时面临着什么样的困难和压力？如果重新再做一次，我们可以有哪些改进？当从解决问题的角度提问时，当事人更容易正向思考，主动去找到解决问题的答案。

第四步，行动计划

在通过众人设问的方式挖掘到差距的原因后，就需要将后续的工作落实到具体的行动计划中，这也是欣赏式复盘的特别价值——面向未来，以行动计划使复盘形成闭环。

行动计划包含两部分，一是针对良好的经验、优势等总结出可用于未来工作的优秀做法，这些可以指导我们今后的工作，提升工作业绩，提高成功的可能性；二是针对存在的不足而制订行动计划，这些是下一阶段的开始。为了更好地提升复盘效果，制订行动计划是十分关键的一步，这需要上级在接下来的时间里不断跟进，同时在下次复盘中进行分析，只有这样才能逐渐地推动企业发展，不断提升大家解决问题的能力。

欣赏式复盘把总结收获放在首位，其目的就是通过总结亮点与收获为复盘过程奠定正向、积极的基调，在这样的基调中，更容易出现欣赏而不是指责。欣赏式复盘通过众人设问的形式分析问题，提问需要具有激励性、欣赏性，以此调动参与者的积极性与参与度。

用人才盘点消除铁饭碗

推行团队绩效考核的道路并非一帆风顺，管理者们往往对实施团队绩效有两种典型顾虑，一是担心对那些优秀的员工不公平，引起他们不满；二是担心团队绩效掩盖了绩效差的员工的表现，让他们得以跟着吃大锅饭、搭便车。由于许多企业家都对 20 世纪 50 年代到 70 年代的集体主义和大锅饭印象深刻，因此在企业管理中，企业家和管理者天然地对大锅饭有一种恐惧与排斥心理，对于任何可能造成吃大锅饭的情形，他们的第一反应都是反对与拒绝。

那么，是不是考核团队绩效就一定造成吃大锅饭现象？除了针对个人的绩效考核，就没有别的方法打破想吃大锅饭、不劳而获者的铁饭碗吗？

> **案例**
>
> ### 海底捞：KPI 考核不出的敬业度
>
> 海底捞以近乎"变态"的服务而被消费者熟知，每位去海底捞就餐的顾客都会对它的服务印象深刻：排队时有面带微笑的服务员为你美甲、擦鞋；一上桌就有防止手机被弄脏的塑料袋、为长发客人准备的皮筋；需要叫服务员时，往往刚一招手，服务员就心领神会地小跑过来……形成这样的服务，背后有着深层次的逻辑必然性。
>
> 这种极致服务的背后是千千万万个有着极强责任心与敬业度的海

> 底捞员工，正是他们的态度和行为展示着海底捞对于服务的极致追求。海底捞员工的敬业度不是用详细的 KPI 考核出来的，不是扣罚奖金激发出来的，不是对于员工的考核越细致、越落到个人头上就越能提升大家的责任心的。
>
> 海底捞的具体考核办法很简单，就是一个副总组织一堆神秘人去考，所有店长都对这样的结果服气。评价结果出来后，海底捞的所有的店分成 ABC 3 级，对 A 级进行表彰，让 B 级保持原样，对 C 级进行辅导。即使是 C 级，也不会被扣钱，而是会给予一定的辅导期。如果 C 级店铺超过这个辅导期依然不能改善，那么这个店的店长就会被淘汰。

不是只有考核才能避免吃大锅饭，考核也不一定能避免吃大锅饭。打破铁饭碗，方法有很多。例如，海底捞针对 C 类店长，先是给予辅导，实际上就是给予落后者改进的机会，同时帮助其改进。但是，这种改进是有时间期限的，超过了必要的时间范围，仍达不到海底捞的用人要求，那么就会请其离开。相比于扣罚奖金，这是更好的打破铁饭碗的方式。

考核团队绩效，看似整个团队的成员都在吃大锅饭，但如果能够及时让不合适的人离开，让那些想吃大锅饭而没有贡献的人离开，打破他们的"铁饭碗"，吃大锅饭的情况就不会出现，即使出现也不具有持续性。

华为每年招聘大量优秀毕业生，但近年员工总数并没有明显增长。因为华为会将那些不能也不愿持续奋斗的"坐车者"果断地请下车，每年会有 5%~10%的人员被淘汰。华为内部的管理者说："为什么这么做？因为要保持压力的存在，让员工感觉'有老虎在追着你'。"

那么，打破哪些人的铁饭碗？以什么为标准做出评估和识别？不能仅仅依赖对员工单维度的业绩评价，而应在业绩评价的基础上，全面考察员工的价值观、能力和潜力，并以此作为人才任用、提拔、培养、淘汰的重要依据。因此，打破铁饭碗的利器就是开展基于业绩和价值观、潜力的人才盘点。

当整个企业从董事长、总经理到 CHO 都能参与其中，并将人才盘点放在与战略同等重要的位置时，人才盘点就会受到所有管理者、员工的重视。如果在企业层面，能够坚定地将人才盘点的结果应用于员工的任用、激励、发展和淘汰等决策，将对不合适的员工产生极大的震慑力，对优秀人才也会产生巨大的激励效果，这种激励的力度是普通的物质激励难以望其项背的。

通过人才盘点会使企业对人才储备的整体情况了解得更加清晰，从而能够进行更加高效的人才任用决策。所以，能够打破铁饭碗，团队就不会产生吃大锅饭现象；如果企业在打破铁饭碗上犹豫不决，吃大锅饭的情形在任何情况下都有可能出现。

激励共赢，利出一孔

员工激励是绩效管理的重要一环，将考核结果合理、有效地应用在员工激励上是绩效管理成功的关键。为了实现激励效果最大化，需要通过建立利出一孔的激励机制，使员工与企业成为利益共同体。

为了实现利从一孔出，在设置利益来源时就要将员工获得奖金的依据设置得清晰合理，更重要的是要和企业整体的战略目标紧密关联在一起。当奖金指标围绕着企业整体目标来制定时，就告知了员工企业所期望的行动方向是要为整体目标的达成而付出努力，以及企业所肯定的高绩效行为是什么。再配以与企业整体目标达成情况紧密挂钩的核算方式和资金发放条件，就向员工传达了企业所期望的行动方向——要为企业整体目标的达成而付出努力。

◯ 利出一孔的核算方式

设置指标是指将个人工作方向与整体目标关联，而奖金核算方式则是将个人利益与整体利益直接挂钩。很多企业在设计奖金核算方式上偏离了轨道，虽然设置了明确的绩效指标，但奖金的核算过程过于复杂，严重削弱了个人绩效与整体目标实现的关联度。

成功的团队绩效的奖金核算方式往往十分简单，只需牢牢把握住一个原则：兼顾个人目标和整体目标的达成，让员工的利益来源与整体绩效表现紧密挂钩。

> **案例**
>
> ### 腾讯：人人为整体绩效结果负责
>
> 腾讯的绩效管理体系遵循团队倾向性原则，格外强调团队价值，将员工与部门紧密关联，部门与公司整体紧密挂钩。团队中所有员工都对本部门的KPI和业务流程负责，各部门的领导者要通过绩效辅导帮助下属提高绩效，各个任职者有责任帮助流程相关人员提高绩效。这样由下至上，全员都要为腾讯整体的业绩表现负责，避免"山头主义"，实现团队绩效的提升。
>
> 在评价后的奖金分配过程中，腾讯员工的年度考核结果会与公司年终效益挂钩，并且会作为次年工资调整和岗位调整的重要基础。其计算方式如下：
>
> 年终效益奖＝效益奖基数×个人绩效考核因数×公司绩效考核因数
>
> 腾讯将公司整体的绩效考核因数作为个人年终效益奖考量的一部分，不仅让全员担当公司整体目标，同时也让员工为整体的绩效结果负责，从源头和结果两方面形成员工与公司利益共同体。

● 利出一孔的奖金发放条件

即便在指标设置时紧密关联个人目标与整体目标，但员工往往习惯性地去关注个人目标，忽视企业整体绩效结果。将企业整体目标的完成作为激励实施的先决条件，员工更能体会到企业作为利益共同体而存在，也更能心系整体目标的达成。将企业整体目标达成作为全员绩效奖金的"启动阀"有利于让员工在感知上与企业形成利益共同体，让员工从关注完成各自指标，转向关注整体目标的达成情况。

表 6-8 是一则简单的奖金发放条件的示例。该公司是典型的实施团队绩效考核的企业，并遵守利出一孔的激励原则，将全员绩效都与公司整体的业绩目标挂钩。该公司规定，如果年底完成两项全年业绩目标，则全员可以拿到 1.5 倍的月固定工资；如果仅完成一项则只能拿到 0.7 倍月工资。而如果该公司当年两项业绩目标均未达成，那么奖金激励就不能"启动"，全员的绩效得分和奖金就均为 0。通过约束奖金激励的启动条件，强调利出一孔，可以更好地保证员工劲往一处使，从而做到力使一处，全员为完成公司整体目标而努力。

表 6-8 某公司奖金发放的条件

2019 年全年业绩目标	奖励系数/额度
销售额 5 亿元 利润额 2.3 亿元	两项目标全部达成，奖励系数为 1.5 仅完成一项目标，奖励系数为 0.7 两项目标都没有完成，奖励系数为 0

2019 年全年核算时间：2019 年 1 月 1 日至 2019 年 12 月 31 日。

对员工的激励是进行绩效管理的重要一环，能否将考核结果合理并有效地应用在员工激励上，是决定绩效管理能否成功的必要条件。为了实现激励效果最大化，需要通过建立利出一孔的激励机制，让员工与企业成为利益共同体，共享利益，共担风险。

塑造同舟共济的团队文化

哈佛大学管理学家约翰·科特指出："文化才是一切的根源，有了高绩效的文化，企业便一定会成商业领域的赢家。高绩效，源于高绩效的企业文化管理。"如果说团队绩效模型中的选人、目标共识、赋能沟通等是推动实践团队绩效考核的原动力，那么团队文化就是让团队绩效持续提升的土壤，能源源不断地提供养分。

团队导向的文化，其目的是寻找团队产出最大化和个人持续成长、提升的平衡点，实现整个企业的绩效最优。我们将这样的文化总结为"同舟共济的团队文化"，即以团队价值最大化、团队协同奋斗为核心特征的文化，其包含以下5个要素（见图6-9）。

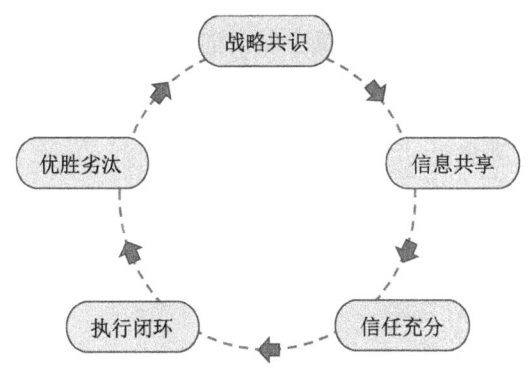

图6-9 团队绩效文化五要素模型

要素一：战略共识

战略共识的核心是企业和个人由内而外地对战略有高度的认同感，不仅仅是知道，更重要的是"愿意做到"。经过共识研讨过程，每个管理者、员工都愿意为企业的目标承担责任，将自己的利益与企业的整体利益关联。再辅以工作过程中目标导向的行为要求，目标意识会被不断激发、强化，最终形成员工的行为习惯。

要素二：信息共享

信息共享的机制包括自下而上的内部信息采集、定期的会议机制、面向全员的信息共享平台等，可以让员工更好地共享信息。企业对于意见的包容度，则让大家对于信息共享与意见表达表现出更多的坦诚态度。

要素三：信任充分

信任是同舟共济的团队文化的核心，没有信任，团队合作无从谈起，也就无从拥有团队精神。信任包括上级对下级的信任、团队成员之间的信任，充分信任的团队需要公司付出信任，需要上级对下级充分授权，更需要员工之间充分沟通。

要素四：执行闭环

团队文化中的执行闭环实质是团队之间的协同，要求杜绝各扫门前雪的心态，动态地关注所有任务的各个环节，予以足够的支持，直到该任务所需要的所有动作完成，同时每个员工都要准备为无人负责的事情担当责任。

要素五：优胜劣汰

企业要想跑赢大势必须将资源放在回报最高的人才上，从而减少不必要的损失。在大家一致认同的人才标准下，每个周期对企业内部人才进行梳理定位，让优秀的人获得物质和精神上的双丰收，让不合适的人转移阵地，寻找符合自身的一片沃土。

关键发现

- 绩效管理受到那么多非议，问题不是出在绩效本身，而是绩效过度。
- 团队绩效模式的成功，要从选人、战略目标、赋能、评价、分配、文化等方面进行全方位推进。
- 绩效的高低在选人的时候就决定了。
- 以团队绩效模式管理的团队行为特征是：团队协作，有全局意识，眼光长远。
- 对于战略目标，认同的准确比绝对的精确更重要。
- 绩效面谈要转向发展面谈，通过关注个人发展向员工赋能。
- 发展面谈的质量将直接影响整个绩效管理工作的成效，同时也将长远地影响企业的文化氛围和员工的成长。

> 绩效复盘是促进企业绩效不断提升的有效工具,它重点放在帮助参与者自己发现发生了什么、为什么发生、如何保持优势以及改正缺点。
> 只有设置与整体目标承接紧密的绩效考核指标、奖金核算方式与奖金激励启动条件,才能做到利出一孔。
> 同舟共济的团队文化是为团队绩效模式的成功持续提供养分的土壤。

第 7 章
塑造双高企业文化

> 持续辉煌的业绩需要建立一种文化，使自律的人们采取规范的行为。
> ——吉姆·柯林斯

 ## 华为企业文化的转型

提起华为的企业文化，很多人会想到近年来传播得比较广的"以客户为中心，以奋斗者为本，长期坚持艰苦奋斗"，这是华为大力弘扬和宣传的价值观。但同时有一个词曾经深深地烙印在华为身上，它一度是华为企业文化的图腾，这个词就是"狼性"。"狼性"包含着三大特征：一是敏锐的嗅觉；二是不屈不挠、奋不顾身的进攻精神；三是群体奋斗的意识。正是这样的文化，使得华为从竞争激烈、高手林立的通信设备行业中生存并发展壮大起来。这种文化随着华为的壮大和成功而声名鹊起，引得中国各行各业、大大小小的企业争相效仿。

随着时任华为副总裁李一男以及大量技术研发人员的出走，同时华为的加班文化、高压文化、床垫文化造成一些员工自杀或猝死事件的发生，经媒体广泛报道、渲染后，"狼性"成为一个大家口诛笔伐的词。华为的"狼性"文化被推向了风口浪尖，受到道德审判，社会各界直指华为的管理"缺乏人性化"。任正非和华为公司的高管也逐渐反思,开始不再强调甚至避谈"狼性"文化,华为的企业文化风向开始慢慢转变。

知名财经作家余胜海在其所著的《华为还能走多远》一书中写到:

> 2008年,笔者与任正非谈到企业文化管理时,向他提出了一个问题:在市场经济中,我们究竟应该做"狼"还是做"羊"呢?任正非回答说:我们既不做"狼",也不做"羊",而应该选择做"人"。

任正非所说的"人",就是"人性化管理",是对之前过度强调"狼性"的矫正。我们可以从他的这句话中深刻地体会到他改造华为"狼性"文化的决心,让"狼性"向"人性"转变。

2009年6月18日,华为在其发布的《2008华为社会责任报告》中宣布,华为首次设立"首席员工健康与安全官"一职,并任命华为前CEO纪平担任此职,其目的是进一步完善员工保障与职业健康计划。从此,华为员工惊奇地发现,邮箱里时常会收到副总裁、首席员工健康与安全官纪平的邮件,她在邮件里提醒大家劳逸结合,注意身体健康。在几乎所有人都将"狼性"定义为华为企业文化的第一关键词时,华为逐渐在企业文化中加入更多"温情"。

余胜海将华为企业文化的转变定义为告别"狼性"回归"人性"。从字面意思来推测,他认为华为就此开始放弃原有的"狼性"文化而彻底转向"人性"文化。但是,我们从任正非和华为高管大量的内部讲话中发现,华为的企业文化确实在转型,但并没有因拥抱"人性"而丢弃"狼性",华为的"狼性"已深入骨髓。当下的华为对于"狼性"仅仅退去了其攻击性、侵略性、过于看重利益等缺陷,但对于目标完成的执着追求,对于制度规范的完善和遵守,对"以客户为中心,以奋斗者为本,长期坚持艰苦奋斗"的企业文化的坚守仍然近乎宗教般的坚定与虔诚。任正非不允许华为的员工有丝毫的松懈,他或亲自撰文,或在各种大小会议场合强调:

（华为）不可能容忍懒人，因为这样就是对奋斗者、贡献者的不公平，这样对奋斗者和贡献者就不是激励而是抑制。

我们公司最主要的精神，是要保持奋斗，奋斗精神永远都不能改变，使命感、危机感、饥饿感永远都不能改变。

华为公司坚决要把"夹心阶层"消灭掉，这是我从苹果公司惨痛的教训中总结出来的。"夹心阶层"指的是那些既没有实践经验，又不理解华为企业文化，还要把他们安置在较高职位上的人员。"夹心阶层"的存在必然会形成不良文化，这种文化最后将导致公司失败。

把得过且过、不懂原则、钻空子、不做实事的干部撤下去，这是动真格的，坚决贯彻淘汰机制。只有把土夯实了，才能大发展。

在坚持高严格之下，华为的企业文化更多地注入了对员工的关怀。除了对员工的物质激励水平保持一如既往的高竞争力，华为越来越多地强调对员工的非物质激励，例如，对员工尊重、信任与授权，不断关心和支持员工的成长。华为人性化管理的意识、措施和手段也越来越多，华为在很多场合都强调：

华为公司视发展机会为公司可分配的首要价值资源，公司一方面通过不断开创新事业，为员工提供成长和发展机会；另一方面通过公平竞争机制，对公司的机会资源进行合理分配，并为人才的成长创造良好的环境和条件。

新时期、新时代我们更要通过文化、制度和流程来建立越来越科学化的管理，同时越来越放权、越来越加大监控的力度，这是两个轮子，都得并行运行。

要营造尊重与信任的氛围与作风。能创造价值的员工往往具有较强的独立思考能力，有较强的自信与自尊。主管要尊重他们的思考、信任他们的能力，要与他们平等沟通与探讨工作上的不同意见。

我们要做的是建立一个机制,让水流的速度快一点,把上面的泥沙冲掉,让年轻有为的人上来。

今天的华为,左手"狼性",右手"人性","狼性"代表对员工的高标准、高严格要求,"人性"代表对员工的高关怀,注重员工的感受、成长和激励。通过"两手都要抓、两手都要硬"的管理,2010年以来,华为的业绩取得了高速的发展,其2019年营业收入相比2010年实现近5倍的增长,目前的华为已经成为被国人广泛赞誉和学习的卓越企业(见图7-1)。华为首席财务官(Chief Financial Officer,CFO)孟晚舟曾说:"华为全球业务实现稳健增长的根本原因有两点:一是'以客户为中心,以奋斗者为本,长期坚持艰苦奋斗'的核心价值观建设;二是不断在内部推进管理和组织变革,提高效率,激活组织。"

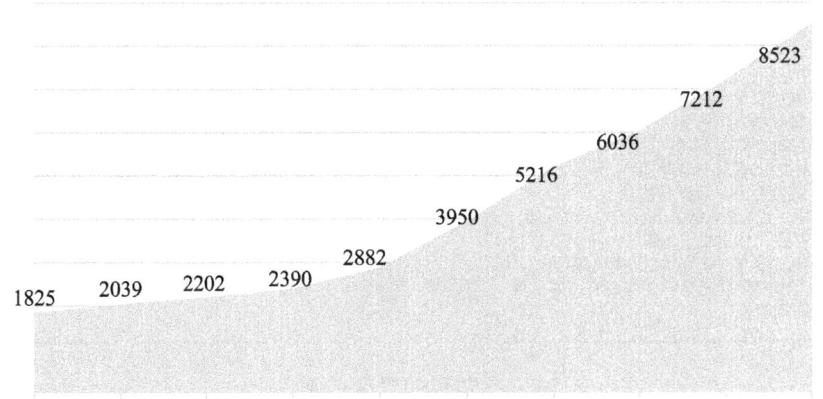

图 7-1 华为近 10 年营业收入增长情况(单位:亿元)

左手高严格,右手高关怀

华为一手高严格,一手高关怀的企业文化特征在其他卓越企业身上也同样存在，包括被《财富》杂志选为美国最适合工作的公司——谷歌。很多人对谷歌的高关怀文化早有耳闻：个性化的办公环境、免费的餐食，随处可见的健身设施、按摩椅、台球桌等有趣的东西，可自由安排工作时间，甚至还允许带宠物上班等。谷歌通过各种人性化的规定充分给予员工自由、平等、尊重，让员工充分发挥他们的能动性、创造性。但谷歌高严格的做事标准被很多人忽略：高标准选人，选用"最聪明的工程师"；高竞争和高压力的工作氛围；需要高度自律地按时完成工作；近乎无情地关注员工绩效目标的实现。

连续多年雄踞《财富》500强首位的沃尔玛也同样表现出以人为本的高严格管理文化（见图7-2）。

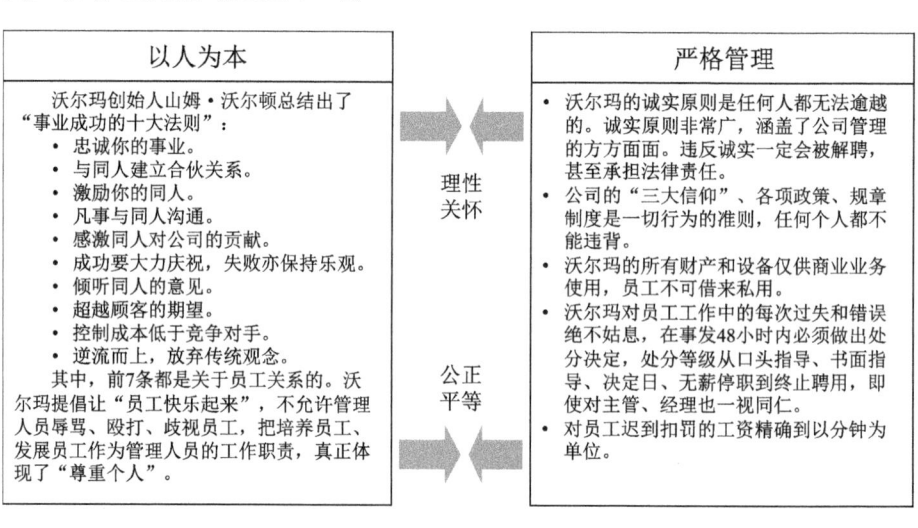

图7-2 沃尔玛的双高企业文化

上述一手高严格、一手高关怀的管理文化被称为"双高企业文化"。我们的研究发现，双高企业文化是许多优秀和卓越企业的共同特征（见表7-1）。

（1）高严格是指对企业高远目标的追求，对内部规章制度、文化的认同和自律遵守，特别是对违背价值观的零容忍。高严格的企业文化可以将企业打造成一个精密的组织机器，顺畅、高效、完美地运行，使整个组织变得整齐划一，这就是吉姆·柯林斯在《从优秀到卓越》中所描述的卓越企业都拥有的"训练有素的文化"。

（2）高关怀是指给予员工富有竞争力的薪酬福利，对员工充分尊重、信任和授权，同时不断关注和帮助员工成长。高关怀的管理能够带来员工的高敬业度、强烈的归属感和认同感，从而支撑企业发展。

表7-1　双高企业文化内涵

维　　度	高严格管理	高关怀管理
关注角度	• 从企业出发 • 从原则出发	• 从员工出发 • 从激励出发
所述内涵	• 对高远目标的执着追求 • 对规章制度的自律遵守 • 对违背价值观行为的零容忍	• 富有竞争力的薪酬福利 • 对员工信任、授权和尊重 • 积极帮助员工成长
主要目的	• 确保企业发展和员工行为不偏离"主航道" • 构建发挥组织能力的基础设施	• 充分调动员工的能动性、积极性、自主意识和成就动机 • 发挥员工的潜能
实现基础	• 清晰的愿景和战略规划 • 必要的管理规范 • 核心价值观的梳理和宣贯	• 基于能力和业绩的宽带薪酬体系 • 有归属感的企业文化宣贯沟通 • 职位等级及职业发展通道的建立

◆ 纪律严明的高严格

卓越、伟大的企业都是有梦想的企业，它们有着利润之上的追求。它们不是为了竞争而存在，也不是为了赚钱而存在，而是为了梦想而存在，任何情况下（即使发生经济危机）它们都不会放弃自己的梦想。而对企业家来说，驱动其梦想实现的，无外乎价值观和制度两大法宝。价值观灵魂牵引，制度保驾护航，两者交互作用、相得益彰。马云就是将这两大法宝娴熟运用的个中翘楚。

> **案例**

阿里巴巴的"延安整风运动"

2000年,正是美国互联网泡沫破灭的高峰时期,国内外大量互联网公司破产倒闭。当时的阿里巴巴也正处在危险的边缘。不过,在这一年,阿里巴巴发起了著名的"延安整风运动"。

何为"延安整风运动"?用马云的话概括就是统一思想,灌输价值观。"第一要统一思想,就像在延安,小知识分子觉得这样革命是对的,农家子弟觉得那样革命是对的。什么是阿里巴巴共同的目标?三大点:要做80年持续发展的企业,成为世界十大网站,只要是商人都要用阿里巴巴。我们告诉员工,如果认为我们是疯子请你离开,如果你专等上市请你离开,我们要做80年的企业。在当时环境浮躁气很严重的时候,大家的心一下子就静下来了,这时候我们有一些员工就离开了。"

阿里巴巴整风的实质就是向员工灌输价值观,用价值观来统一思想,影响每个员工的行为。时任阿里巴巴人事行政总监的彭蕾说:"这不是搞什么形式主义,而是真的要从心里认同。实际上,我可以这么说,阿里巴巴每位员工都是从心里认同的,如果不认同,我们会有相应的机制让他们走开。"

通过"延安整风运动",当时规模不算大、知名度还不算高的阿里巴巴明确地向员工传递了两大信号:一是阿里巴巴坚守公司未来的愿景目标,即使很多公司放弃了互联网,但阿里巴巴不会因为形势所迫而轻言放弃,阿里巴巴的员工必须坚定地支持公司去实现战略目标;二是明确了阿里巴巴的核心价值观和成功之道,所有阿里巴巴的员工必须认同并按价值观要求规范自己的行为,不认同阿里巴巴价值观的员工均会被要求离开。不夸张地说,正是由于"延安整风运动"以及后续的"抗日军政大学"和"南泥湾大生产"活动,阿里巴巴整顿了队伍,修炼了内功,有惊无险地度过了互联网的冬天,迈出了走向卓越的关键一步。

当时，阿里巴巴提炼总结出九大价值观，将其命名为阿里巴巴的"独孤九剑"。它把价值观制成卡片，装进员工的口袋里。它还把价值观列为绩效考核的硬指标，跟员工的钱袋子挂上钩，通过各种办法把价值观放进员工的心里，融进员工的血液里。

如果发现有对公司价值观不认同的员工，阿里巴巴会有相应的机制"请不合适的人下车"。这些机制包括为了保障阿里巴巴文化的纯净而配套的绩效管理制度、薪酬制度、用人制度、轮岗制度等，有了这些规章制度的保驾护航，阿里巴巴在之后的发展道路上走得更快、更稳。

德锐咨询认为，高严格的文化其实质就是吉姆·柯林斯在《选择卓越》一书中讲的十倍速企业所秉持的严明的纪律，德锐咨询称其为"恒定的坚持"。柯林斯在书中写到：

> 从根本上讲，纪律就是行动的一致性——价值的一致性、长期目标的一致性、绩效标准的一致性、方法的一致性、跨时间的一致性。纪律不同于管辖，不同于衡量，不同于等级服从或坚持官僚规则。真正的纪律需要独立的思想，要抵制压力，且不可因为压力而放弃价值、绩效标准和长期的抱负。对于十倍速领导者来说，纪律的唯一合法形式就是自律。不管多么困难，你都要有一种不达目的绝不罢休的心态，要拼尽全力创造卓越的结果。

华为通过建章立法的方式明确公司应该坚持的战略方向、价值观；阿里巴巴不惜通过"整风肃清"来坚持未来战略不动摇，由此可见，高严格的企业文化铸就了中国两大卓越的公司。《财富》杂志发布的2016年"最受赞赏的中国公司"排名中，阿里巴巴、华为名列榜单前两位，很好地阐释了这句话："卓越是对正确坚持的奖赏。"

⊙ 激励人心的高关怀

2001年10月，新上任不久、意气风发的GE董事长兼CEO杰夫·伊梅尔特在与中国 13 位 CEO 的对话中，提出一个当时被认为比较新奇的观点："企业管理中最坏的事情就是 CEO 把自己当作老板，坐在自己的办公室发号施令。理由很简单，因为人们更愿意服从的是新的创意、新的思想和梦想等人性化的东西，而不是枯燥的制度、规范和命令。"同时，他还说："企业应通过关心员工的 3 个方面来达到人才的不断提高和稳定，即关心他们的脑子，关心他们的心，关心他们的钱包。"伊梅尔特的话充分诠释了高关怀管理的精髓。

> **案例**
>
> ### 阿里巴巴内部的自由化
>
> 为了激发员工工作的自主性，优化体系内的人力资源流转和配置，阿里巴巴提出了内部转岗制度，即员工提出申请，只要接收部门同意，原部门主管就要无条件放行。这种制度对于管理者来说非常有压力，他们既要管员工，又要服务、支持员工。如果管理者平衡不了自己的定位或能力有限，很可能手下优秀的员工都申请调离了。
>
> 为了充分满足员工施展才能和创新的冲动，阿里巴巴内部倡导"赛马"机制。员工只要有好的想法和创意就可以提交到阿里巴巴的项目委员会，经过审批之后，员工就可以放手去做，集团会为其配备人手、资金，甚至还有期权，阿里巴巴很多好的项目都是通过"赛马"立项的。
>
> 现在已经被众多企业所应用的职场社交工具"钉钉"，就是在这样的背景下产生并快速发展起来的。"钉钉"创始人陈航 2014 年 1 月开始启动这个项目时只有 5 个人，但自 2014 年 12 月正式发布以来，"钉钉"在 9 个月时间内完成了从 0 到 80 万家企业客户的飞跃，在整个 SaaS 企业级市场里创造了一个奇迹。更为关键的是，阿里巴巴在"来往"惨败后利用"钉钉"成功地在社交领域攻下一个重要的山头，有了一个抗衡腾讯"微信"的利器，这也让"钉钉"从一个起初不被看好的项目，跻身阿里巴巴集团的战略布局项目。

> 阿里巴巴文化同时也强调快乐工作,鼓励创新、容错,给员工一定的空间,让他们在实战中磨炼,员工在这个过程中可以享受到成就感和成长的快乐。在晋升机制上,阿里巴巴也同样奉行自由原则。阿里巴巴员工的晋升并不是由主管决定的,而是结合一年的工作情况自己来判断决定的。如果认为自己提升到了某个层次和水平,就可以提交晋升申请,由各个部门的资深同事来进行考核,员工做述职报告,最终由评委投票来决定。

马云对于员工的离职曾经有过一个精辟的论断,他说:"员工的离职原因林林总总,只有两点最真实:一是钱没给到位;二是心委屈了。这些归根结底就一条:干得不爽。作为管理者,定要乐于反省。"

作为企业最高管理者,是否能够从马云的话里体会到高关怀管理的奥秘?从华为和阿里巴巴的实践来看,高关怀文化的打造,就是践行全面薪酬管理理念,充分发挥有竞争力的薪酬、有安全感的福利、有成就感的职业发展及有归属感的企业文化的全方位立体式激励作用,充分保障员工的生存和安全需求,同时也满足员工被尊重、自我实现的愿望。

◉ 高严格和高关怀管理相得益彰

高严格与高关怀是企业文化中并行的两条轨道,缺一不可。基于这一点,我们提出了双高企业文化模型(见图7-3)。

只强调高关怀而忽略对员工的严格要求,容易形成一种温情文化、和气文化,这种文化将会使企业失去前进的动力。有些企业一味地追求片面的公平,反而造成事实的不公平,失去了激励的作用,从而在时代变革中走向衰败,甚至被淘汰。如果仅仅对员工高严格管理而忽略对员工的关怀,一味苛刻要求员工,那么企业内部会形成一种高压文化、效率文化,这种严酷的文化氛围也会让员工失去动力并怀疑工作的意义,甚至造成员工的对立和反抗。早年富士康多起员工跳楼事件,就是严酷文化下员工反应的真实写照。如果对员工既没有严格要求,也欠缺人性化的激励手段,势必会在企业中形成懒散文化、冷漠文化，这样的企业难以生存。只有高关怀与高严格管理并举、相互配合，才能在企业中营造出既追求卓越又充满自我激励的向上文化。在这种文化下，企业和员工将逐步形成一种"骏马自知前程远，无须扬鞭自奋蹄"的氛围，企业的战略愿景和员工的个人发展都将得到实现，从而形成共赢和可持续性发展。

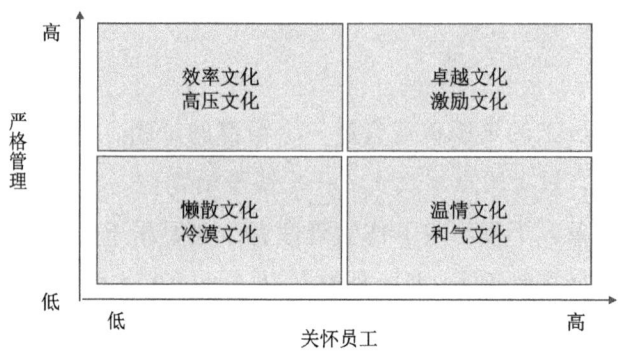

图 7-3　德锐咨询的双高企业文化模型

践行高严格、高关怀双高企业文化的企业就是在"建立一种在框架下实现自由和责任的文化"。吉姆·柯林斯在研究中发现："实现跨越的公司（指卓越的公司）建立了一贯执行的制度，但它们同时也给予员工制度框架下的自由和责任。它们聘用严于自律、无须管理的人，公司只需管理系统，而无须管理这些人。"

> **案例**
>
> **Netflix：自由与责任**
>
> 　　Netflix 是全球十大视频网站中唯一收费的站点，尽管仍与 YouTube 和 Hulu 等在线视频巨头存在一定差距，但 Netflix 的发展速度远远快于竞争对手。它从一家传统的 DVD 租赁商到流媒体华丽转身，从安然度过 2000 年的互联网泡沫到以 1 亿美元买下版权打造热播剧《纸牌屋》，首次进军原创剧就一炮而红，业界不禁好奇这家成功且另类的公司有怎

样的文化精髓?

早在2009年,Netflix的CEO和CHO就做了一份127页的PPT,命名为《自由与责任的文化》,这份PPT在网上被查阅了600多万次,甚至被脸书的首席运营官(Chief Operating Officer, COO)桑德伯格称为"硅谷最重要的文件之一"。

Netflix文化的建立并不是靠开发复杂的管理系统来进行的,相反,它逐步取消了保守的政策和流程,给予员工很大程度的自由。Netflix没有像大多数其他公司那样通过合规部门来执行它的政策,关于出差、娱乐、报销和其他费用政策,只有几个字:"以Netflix的最佳利益行事。"Netflix内部广泛而系统地共享文件,几乎每份文件都是完全开放的,任何人可以阅读并评论,所有的东西都是交叉链接的。

虽然取消了一些政策和流程,但Netflix的文化并不代表员工就可以随心所欲地做事。Netflix要求员工在一些基本行为上做到自律,并从高管团队和管理者开始以身作则。例如,Netflix对道德及安全问题要求严格,对骚扰员工或内幕信息交易零容忍;对于某些信息安全问题,如保证客户的支付信息安全,有非常严格的权限控制。另外,Netflix对不符合其价值观的人员也会果决地淘汰。

正如Netflix相关负责人所说:"我们相信我们的团队能够做出最符合Netflix利益的事情——我们给了他们大量自由、权力和信息来支持他们的决策。反过来,这样做也产生了一种责任感和自律感,推动大家去完成有益于公司的伟大工作。"

当前,许多企业在管理上精细化程度不高,员工的职业化程度还在不断提升,此时制度化管理对于企业效率提升是一种最有效的规范方式。德锐咨询建议企业应该加强制度建设,当然这里的制度不单纯指规章规范,还有对未来发展目标的坚持、对企业价值观的遵守不容冒犯等。不过,随着制度的完善,智力劳动者的活力也随之固化,不可避免地会降低人才的活力,所以企业在实行制度化管理的同时,还需要强调和注入人性化管理。

制度化管理执行太严会挫伤员工的积极性，而人性化管理在对加强员工的凝聚力、向心力方面会起到显著作用，有助于促进员工对企业的忠诚度和归属感。在制度化管理的过程中，企业应该把所有员工看成人格上平等的个体来对待。根据阿里巴巴的观点，一切规章和制度的出发点是"调动每个人的积极性和创造性，使员工的能量能够最大化地释放出来"。从这个意义上讲，制度也为高关怀管理的形成和固化起到积极作用。高严格和高关怀完美搭配，能使企业文化的引导规范和正向激励作用最大化地得到发挥。

很多中国企业在学习华为时，只看到了华为的"狼性"、高严格的一面，而忽视了华为对员工的高关怀；在学习谷歌、阿里巴巴等互联网企业时，更多关注了这些企业开放有趣的办公环境、高工资的待遇、快速的员工成长、为激发员工创新能力给予的授权、自由等高关怀、高激励的举措，而忽视了这些企业较为成熟的制度规范、对目标达成以及对价值观行为的极致追求。"刚易折，柔易靡"，卓越企业文化的特点告诉企业家们：唯有一手高严格、一手高关怀的刚柔并济，才是企业追求卓越的发展之道。

双高企业文化诊断框架

企业家们首先需要开展企业文化的诊断来全面了解企业的文化特征，之后才能有的放矢地采取措施导入双高企业文化。所谓双高企业文化诊断，就是以卓越企业双高企业文化特征为依据，系统评估并调整企业文化管理工作的过程。德锐咨询开发的双高企业文化诊断框架可以帮助企业家发现企业文化问题并进行系统改善（见图 7-4）。

一般来说，一个完整的双高企业文化诊断包括四大步骤。首先，需要定义企业长期形成的文化特征与基因；其次，基于双高企业文化模型，认知优势与短板，明确构建方向；再次，以系统化的形式，呈现企业所应当具备的文化体系；最后，通过传播、落地，让企业文化真正深植于企业的土壤中。

第 7 章 塑造双高企业文化

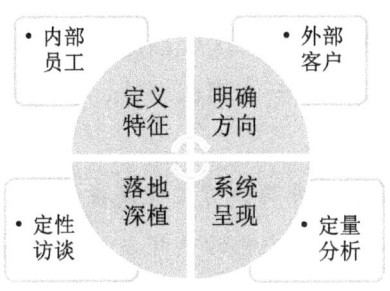

图 7-4　双高企业文化诊断框架

案例

佳胜公司文化的重建

佳胜公司是一家零部件制造民营企业，经过多年高速发展，目前已经成为全球某零部件行业市场占有率最高的企业。不过，佳胜公司仍然存在人员流失严重、员工工作压力大、抱怨多、公司文化不清晰等诸多问题，德锐咨询受邀帮助佳胜公司实施公司文化建设项目。

第一步：系统诊断，定义公司文化特征

为了梳理出佳胜公司积淀的优秀文化基因，找到取得今天成就的关键要素，解决制约当下发展的关键问题，德锐咨询采取了定性与定量相结合、内部与外部相结合的方式，运用问卷调研和公司内外部访谈等多种手段进行了充分的调研诊断。通过系统全面的调研，德锐咨询解读到了佳胜公司文化的核心。

- 公司要传承的优秀文化是什么？——清晰梳理公司文化发展历程，提炼文化基因。
- 外部客户怎么看公司？——细致调研外部认知，深刻认识客户反馈。
- 内部员工期望的公司文化是什么？——关注员工期望。
- 公司文化个性特征是什么？——界定公司文化特征和类型。

通过大量的访谈调研，结合数据化分析，佳胜公司深藏水下、认知模糊的价值观逐步浮出水面。德锐咨询对其进行了清晰的界定：学习创新、客户导向、高效精准、持续改进,再加上创始人的企业家雄心,这些是佳胜公司成功的基因。而在团队合作、个人担当、自我思考等特征方面,佳胜公司需要提升。

第二步:探究问题,明确公司文化建设方向

德锐咨询运用双高企业文化诊断模型对佳胜公司进行调研后发现,该公司有典型的高严格、低人文关怀的文化特征。公司非常强调效率、执行力、过程控制和标准规范,领导人也非常强势果断、雷厉风行,员工处于高压力工作状态。另外,公司对员工人文关怀较少,一些人性化的福利政策也经常变化,再加上薪酬竞争性一般,影响了佳胜公司的发展(见图7-5)。

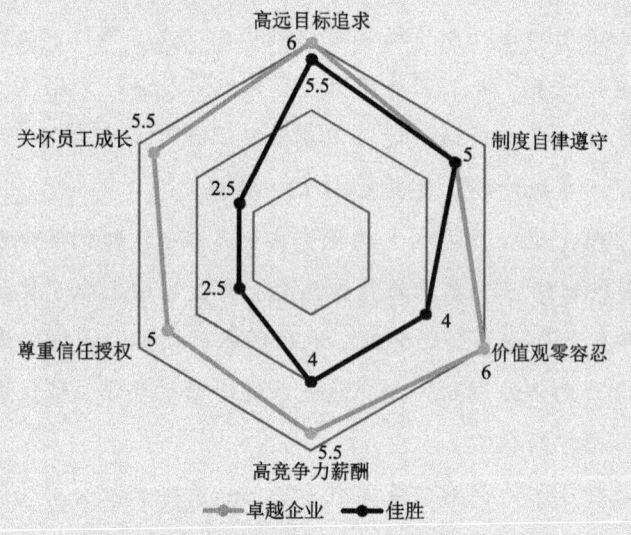

图7-5 佳胜公司文化特征

综合佳胜公司的文化基因、文化个性特征、文化核心的认知度和认同度,以及主要管理问题、内外部客户、竞争环境和战略对公司文化的需求等方面的分析,我们认为,佳胜公司有必要确立公司文化重塑方向:在强化制度规范和价值观导向的基础上,更加重视团队支持、授权和关怀,强调员工对企业发展的参与性、认同感。

第三步：建章立制，系统呈现企业文化

佳胜公司董事长对华为非常推崇，并经常对员工进行类似的宣传和影响，在员工中形成了一定的示范作用。在公司文化呈现方面，德锐咨询借鉴了《华为基本法》的结构和行文方式，将佳胜公司文化制度命名为"成长公约"，相比较"基本法"，既不显严厉冰冷，又体现公司与员工的心灵契约精神，得到了员工的普遍认可和尊重。同时，我们也以结构化的形式呈现了公司的价值观（见图7-6）。

	营造核心价值 Creating core value			塑造组织能力 Building organizational competence		应对未来变化 Facing the changing future		
高层	尽职尽责	诚信正直	持续改进	领导激励	组织发展	成就动机	变革创新	战略执行
中层	尽职尽责	诚信正直	持续改进	管理团队	人才培养	勇担责任	解决问题	客户导向
基层	尽职尽责	诚信正直	持续改进	激情进取	团队协作	学习创新	抗压能力	精准高效

图 7-6　佳胜公司核心价值观模型

为了使重新建立的公司文化接地气，德锐咨询利用行动学习的方式组织了多场公司文化研讨会，从公司内部提取反映各项素质的员工行为，使公司文化真正贴合员工自身工作。例如：

诚信正直——个人高绩效行为：

- 遵守操作规范和规章制度。
- 信守承诺，答应的事情能够做到。
- 表里如一，要求别人做到的，自己首先做到。

- 遇到利益诱惑时，能坚持原则，不谋取个人私利。
- 讲真话，讲事情的全貌，不隐瞒、歪曲或用片面的信息欺骗他人，对人对事公平公正。

第四步：传播落地，深植公司文化

在新的公司文化体系明确后，德锐咨询为了使佳胜公司上下形成共识，对中层管理者以上人员、基层职能员工和一线员工分别组织进行了价值观体系的系统培训和宣贯。特别是对中层以上的管理者，让大家既了解公司现存的主要问题和文化提升的方向，也对各部门的文化现状和提升策略形成清晰的思路。

培训宣贯后，将《佳胜价值观体系》印刷成册，发给每位员工学习，并组织多场考试，用"先僵化再固化"的方式深植新的价值观体系。经过一段时间的传播、推广，平时接送项目组的司机师傅在空闲时间都在学习理解《佳胜价值观体系》，并且对项目组成员说："这些内容跟我们公司真的很贴切。"

德锐咨询还针对新的价值观体系收集实际案例，形成案例集，每季度通过公司内刊进行传播，组织公司文化标兵评选活动，利用榜样的力量来传播公司文化。

为了配合文化的落地，我们建议佳胜公司将价值观考核作为绩效考核的一部分，纳入公司绩效管理制度中，强化其在人员晋升、调岗调级、薪酬调整发放等各方面的应用，真正使公司文化和公司核心价值的遵守成为关乎员工切身利益的事情。

企业文化的形成有很多影响因素，文化的变革或植入是一件困难且耗费时间的工作。植入不当，轻则给员工造成不适感、降低效率，重则破坏原有的文化而给企业经营带来恶劣影响。双高企业文化的形成，需要建立在对企业现有文化全面透彻的了解诊断上，真正做到取之长、补之短，在与现有文化实现无缝嫁接的同时，让员工觉得新文化的导入是顺应趋势、全员心之所向的。由此,双高企业文化就可以指导、规范员工的行为,同时为企业进一步的发展、壮大、走向卓越铺平道路。

 ## 双高企业文化落地的关键

双高企业文化落地是一项系统性工程,也是企业是否具有"灵魂"和"特质"的关键。通过大量的案例实施和卓越企业最佳实践的研究,我们发现,双高企业文化落地有五大关键点(见图7-7)。

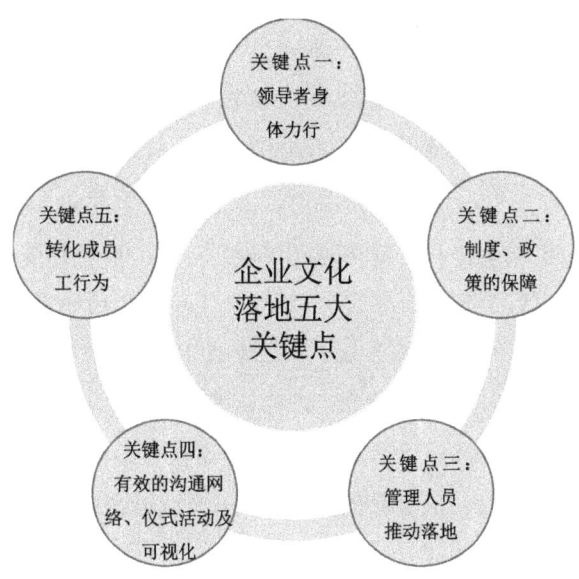

图7-7 企业文化落地五个关键点

关键点一:领导者身体力行

企业领导者是企业文化的第一诠释者。领导者的个人信念与价值观必然影响企业文化的形成,领导者也要成为企业文化的第一推动者。企业文化不同于企业制度,是看不见、摸不着但又能真切感受到的。要想使企业中的每位员工都相信企业文化的正确性并去实践,领导者的行为就变得尤为重要。符合企业文化的模范行为是一种号召力,对员工起着重要的示范作用。

> **案例**
>
> ### 沃尔玛的节俭文化
>
> 谈到沃尔玛,无法回避的一个印象就是节俭。纵观沃尔玛公司的发展历程,在其三代传承的过程中,始终以"钱"为本,为顾客省钱,对自己节俭,延续勤俭的家风,并将这些精神深深根植于公司文化中,注入家族的"血脉基因"中。
>
> 在沃尔玛的商业网络遍布美国后,山姆去各地考察只坐经济舱,他的穿戴也始终是自己商店出售的廉价服装和棒球帽。受到山姆的影响,沃尔玛的高管们也都保持着节俭的生活作风:开经济型汽车,使用小办公室,穿着朴素,为人低调。出差时,沃尔玛的管理者们都是两人合住一个房间,山姆也是如此,直到他年纪大了才开始单独住一间房。
>
> 时至今日,沃尔玛已经取得如此成功,有人会问为什么沃尔玛的高管们依然如此节俭?山姆回答道:"因为我们重视每一分钱的价值。我们要向顾客证明我们存在的价值。这就意味着,除了优质的商品和服务,我们还必须帮他们省钱。沃尔玛每浪费一元钱,实际上就是让我们的顾客多花一元钱。而每次我们帮顾客省下一元钱,就在竞争中领先了一步。这正是我们的宗旨所在。"

"其身正,不令而行;其身不正,虽令不从。"文化不是无源之水、无本之木,企业领导者及他所推崇的管理方式决定了企业文化。

领导者如何做比他如何说产生的宣传力度要大得多。最重要的传播信号的行为,包括领导者如何安排时间、关注什么、使用什么样的语言、如何处理关键事件、对反馈的开放程度如何等。通过这些行为,领导者有机会让大家看到其对价值观的投入,进而影响员工的一言一行。"每个行动都能体现你的原则立场。这虽然看上去很简单,但你应该牢记,有时候最遥远的就是从嘴到脚的距离。"

⮕ 关键点二：制度、政策的保障

"华为最核心、最关键的就是通过制度使文化落地。华为的制度为华为文化提供强有力的支撑，能够使其变成生长在大地上活生生的有活力的文化。"这是吴春波在点评华为企业文化落地的关键时说的话。

被称为华为圣经的《致新员工书》最早发表于1994年，多年来任正非亲自修改了数次，仅2015年和2016年就修订了两次，其中一段这样写到："要严格遵守公司的各项制度与管理规范，对不合理的制度，只有修改以后才可以不遵守。任何人不能超越法律与制度……严于律己。"

"没有规矩，不成方圆。"倡导轻松、平等、开放的高关怀企业文化，需要有效的制度与机制对日常工作行为进行约束。制度与政策对企业文化的落地是一把双刃剑，它们既可以是对高关怀企业文化的延伸与补充，也可能与高关怀文化倡导的行为背道而驰。所以，政策、制度的建立要以高关怀文化为基础，制度的实施要以企业文化为导向。要建立有效的制度与政策，让高关怀企业文化融入员工的日常工作中，指导员工的工作行为。

⮕ 关键点三：管理人员推动落地

企业的中高层管理人员在企业中作为承上启下的中坚力量，对双高企业文化的落地具有影响与传递的作用，企业大部分的人性化管理都来源于管理人员的言行。

华为的观点是："人力资源管理不只是人力资源管理部门的工作，而是全体管理者的职责。各部门管理者有责任记录、指导、支持、激励与合理评价下属的工作，负有帮助下属成长的责任。对下属才干的发挥与对优秀人才的推荐，是决定管理者的升迁与人事待遇的重要因素。"正是秉持这样的观点，华为对于直线经理的人力资源管理能力要求非常高，并要求其积极轮岗到人力资源部门任职，以至于外界感叹道："华为的每个直线经理都可以去其他企业做人力资源经理。"同样，阿里巴巴的人力资源团队构成也很多元化，500多人的团队有2/3来自技术、产品、运营等各个业务部门，只有少数是人力资源专业人士。可见，企业的直线管理者对于人力资源管理承担着主要的责任，对于企业文化的落地实施也负有主要的责任。

管理者如果是开放的、善于激励人心的，能够营造彼此信任与合作的良好工作氛围，那么他就具备了推动落实双高企业文化的基本能力。优秀的管理者能够对取得成绩的员工给予高度的激励，充分发挥员工的自主性，因而对企业文化的指导作用愈加明显。如果中高层管理者成为企业文化的反作用者，在日常工作中的所作所为与双高企业文化倡导的行为相悖，那么对基层员工的不良影响将会成倍显现，这样的管理者很显然是不适合在管理岗位上的。

◐ 关键点四：有效的沟通网络、仪式活动及可视化

双高企业文化要想得到员工的认同，需要通过各种形式和渠道进行宣传与阐释，建立有效的宣传、沟通、践行、反馈的沟通网络，让文化真正落地。

阿里巴巴和华为在企业文化上的传播，值得所有企业学习借鉴。阿里巴巴针对不同入职年限员工的"一年香、三年醇、五年陈"活动，亲友日、企业文化日活动等，声势浩大，不仅内部宣传效果很好，甚至产生了溢出效应，成为杭州城的热点话题。任正非是华为企业文化的第一代言人，其《华为的冬天》《一江春水向东流》《北国之春》《天道酬勤，幸福不会从天降》等文章极具号召力和影响力，不光华为自己的员工被调动出了奋斗的激情，很多企业家和大众也成为华为的铁杆"粉丝"。很多企业试图采用强硬的手段推行企业文化，较少听取员工的声音，这恰恰违反了双高文化的原则。

企业要建立良好的沟通网络，定期开展有仪式感的文化活动，利用各种场合和可视化载体对文化进行宣传，引导员工对企业文化的认知与认

同，并共同在工作中恪守企业文化。

（1）**员工故事**。收集与分享企业家创业故事、企业发展历程中的里程碑事件、员工日常故事等，让其代表和弘扬组织价值观。

（2）**倡导行为与反对行为**。将文化与价值观具体化、形象化，以行为准则的方式表述，并落实到员工的一言一行中。

（3）**文化仪式**。举办迎新人会议、年度总结会、表彰会、厂歌、口号、野外聚餐、庆功酒会等，将其作为文化的活动载体，宣传、融入文化内涵。

（4）**品牌形象**。形成企业标志，与统一的工作服、办公用品、文化墙等一起作为文化的可视化载体。

（5）**习惯语言**。提炼企业内习惯的语言、员工素质模型标准。

关键点五：转化成员工行为

企业文化落地的过程，是将企业文化转化为员工自发自觉的行为的过程。员工的行为只有与宣传的企业文化相一致，企业文化建设才算初步成功。否则再优秀的企业文化也只是形而上学，只是一项耗费大量人力、物力、财力的面子工程，不能有效地转化为企业的核心竞争力。

员工日常表现出来的行为，是检验企业文化落地成败的标准。

有人称，华为和阿里巴巴的员工都如宗教徒般虔诚地信奉、遵守、履行并维护着公司的"教义"（企业文化），这两大公司通过包括"行为考核"在内的多种方法缔造了这种宗教般的文化。

作为中国企业界的两大标杆，华为和阿里巴巴在企业文化落地方面都非常注重关键行为考核，甚至考核周期、考核方式都出奇一致，这两家公司直接喊出"企业文化是考出来的"口号。每半年，阿里巴巴都会要求直线管理者对下属的价值观进行打分，打分的依据就是员工平时所表现出的关键行为。价值观考核不合格，取消一切奖金、晋升、股票分红，严重者甚至被淘汰出局。通过这样的方式，阿里巴巴的价值观真正融入员工的日常行为中。

案例

华为企业文化落地的经验

吴春波作为华为长期的高级管理顾问,总结了华为企业文化落地9个方面的经验:①建立宪章;②高层以身作则;③高层的传播;④舆论宣传;⑤制度牵引;⑥培训引导;⑦荣誉激励;⑧行为规范;⑨仪式浸染。其中,建立宪章,高层以身作则和制度牵引是华为企业文化建设最重要的3个方面。

附表:双高企业文化诊断问卷

序号	双高企业文化诊断	完全不同意	不同意	略有异议	基本同意	同意	完全同意
1	公司周详制定和分解出了与愿景和战略密切相关的具体经营目标、衡量标准并齐心协力执行	1	2	3	4	5	6
2	公司会为我制定非常有挑战性的目标,并且以极高的标准要求我把事情做到最好	1	2	3	4	5	6
3	公司制定了较为系统完善的制度体系,作为员工的行为规范并实施执行	1	2	3	4	5	6
4	全体员工能够自觉遵守公司各项规章制度,员工一旦出现错误,公司会及时指出,并要求改进	1	2	3	4	5	6
5	公司有一套大家信奉的核心价值观,并指导我们的工作	1	2	3	4	5	6
6	当出现价值观不匹配的员工时,公司会及时予以淘汰	1	2	3	4	5	6

续表

序号	双高企业文化诊断	完全不同意	不同意	略有异议	基本同意	同意	完全同意
7	只要业绩出色,员工就能获得富有竞争力的薪酬水平	1	2	3	4	5	6
8	公司为员工提供体贴和差异化的福利政策	1	2	3	4	5	6
9	员工能真正获得足够授权并承担相应责任	1	2	3	4	5	6
10	表现出色的员工能及时得到公司的认可和尊重	1	2	3	4	5	6
11	公司不断投入资源培养员工,使他们具有竞争力,跟上公司业务发展的需要	1	2	3	4	5	6
12	公司采取各种措施满足员工不断学习和发展的需要	1	2	3	4	5	6

双高企业文化诊断计分规则:两个维度平均都为4.5分以上,则判断为具有双高特征。

- 1~6项为高严格管理维度,计算此6项平均分。
- 7~12项为高关怀管理维度,计算此6项平均分。

关键发现

> 双高企业文化是卓越企业文化的共同特征。
> 高严格的企业文化可以将企业打造成一台精密的机器,顺畅、完美、高效地运行,使整个组织变得整齐划一,这是一种训练有素的文化。
> 高关怀的企业文化能够带来员工的高敬业度、强烈的归属感和认同感,从而支撑企业发展,这是一种自由、平等、开放的文化。

- 唯有一手高严格、一手高关怀的刚柔并济，才是文化促进企业发展之道。
- 企业领导者是企业文化的第一诠释者和第一推动者，而政策、制度是双高企业文化落地的关键。
- 双高企业文化落地成败的标准是企业文化是否转化成员工行为。
- 双高企业文化是一种在框架下实现自由和责任的文化。
- 制度是底线和高压线，但不是约束机制。一切规章制度的出发点是调动每个人的积极性和创造性，使员工的能量能够最大化地释放出来。

第 8 章
企业家成为人力资源高手

> 自从离开塑料研究实验室以后,人员管理成了我主要的工作。与我在任职期间从事战略、新产品、销售、企业并购等方面的业务相比,对人员管理做的工作是我对 GE 做的最大贡献。
>
> ——杰克·韦尔奇

我们通常会说,企业家是营销高手、融资高手、并购高手等,但鲜有人提出,在企业中,企业家更应该是人力资源高手——他们在人力资源管理方面发挥着不可替代的作用。追根究底,企业家是推动实施人力资源领先战略的首要责任人。

我们在咨询实践中发现,领先企业的企业家一定是一位名副其实的人力资源高手。他主要的角色和任务体现在 3 个方面:一是聚焦于人,贯彻领先的人力资源理念,是企业人力资源体系的架构师;二是选择人力资源高手当企业的二把手,这些高手秉持领先的人力资源理念,构造领先的人力资源体系,培养领先的人才,支撑企业战略目标的实现;三是为企业选择合适的接班人,这些成就了企业的领先。所以,德锐咨询认为,企业家可以是营销高手、融资高手或并购高手等,但人力资源高手才是企业家角色的第一定位。

做人力资源体系的架构师

我们把人力资源管理体系看作企业中一台无形的机器,若这台机器的构造是系统的、先进的和协同的,它对企业会产生正向的放大效应;若这台机器的构造是错误的、凌乱的、落后的,它对企业就会产生负向的放大效应。

在现实工作中,虽然越来越多的企业家开始关注人,人力资源工作对企业发挥的作用也已经得到认可。但是,从时间与资源的投入来看,企业家们关注更多的依然是市场、现金流、产品和外部环境等。而事实上,卓越企业的企业家是真正意义上的人力资源高手,他们将人力资源工作视为自己的核心工作,并首要着眼于企业人力资源体系的架构师这一角色,因为这直接决定了企业人力资源体系能否高效运转。

⊙ 作为人力资源高手的企业家

1. 杰克·韦尔奇:人是我们最重要的资产

GE 前 CEO 杰克·韦尔奇的著作《赢》一书共 20 章的内容,其中有 13 章都在讲述与人有关的问题,如价值观、招聘、解聘、晋升、绩效、领导力和人员管理等。他说,自从离开塑料研究实验室以后,人员管理成了他主要的工作,与其从事的战略、新产品、销售、企业并购等方面的业务相比,对人员管理做的工作是其对 GE 做的最大贡献。

他总结过往的人员管理经验,给企业管理者中肯的建议是:把人力资源管理提升到重要位置,提升到企业管理的首位,并相信人力资源管理人员有特殊的品质,能够帮助经理人培养领导者、发展事业、引领企业发展。他主推的人才管理"721"活力曲线等管理方法,直到现在还被众多的国内外企业家所借鉴和效仿。

第8章 企业家成为人力资源高手

2. 马云：政委是团队的二把手

2005年，马云观看《历史的天空》和《亮剑》等电视剧后，看到了政委体系在军队管理中的巨大作用。通过进一步延伸，他发现从意大利共和军到法国大革命，从苏联红军到中国人民解放军，政委在协助军事将领建队伍、打胜仗方面起着不可或缺的作用。自此，马云着手在阿里巴巴建立政委体系，陆续从外部引进关明生、邓康明，内部提拔了彭蕾等优秀人才担任CHO。阿里巴巴的政委体系，在人才管理的系统化、专业化以及实效性等方面发挥了重大作用，有效应对了"人的问题"的挑战，支撑了阿里巴巴的快速发展和持续增长。

2019年9月10日，在杭州奥体中心举办的阿里巴巴集团20周年年会上，马云正式宣布卸任阿里巴巴集团董事局主席，由集团CEO张勇接任。马云讲道："今天不是马云的退休，而是一个制度传承的开始。今天不是一个人的选择，而是一个制度的成功。"阿里巴巴的用人制度、文化和人才保障了它的传承，而不是仅靠创始人指定下一任的接班人模式。马云在谈到交接班时底气十足："阿里巴巴公司我最骄傲的不是商业模式，而是今天我们的人才梯队、组织建设还有文化的发展……如果我算第一代，我们现在第五代领导人梯队建设都已经做好了。"这便是马云作为人力资源高手的最佳体现。

3. 任正非：人才不是华为的核心竞争力，对人才的管理才是

任正非在华为成立之初就秉持削足适履的精神，学习IBM先进的人力资源管理方法和手段，长期将与国内外咨询公司的合作作为年度重大任务，并依据外部环境的变化逐步完善华为人力资源管理体系。以任正非语录为基础出版的《以奋斗者为本》也充分体现了其领先的用人理念和系统的人力资源管理思维。

案例

任正非——华为人力资源体系的架构师

任正非在华为成立之初,就选择向优秀的公司学习,引入先进的人力资源管理方法和手段,并在短时期内形成了具有华为特色的人力资源管理方法,如华为用人理念、华为招聘与培训体系、华为任职资格、华为 PBC 考核办法等,这些都助力华为实现战略目标,使其成为行业标杆。

随着时代的变迁和外部市场竞争的变化,近年来,他的用人策略也随之更新迭代:致力于从人的角度变革内部的人力资源管理体系,以支撑华为业务战略的实现。比较突出的是在 2013 年,这一年华为设备业务的增长速度放缓,但同时整个服务业务的增长却达到了 24%。价值创造能力正在从设备向服务和软件转移,而服务和软件都是以项目为驱动的。任正非对这一现象和趋势进行了反思,在干部工作会议的讲话上,任正非提出了"少将连长"的概念。针对优质客户和重要的老客户,要把精锐的全能型"海军陆战队员"用来攻克难关,按员工面对项目的价值与难度,以及已产生的价值与贡献,合理配置管理团队及专家团队。传统金字塔的最低层人员,级别最低,但他们恰恰是面对企业家团队、面对复杂项目、面对极端困难突破的着力点。这一方向的转变,解决了传统金字塔底层配置低的问题,原本不起眼的一线销售人员,在华为的人力资源战略中成为领先的人才资源,支撑起华为大数据业务的发展。

在关键时期,任正非率先抓住主要矛盾,集中优质资源,一举击破。不单单如此,面对挑战,任正非在 2014 年人力资源报告中分析了当前华为的人力资源战略、组织管理方法、人才培养与激励策略,并提出了切实可行的方法来应对未来的挑战。

从任正非工作中的实际行动来看,其一直秉持并实践人力资源领先的理念,同时,他也明确指出人力资源管理所有的策略都应该服务于华为的"针尖策略"。

（1）关于人才策略。改良金字塔管理模式，用人才管理奠定胜利的基础。首先，保持金字塔的基本架构，拉开金字塔的顶端，形成蜂窝状，让引领发展的"蜂子"飞进来；其次，异化金字塔的内部结构，将业务、技术与关键管理岗位，以及优秀骨干与一般骨干，拉开差距，向外差异化对标，引入、用好更优秀的人才；同时，为了适应业务与管理的变化，有针对性地管理各类人才，激活各级队伍。

（2）关于组织策略。在主航道组织中实现"班长战争"，一线呼唤炮火，机关转变职能；在非主航道组织中去矩阵化或弱矩阵化管理，简化组织管理，将"让组织更灵活、更轻"作为人力资源工作奋斗的目标。虚拟考核评价战略贡献，抢占战略高地，根据当期产粮多少来确定基本评价（KPI），根据对土壤未来肥沃程度的改造来确定战略贡献，两者要兼顾，没有当期贡献就没有薪酬包，没有战略贡献就不能提拔。

（3）关于激励策略。"获取分享制"应成为公司价值分配的基本理念，合理规划劳动所得和资本所得，敢于开展非物质表彰，导向冲锋，激发员工活力，公司就一定会持续发展。社会保障机制是基础，上面的"获取分享制"是一个个发动机。逐步实施岗位职级循环晋升，激发各单位争当先进。差异化管理各类人员薪酬，激发员工的活力。非物质激励就是要把英雄的盘子划大，敢于表彰，促使员工的长期自我激励等措施要积极实施。

（4）充分利用类似微信的平台，加强技能经验共享，提高作战队伍的能力。

资料来源：任正非在人力资源工作汇报会上的讲话．总裁办电邮．2014年6月24日。

从任正非对于人力资源工作的思考和投入的精力足以看出，他始终把公司内部变化与社会环境变化结合起来，走在众人的前列，将先进的人力资源理念和体系注入华为内部，不断更新升级，引领竞争战略的实施。他致力于打造高效运作的组织,是真正意义上的人力资源高手。

企业家的使命是打造组织能力

1. 组织能力是企业的护城河

组织能力能够体现出企业间的根本差异,很难被其他竞争对手复制和超越。事实上,在移动互联网时代,技术、商业模式、产品等都能被轻易复制,资源被越来越多的企业所共享。新的商业模式也在不断地冲击着原有领军企业的垄断地位,企业面临越来越多跨行业的颠覆性挑战。

组织能力的打造意味着企业要构筑一种更为底层的能力,必须奉行长期主义,从组织结构、流程、人才和文化4个方面持续投入并不断创新优化,构建出具有内在独特基因的组织能力,将个体能力转化为团队能力,实现团队内部的持续造血,最终强化内在机体的预防机制,抵抗外部风险(见图8-1)。

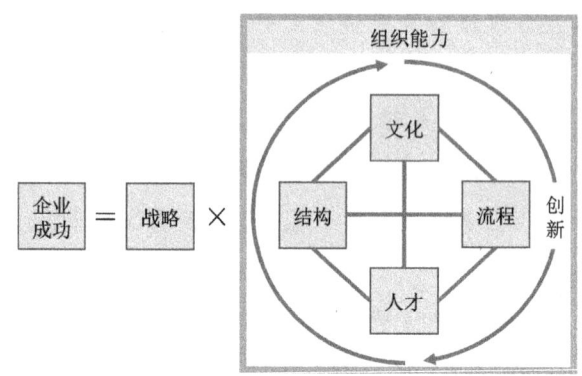

图 8-1　企业成功模型与组织能力打造

强大的组织能力体现为即使面临风险和挑战,企业仍能表现出较强的内部协同效率,并且以"造钟"而非"报时"的方式建立一套能够自行运转的管理机制。

从社会经济活动的角度来看,不同组织间的竞争,实质上就是组织能力的竞争。戴维·尤里奇在《赢在组织》一书中写到:"个体表现固然也是被期待的重要部分,但是竞争优势在于使整体大于个体的总和。"当组织内部的协同、整合效应挖掘得越充分,越能形成高度认同的组织目标和强大的组织文化,提高组织的整体效率。这样的组织不但不会产生内耗,还会实现内部赋能,从而更快、更好地为客户提供服务,产生强大的竞争力。

企业持续运转并保有活力的关键在于打造一个能够自行运转的钟,打造从优秀到卓越、基业长青的组织能力。以"报时"的方式实施内部管理,组织能力更多依赖创始人的影响力,不利于内部人才的聚集优化和知识技能的沉淀传播。内部成功经验难以被复制,成功将不可持续,相似的问题频繁发生,组织陷入低效死循环。将企业打造成持续运转的钟,企业就会源源不断地涌现出人才、持续地更迭与优化商业模式、保持技术持续领先、始终如一地推出适合客户需求的产品,获得持续增长的业绩。所以,企业不要"报时"而要"造钟",从组织架构、流程、人才和文化方面构建起相应的运行管理机制,摆脱人治,让企业更有效率,让员工更有活力。

2. 企业家是打造组织能力的第一负责人

组织能力的打造对企业来说至关重要,企业家作为头号领导者,其地位和影响力决定了企业家必然是打造组织能力的头号发起者和决策者。只有企业家在战略上重视组织能力,并在战术上给予充分的权力支持和资源支持,组织变革才可能成功。

(1)布局战略与业务。组织能力的打造永远以战略为导向,战略方向决定了组织变革的方向。企业家作为组织的掌舵人,其核心能力是具备战略思维。除了对企业自身的优劣势要有清晰的认知,更重要的是要具有强大的敏锐度和洞察力,能够敏锐觉察到外部环境细微的变化,如经济政策、产业政策、技术革新、客户需求、消费习惯等发生的变化对企业业务布局和发展战略产生的影响,善于抓住机会,适时出击。

(2)发起变革。在当今的商业环境下,企业必须适时进行组织变革,以保持领先的竞争地位。变革的成功需要所有人员认同、坚信、参与和投入。当变革涉及重大利益时,企业家的坚定信念、身先士卒尤为关键。企业家要从思想和行为两方面以身作则,组建一个强有力并专注的高层管理团队,鼓励员工,支持变革并采取新的行为方式。1991~1993 年,IBM 连续 3 年亏损,几乎每天亏损 1480 万美元。作为一名计算机技术外行,当时空降的 CEO 郭士纳,仅用了 3 年时间,奇迹般地使一个连续 3 年累计亏损已经达到 162 亿美元的巨型公司实现税后净收益 60 亿美元,同时成功地将这个巨人从硬件制造商改造为一家以电子商务和服务为主的技术集成商。这有赖于郭士纳果敢地在战略、业务、组织和文化方面实施的一系列大刀阔斧的变革和转型。

(3)充分重视、参与人力资源工作并给予有力支持。组织能力打造涉及组织优化、人才管理和文化建设,这些也是人力资源工作的重点,其中人才管理是重中之重,所以企业家要积极投入人力资源管理的相关工作,持续关注组织能力打造的阶段性成果,把控目标和方向。当组织对业务目标的支撑乏力时,企业家要关注当前组织的效率,像重视业务一样重视组织能力的打造,要关注人才的供应、文化的凝聚是否存在问题,了解在解决问题的过程中是否存在困难和瓶颈,并考虑是否须加大资源投入,适时给予支持。

⊃ 企业家年度人力资源管理地图

无论是杰克·韦尔奇对 GE 人员管理做的贡献,还是任正非和马云所秉持的领先理念和人力资源管理实践对企业产生的重大作用,都足以说明企业家如果是人力资源高手,是企业人力资源体系的架构师,会对企业的快速发展具有重大意义。

但也存在一些企业家或多或少会有这样的困惑:"我毕竟不是任正非或马云,我该如何打造组织能力?我的人力资源应该如何支撑企业的发展?"针对这些问题,我们认为,成功的企业家首先应该是企业人力资源管理的布道者,真正拥有领先的人力资源理念,塑造员工高度一致的价值观，实施领先的人力资源管理最佳实践，引领构建领先的人力资源体系，身先士卒地推动人力资源机器高效运转。

德锐咨询根据多年项目实践经验总结出企业家手中应该拥有的年度人力资源管理地图（见表8-1），并从人力资源领先战略视角，勾画出企业家在实际工作中真正需要关注的年度人力资源工作。围绕年度战略经营目标，提早设想和规划人力资源工作，全面指导并推动企业全年度人力资源工作的开展，做人力资源体系真正的架构师。

作为组织运作的灵魂，企业家是保障人力资源管理内容、方法和工具领先的首要负责人。企业家手中年度人力资源管理地图主要分为7个方面：人力资源规划、人才招聘、人才盘点、人才培养、绩效管理、薪酬管理和企业文化。领先的人力资源工作实施的前提是，企业家具备领先的理念，并主动用行动推动人力资源工作。此外，领先的人力资源管理在何时做、做什么、如何做、谁来做及各模块之间如何有效承接等，需要系统地规划与实施，与传统的事务型人力资源管理内容有一定区别，这也是支撑和实现企业业务目标的秘诀。

1. 人力资源规划

人力资源规划是人力资源的年度战略，是年度人力资源工作的总纲和指导思想。企业家作为人力资源体系的首席架构师，每年年末要总体规划、设计企业下一年度人力资源规划工作，针对关键瓶颈和未来的战略需要，帮助明确年度人力资源建设路径，合理配置人力资源，支撑企业年度计划的实现。

企业家的核心工作是牵头组织高管和各条线负责人集体讨论，就下一年度的人力资源工作进行详细部署，特别是关乎战略的关键举措一定要明晰其实施路径。

表 8-1　企业家手中的年度人力资源管理地图

年度人力资源体系高效运转实施计划

内容		1月	2月	3月	4月	5月	6月	7月	8月	9月	10月	11月	12月	1月
人力资源规划		年度人力资源规划						半年人力资源规划回顾						2021年人力资源规划
人才招聘		人员招聘计划		春季人员招聘	春季人员招聘					秋季人员招聘	秋季人员招聘			
人才盘点		人才盘点结果应用						半年人才盘点回顾	个别人才晋升				年度人才盘点	人员晋升、奖励、解聘
人才培养		人才培养计划、人员外训、内训计划			个人发展计划跟进			个人发展计划跟进			个人发展计划跟进	培训需求收集	培训需求收集	个人发展计划
	培养式轮岗计划	培养式轮岗实施											

续表

年度人力资源体系高效运转实施计划

内容	1月	2月	3月	4月	5月	6月	7月	8月	9月	10月	11月	12月	1月
绩效管理	季度绩效考核、绩效复盘	月度绩效复盘	月度绩效复盘	季度绩效考核、绩效复盘	月度绩效复盘	月度绩效复盘	季度绩效考核、绩效复盘	月度绩效复盘	月度绩效复盘	季度绩效考核、绩效复盘	月度绩效复盘	月度绩效复盘、目标责任书签订	季度绩效考核、绩效复盘
	发展面谈	发展面谈	发展面谈	发展面谈	发展面谈	发展面谈	发展面谈	发展面谈	发展面谈	发展面谈	发展面谈	发展面谈	发展面谈
薪酬管理	年度人力资本预算					薪酬回顾						年度薪酬调查	
企业文化	年度企业文化推广计划		季度企业文化宣传活动			季度企业文化宣传活动			季度企业文化宣传活动			季度企业文化宣传活动、员工敬业度调查	

2. 人才招聘

对企业家来说，要把人才招聘当作先于企业战略的工作，特别是对关乎企业发展的核心岗位人才、高端人才、企业高管、战略人才，企业家需要花费时间亲自进行人才搜寻、选择和招聘。

另外，企业家也需要利用各种机会，比如商业论坛、企业家年会等宣传企业形象和价值观，提升雇主品牌。

3. 人才盘点

对应招聘的外部人才选拔，人才盘点是内部的人力资源现状评估及高潜人才的选拔，与招聘同样是企业的年度战略性工作，企业家需要重点关注以下内容：

（1）企业整体人才结构状况，如"1（超级明星）""2（核心骨干）""2（中坚力量）""3（待提升者）""4（问题员工）"和"5（失败者）"的比例情况以及逐年变化的趋势。

（2）中层、高管人员的人才结构状况。

（3）高管和核心岗位员工人才能力业绩情况、离职风险、继任者计划。

（4）就人才盘点结果反映的关键问题明确下一步工作重点。

4. 人才培养

对企业的关键人才，企业家要亲自参与他们的培养和发展，通过传帮带和对人才发展的关注来抓牢忠诚度高、配合默契的核心团队成员。为此，企业家需重点关注以下群体的培养：

（1）亲自培养部分中层关键岗位、关键人才，关注其个人发展计划的制订，并给予发展的指导。

（2）亲自培养企业接班人和高管团队。

5. 绩效管理

绩效管理直接决定了企业年度战略和经营目标的实现，这也是目前大部分企业家花费精力最多的工作内容。德锐咨询认为，企业家绩效管理年度工作可重点关注：

（1）全年企业绩效目标及关键工作事项的制定。

（2）企业级的季度、半年、年度绩效复盘。

（3）核心业务、战略业务板块、经营单元的季度、半年、年度绩效复盘。

（4）高管、接班人和核心关键岗位人员的绩效面谈。

6．薪酬管理

薪酬是企业最具敏感性的人力资源工作，薪酬工作实施的好坏直接影响员工工作的积极性和企业价值导向。有效的薪酬管理能够充分带动员工的积极性，使薪酬投入产出比最大化。企业家在薪酬管理工作上需要做的重点工作是：

（1）参与全面薪酬体系的建立和实施。

（2）参与企业年度薪酬策略、薪酬总额预算的制定。

（3）高管和核心关键岗位人员的晋升、重要人员的岗位调整。

（4）高管、关键员工的定薪、调薪的沟通和面谈。

7．企业文化

企业家是企业文化的塑造者、维护者、践行者和布道者。企业家需要抓住一切机会在重要场合宣导企业文化，引领企业文化的传播。为此，企业家需要重点关注和参加：

（1）企业文化的亲自践行。

（2）年度企业文化活动的计划制订。

（3）季度/半年，特别是年度表彰、动员、总结会。

（4）新进员工见面会，宣传企业的文化、价值观。

（5）向自己的核心管理团队传递价值观，做到求同、信任与感召。

企业家要找对首席人才官

无论企业家自身是否是人力资源高手,选择人力资源高手协助自己保持人力资源体系高效运转,对企业至关重要。就如管理大师拉姆·查兰对多年经验和切身体会总结道:"现在是人力资源工作者的时代,人力资源工作者可以给公司创造更大价值。"优秀的人力资源高手,可以给企业创造不可估量的价值,正如杰克·韦尔奇所说:"人力资源负责人在任何组织中都应该是第二号人物。"

企业家打造领先的组织能力,首先要解决的,就是要找到一个合适的首席人才官(Chief Human Officer,CHO)。

CHO 是打造组织能力的关键推动者

如果说在组织能力打造上,CEO 是发起人和关键决策者,那么 CHO 就是让目标实现的关键推动者与执行者。CHO 不仅要配合企业家工作,更承担着直接参与和达成成果的责任。CHO 在组织能力打造的过程中承担了 3 种角色。

1. 方法论专家

专业是立身之本,优秀的 CHO 首先得是方法论专家。但是方法论专家须避免陷入专业深井,不能只满足于对各种眼花缭乱的方法、工具或专业术语信手拈来,而要深层次掌握各类方法、工具的适用场景,并能够在非常规场景中灵活变通。打造组织能力要求 CHO 必须具备丰富、系统的知识体系,包括战略层面、业务层面、财务层面、组织层面、人才管理层面乃至心理学层面等一系列知识,能够从中精准选择并使用适合企业当前业务特点和发展阶段的方法或工具,提供系统的人力资源解决方案,从而更有效率地支撑业务,创造价值。

2. 变革推动者

企业家是变革的发起者，而 CHO 是变革的推动者。组织变革涉及组织架构的调整、流程的再造、管理者的任用、激励政策的调整，甚至整个企业文化的革新等方方面面，企业家是否要事无巨细地全部参与？答案是否定的。GE 前 CHO 康纳狄说："我最重要的工作就是减少杰克·韦尔奇的工作量，而非给他增加任务。"曾与康纳狄共事的咨询大师拉姆·查兰说："康纳狄有本事识别各项任务的重要性，从里面挑出真正需要企业家自己动手的工作，排除其他琐事。他释放了老板的工作能量。"因此，在变革过程中，CHO 要主动承担起变革推动者的角色。

3. 文化传递者

如前文所述，组织能力是企业持续运转的"钟"，是让企业基业长青的不二法门，如何做到持续运转，让企业的一代、二代直至后续的领导者能够平稳并快速传递好企业经营的接力棒，关键在于文化的传承。无论企业文化如何构建，最终都离不开两个终极命题：一是目标导向的绩效文化（高严格文化），二是人才导向的尊重文化（高关怀文化）。前者重视挑战性目标带来的驱动和牵引，后者重视人才需求的满足与个人发展。而企业文化的落实不仅在于形式化的视觉传播和活动策划，更重要的是，CHO 要确保文化融入企业管理规范的每条细则中。

◐ CHO 首先是领导岗位，其次是专业岗位

> **案例**
>
> **什么样的 CHO 是人力资源高手**
>
> 盛宏集团凭借董事长梁能的魄力和一个高凝聚力的团队，在短时期内快速发展成一家多元化产业的集团公司。从始至终梁能都将人力资源放在战略地位，非常注重对人力资源负责人的选择。
>
> 什么样的 CHO 是企业真正需要的？

什么样的 CHO 能真正帮助企业家排忧解难，成为组织发展的左膀右臂？

什么样的 CHO 才能真正称得上人力资源高手？

这些是梁能在选拔人力资源负责人时一直困惑的问题。经历了几任人力资源负责人（甲、乙、丙），直到 2013 年，梁能最终从集团内部选拔了丁作为人力资源负责人。经过长时间的观察和测评，以及工作考核等方式不断验证和摸索，梁能认为，丁是迄今为止最合适的人力资源负责人，甚至对外宣称说"我找到了我的二把手"。

通过对比 4 位人力资源负责人的情况，可以看出什么样的人力资源负责人是真正的人力资源管理高手，可以作为选择 CHO 的借鉴。

甲：拥有 18 年上市公司的人力资源经验，做事雷厉风行，以往经营业绩尚佳，但是私心比较重，有袒护小团队的倾向。

乙：在大企业多年任人力资源经理，擅长制度制定和管控机制的实施，比较适合现阶段企业的发展，但通过内部调查发现，他的下属反映其不善于放权，疑心过重，伤害员工士气，团队构建能力弱。

丙：曾是大型高科技行业的人力资源总监，重点大学的管理学博士，有多年外企咨询顾问的经验和丰富的专业知识，但是从其入职一年多的表现来看，其在实际工作中缺乏担当，融入较慢，不能很好地做决策。

丁：是跟随梁能一起成长的老员工，由其一手培养，长期从事业务相关工作，熟悉公司的业务战略和经营方向。在工作中先公后私，为人诚信正直，人际关系处理、沟通协调能力比较强，团队管理和影响力较高，同事、下属对他的评价都很好，但是缺乏人力资源工作的经验。

从 4 位人力资源负责人的履历来看，如果没有明确的界定，他们都像人力资源高手，但丁的人力资源专业背景最薄弱。自从成为人力资源负责人后，3 年时间里，丁快速学习人力资源管理知识，结合自身多年与董事长培养出的默契和对业务的认知，快速将董事长的理念和战略与人力资源管理建立起连接，采用领先的人力资源管理方法，引领公司战

第8章 企业家成为人力资源高手

略落地,支撑业务快速发展,吸引人才争相投奔,营造了良好的工作氛围,得到了同事和董事长的认可,真正成为董事长的左膀右臂。

什么样的CHO才是一个胜任的CHO?是真正的人力资源高手?这个问题不仅梁能这一个企业家关心,几乎所有企业家都很关心。

《找对首席人才官:企业家打造组织能力的关键》一书中指出,CHO首先是领导岗位,其次才是专业岗位,这意味着专业知识与技能决定CHO会不会做人力资源管理,而领导力素质则决定CHO能不能做好人力资源管理。相比普通企业,卓越企业选拔CHO更加关注素质冰山的下面部分(见表8-2)。在选拔CHO时,"放宽冰山上,坚守冰山下"的原则同样适用。

表8-2 普通企业与卓越企业选拔CHO的关注点差异

类　　别	普通企业	卓越企业
冰山上 (经验技能)	● 同行经验 ● 人力资源从业经验 ● 外资企业背景 ● 管理咨询公司经历 ● 专业能力	● 人力资源管理成功经验 ● 业务管理经验
冰山下 (领导力素质)	● 亲和力 ● 沟通技能 ● 影响能力	● 先公后私 ● 坚定信念 ● 战略思维 ● 推动变革 ● 组织智慧

资料来源:《找对首席人才官:企业家打造组织能力的关键》李祖滨、刘玖锋著,机械工业出版社,2020年1月.

基于对优秀CHO冰山下特质的评估,我们提出了CHO的五大特质,帮助企业家找到优秀的CHO。

1. 先公后私

"先公后私的第五级经理人"是确保企业实现从优秀跨越到卓越的第一要素。"先公后私"就是将企业整体利益和长远利益置于个人利益和短期利益之上,在保证企业利益的前提下追求个人利益的素质。

2. 坚定信念

CHO 要有打造美好组织的坚定信念,对企业愿景的达成以及人的内在动机始终保持正面看法,相信激发出每个人的力量,就能实现企业的愿景。坚定信念决定了 CHO 将来能走多远,因为只有内心拥有恒定的坚持,CHO 才能孜孜不倦地投身于打造组织能力的事业中,为之付出时间和精力;才能有动力和信心去克服内外部的各种困难,和 CEO 一起不断带领团队取得新的成绩。

3. 战略思维

CHO 的战略思维是指把满足业务需求作为人力资源工作的出发点,把未来战略目标作为人力资源工作的靶心。CHO 要能站在 CEO 的角度,充分理解公司战略和业务特点,能够从战略的高度和业务的深度两方面部署人力资源的各项活动,从而成为企业真正的战略业务伙伴。

4. 推动变革

CHO 要根据企业的外部环境变化和自身战略调整,基于业务需求,主动推动企业文化、人才、领导力、流程等一系列的变革,以提升企业应对经营挑战的能力,帮助企业转型,实现持续发展。

5. 组织智慧

CHO 是做组织工作的,说到底还是做人的工作,所以 CHO 对人性要有深刻的理解,要深谙不同人员不同层次的需求。既要懂得坚持原则,又要变成组织的润滑剂;既要用专业知识提供人力资源问题解决方案,又要艺术性地推进解决方案的实施。

先内后外寻找 CHO

据统计,中国企业引进空降高管的失败率超过80%,因此在寻找CHO时,企业家应该先把眼光看向内部。我们经过调查发现,优秀企业的CHO内部培养的占大多数,外部空降的占极少数(见表8-3)。

表8-3 内部培养的CHO和外部空降的CHO数量对比

调查对象	内部培养的CHO	外部空降的CHO
华为	5	0
阿里巴巴	3	1
沃尔玛中国	4	1
TCL	3	0
企业家论坛调查	12	2

内部优秀人才的业绩广为人知,更容易获得内部认可;他们的行为符合企业的文化和价值观,更容易获取内部信任;他们熟悉企业的业务模式,更易于建立适合企业发展现状的人才管理体系;他们是内部培养的人才,企业家更易于判断其能力素质。总的来说,内部培养的CHO花费的成本更低,存活率更高。

为了从内部选拔优秀的CHO,企业应遵循以下做法。

1. 从TOP5的高管中选拔

杰克·韦尔奇认为,CHO应该是企业的二把手。CHO是企业的战略业务伙伴,承担着帮助企业选好人、育好人、用好人、留住人以及打造组织能力的重要职责,也是实现文化传承、确保员工在思想和行动上高度统一的关键角色。CHO就是企业的政委,应该是企业的二把手,而作为企业二把手的候选人,从TOP5的高管中选拔较为合适。

企业要把人力资源部门视为真正的利润源头。人力资源部门如果为企业招来了合适的人,培养了优秀的人,淘汰了不合适的人,就是最关键的利润源头。如果人力资源部不能帮助生产、研发、销售等业务部门在人才管理方面持续赋能，业务部门也就无法创造出更大价值。所以，企业家要舍得让优秀的业务高管承担 CHO 的角色，并为其顺利转型提供有力的支持。

2. 培养具有业务思维的 HR 管理者

专业出身的 HR 管理者虽有其专业上的优势，但确实存在着对业务不够了解的风险。领英《人才智能时代的 HR 领导者》调查发现，中国 HR 从业者中能够成为一名胜任 CHO 的比例只有 0.39%。光辉国际的一项调查也发现，如何提升人力资源的业务能力是最大的挑战，有 41%的 CHO 表示很难找到精通业务的 HR 人才。

所以，在选择专业 HR 高潜人才作为 CHO 候选人时，最关键的是要选拔具有业务思维的 HR 管理者，同时，有意识地培养候选人的业务思维和业务能力。

3. 培养具有领导力的业务管理者

拉姆·查兰指出："那些表现出色的 CHO 具有一些共通的杰出品质：他们曾在销售、服务、制造或财务等部门工作过。""越来越多的企业在选择 CHO 时，未必会选传统的人力资源业务中级别最高的，而会青睐那些懂业务、有一线管理经验的人。"

- GE 前 CHO 比尔·康纳狄在进入人力资源部门之前曾是一名工厂经理。
- 宝洁的 CHO 迪克·安东尼在从事 HR 之前，负责管理供应链事务。
- 埃迪亚贝拉集团的 CHO 桑特普特·米斯拉在担任市值 450 亿美元集团的人力资源负责人之前，曾主管过一项价值达 20 亿美元的业务。
- 《财富》100 强企业的 CHO 中，有 27%曾在业务部门担任过管理职务，21%具有财务部门背景，10%来源于销售或营销部门。

作为优秀的业务管理者，自身的领导能力、业务思维等已有一定基础，重点在于如何进一步培养其人力资源管理专业能力和系统思维。

处于初创期的企业或在急速发展阶段的企业,业务骨干紧缺,核心高管中没有合适人选,也找不到其他可以胜任的人,迫不得已之下也可以通过外部招聘空降CHO。鉴于空降CHO的成功率较低,且存在诸多风险,企业家在找到合适的CHO候选人后,应主动提供各种条件,帮助空降CHO成功落地和存活。企业家不要让空降CHO短期内解决历史复杂问题,而应提供支持使其融入组织、融入文化,帮助其更好地了解企业业务和管理情况,找到核心价值区,从而提升CHO的空降成功率。

选择人力资源高手作为接班人

企业的发展都会面临企业负责人的更迭,而一个不争的事实是,上一任企业家能力、声誉、关系与其他特殊资产难以转让,企业家的交接必会使企业市值或利润受到影响。因此,对于一个致力于企业持续发展的企业家来说,他本人需要具备敏锐的洞察力和战略判断力,对企业经营负责,同时也肩负着选择人才、培养人才,打造领先高管团队的责任。其中,选好、培养好接班人,提升接班人与经营班底的默契度,减少企业一把手交接班带来的阵痛,是其最重要也是必须要做好的战略任务之一。

> **案例**
>
> **柳传志评价诸葛亮用人之道**
>
> 在柳传志看来,诸葛亮之败,固然有当时复杂的政治、经济和军事等方面的很多因素,但其本人培养人才不力肯定是主要原因之一。
>
> 在诸葛亮用兵点将的时候,一般很难看到核心团队成员的决策参与,更多的是诸葛亮个人智慧的专断,这种习惯导致后来蜀汉政权内部对诸葛亮绝对依赖,广大谋臣及将领缺乏决策的实际锻炼。后来他身居丞相位置,工作不分大小多亲力亲为,"自校簿书""罚二十以上亲览",没有着力为蜀汉政权造就和培养后继人才,以致造成后来"蜀中无大将,

廖化充先锋"的局面。他最后选定姜维做接班人，也主要是让姜维任事，在如何定战略、如何处理内政，尤其是处理与成都朝廷集团的关系等方面对姜维缺乏悉心培养和指导。

资料来源：转自微媒体（http://www.vmeti.com/hottopic/104330.html）

现在很多企业也面临着这样的问题。我们服务过的数百家企业中，企业家往往聚焦于业务的发展、关注财务数字的增长，而缺乏长远的眼光，不能有意识地培养接班人，中小型企业尤其明显。企业家们多不知道应该选择什么样的人作为企业的接班人，即使有合适的人选，也不知道如何进行培养。

⇨ 选择接班人优先考虑人力资源高手

> **案例**
>
> **戴维·尤里奇和光辉国际研究：CHO能当好CEO吗？**
>
> 在过去的15年，光辉国际专门负责向跨国企业输入CHO的高级合伙人菲勒发现，她过去招聘的很多HR总监都要向COO或者CFO汇报工作，这些HR总监总是抱怨自己在最高管理层缺乏实际影响力，而现在他们会常直接向企业家汇报工作，如同企业家的管理顾问。此外，他们还要经常向董事长做工作报告。现在很多企业招聘首席人力资源官更多考量的是应聘者的领导技能和战略实施技巧。这位合伙人还说："这一职能变得前所未有的重要，HR不再只是事务型的行政支持者，更多地向格局颠覆者及企业战略执行者的角色转变。"
>
> 为了澄清CHO在最高管理层的职能，光辉国际选择与现代人力资源之父戴维·尤里奇合作，他们发现CHO的职责和潜能与日俱增，结果也是令人震惊的。首先，他们查看了这些职位的顶尖人士不同组别的平均年度基本工资，毫无意外，企业家和COO是薪资最高的高管，但CHO紧随其后，比最低的首席营销官（Chief Marketing Officer，CMO）

高出33%。尤里奇大师得出结论:"优秀的CHO很难找到,所以他们薪资很高。"另外,研究人员根据光辉国际多年对最高管理层人员做的独家评估,从这些高管在体现领导力的14个方面的得分得出结论:除了COO,特征与企业家最像的是CHO,而COO的角色和职责常与企业家重叠。戴维·尤里奇说:"这一发现和我们最初的直觉相反,没预测到这个结果。"

根据这一发现,菲勒和戴维·尤里奇提出了一项激进性决策:企业招聘企业家时应更多考虑选用CHO。这两人说,在现代经济中,将合适的人才招至麾下,创建恰当的组织结构以及建设理想的企业文化对推动战略实施至关重要。而当过CHO的领导者更可能胜任这些任务。

保诚集团伦敦分公司HR总监皮特·戈尔克非常同意菲勒和戴维·尤里奇的结论。他认为尽管具备营销和财务技能的企业家候选人具备较强的竞争力,但如今,全面的人才管理能力更为实用。戈尔克说:"接任企业家的人既需要有技术能力,也需要人际交往能力。所有最高管理层职位以及再低一个级别的岗位已经开始向有精明商业头脑和'软性'领导技能的人抛出橄榄枝。具备商业技能仅是基本条件。"

资料来源:《哈佛商业评论》2014年中文版12月刊。

虽然上述研究只是将顶级人士作为调研对象,但也侧面反映出现有社会的发展对CHO的要求。在某种程度上,成功的CHO与企业家要求的特质比以往更接近。我们可以推断:优秀CHO作为人力资源高手或具备相同潜质的人,是企业家接班人的合适人选。

事实上,众多优秀企业成功选拔接班人和高管的案例也佐证了这一观点。

1. GE历届CEO都是人力资源高手

在2018年新的CEO上任之前,GE在120多年的历史里,CEO(包括现任的)一共只有9位,GE的企业家通常都是西方管理实践的典范。可以说,它的企业家管理哲学的更迭不仅反映、更引导了世界管理理念从科学管理到人文管理的变革。GE基业长青的原因有很多,但是其总能在不同的时期选拔最合适的领导者，这不能不说是 GE 成功最重要的因素之一。而这些接班人有一个共同的特点：除了具备企业家特质，都展现出人力资源高手的特点。

对于 GE 来说，最具有代表性的 CEO 莫过于杰克·韦尔奇。他在位的 20 年成功地改造了 GE 的基因，使其脱胎换骨，成为所在行业业绩最佳者，并保持年平均 10%增长的速度。这足以说明雷吉·琼斯选择接班人决策的准确性。

雷吉·琼斯刚上任 3 年，便开始考虑选择自己的继任者，此时离他退休还有 8 年时间。他从领导人的相对稳定性、持久性、总裁必备的要素及资格背景考虑确定了包括杰克·韦尔奇在内的 20 位候选人，并最终选择了与自己管理风格截然不同的杰克·韦尔奇作为 GE 的接班人。那时 GE 前人力资源部主管约翰逊这样评价杰克·韦尔奇先生："他有很强的驱动力去发展一份业务，有着天生的企业家素质，富有创新精神和进取心，是一个天生的领导者和组织者。"这种个性反映在其经营理念上，崇尚权变管理，对变革高度敏感、情有独钟，对官僚主义深恶痛绝，追求卓越的"数一数二"原则。杰克·韦尔奇上任后，在继承雷吉·琼斯科学管理的同时，还强调无边界组织，突破组织科层制结构，注重主管与员工的交流。带有东方管理风格的人文精神，他积极与客户、员工交往，重视人员管理。一方面，他注重选择人才，作为一个过来人，给 GE 领导者传授用人的秘诀；另一方面，他强调对人才的培养，在任期间亲自教练和培养近 80 位高级管理者，到企业大学 Crotonville 培训中心亲自教课超过 300 次，共培训了 15000 多位中高级管理人员。同时，他创立了 GE 的价值观，并以此作为员工晋升的标准，营造健康向上的企业文化，这些都体现了杰克·韦尔奇作为人力资源高手的特质。

同样，杰克·韦尔奇采用严格的标准最终选择杰夫·伊梅尔特作为他的接班人。杰克·韦尔奇给出的理由是：他在工作业绩、精神、道德上都无可挑剔，同时他拥有智慧、协调能力、学习和成长的能力，是个天生的沟通高手，能团结、激励、培养来自不同文化背景的员工。

2. 马云选择彭蕾做蚂蚁金服的一把手

2016年10月8日，马云宣布，彭蕾将以蚂蚁金服集团董事长身份，专注公司长期发展、全球化战略、人才培养和文化建设传承，同时卸任蚂蚁金服CEO。2013年5月，马云卸任阿里巴巴CEO，当时谁来接任马云成为外界关注焦点。在外界的猜测中，时任蚂蚁金服集团CEO的彭蕾呼声最高，阿里巴巴内部猜测最多的也是彭蕾，但最终陆兆禧接任。马云给出的理由是：蚂蚁金服代表着阿里巴巴未来最重要的业务板块，蚂蚁金服不能乱，彭蕾是蚂蚁金服CEO最合适的人选。这是马云对彭蕾管理能力的高度评价。

彭蕾在阿里巴巴的第一份工作与人力资源有关。此后，她就任阿里巴巴集团人力副总裁、市场副总裁和服务部副总裁，其中做得最久的还是人力资源工作。彭蕾被认为是阿里巴巴的守护神，她形容自己的工作是"看护着这一群人以及凝聚他们的力量""在HR生涯中，我是一个活在心灵世界里的人"，她曾希望找到一种能触碰人心灵的方式，促进员工以及带动团队、组织成长，从而带动业务发展，创造更多价值。她配合马云主导创建并完善了迄今影响整个阿里巴巴的文化价值观体系。推进阿里巴巴企业文化创新的同时，彭蕾也一手打造出了互联网金融全球领先企业——蚂蚁金服，受到马云的信任和其他高管的欣赏。

不难看出，无论是雷吉·琼斯选择杰克·韦尔奇，还是杰克·韦尔奇选择杰夫·伊梅尔特，以及马云选择彭蕾掌舵蚂蚁金服，这几位接班人或高管都有一个共同的特质：是人力资源高手，或者具备人力资源高手的潜质和特点，拥有丰富的人才管理方法和手段，善于人际沟通、协调和团队激励，有很强的影响力。

◎ 人力资源高手接班人的特质

总部位于纽约、成立于1916年的世界著名商业论坛和研究机构

Conference Board 为了回答"如何培养企业领导者"这个问题，对全球 500 强中的企业家和负责人力资源方面的领导者进行了调查，这些企业分布于世界各地。调查结果显示：未来的企业领导者应有能力同时担当 4 种角色：

- 战略家
- 变革经理
- 建立关系的高手
- 人才开发者

结合 GE、阿里巴巴等标杆企业成功选择接班人的标准，德锐咨询总结出能够培养成接班人的人力资源高手应具备以下特质：

- 有正直的品质和价值观。
- 领导激励。
- 善于沟通，开创各种有效的沟通方式，主动出击。
- 有辅佐心态，帮助企业家实现战略。
- 有组织协调和组织发展能力。
- 有培养下属的能力。
- 令人信赖。
- 懂业务、懂经营。
- 有事业雄心。

基于以上特质选出接班人将大大降低由于接班人更迭带来的阵痛。

如何选择和培养接班人

企业家关心的另一个问题是：如何选择和培养接班人？是内部长期培养还是外部空降？从行业标杆 GE 的接班人选择和企业家最能接受的方式来看，内部选拔是最稳定、最安全、最能确保接班人成功接班的方式。其中，在选拔杰克·韦尔奇的过程中，雷吉·琼斯运用的"机舱面试"给人印象更为深刻，也被视为选择和培养接班人的宝典。

第8章 企业家成为人力资源高手

> **案例**
>
> ### 杰克·韦尔奇的上任之路
>
> 　　1974年，杰克·韦尔奇的前任GE董事长雷吉·琼斯刚上任3年，便开始考虑选择自己的继任者，这离他退休还有8年时间。雷吉·琼斯的选人工作是从一个叫"总裁继任者路线图"的图表开始的。这张图表由一个长方形构成，长方形内有6条垂直线，依次用1975年到1980年6个年份标上，这张图表伴随雷吉·琼斯6年之久。刚开始，对于继任者，雷吉·琼斯并没有现成的人选。他要求人事副总裁为他准备一份候选人预选名单，但人事部认为那是10年之后的事情，拒绝了雷吉·琼斯的要求。最后，在雷吉·琼斯的强制要求下，最终从领导者的相对稳定性、持久性、总裁必备的要素及资格背景考虑确定了包括杰克·韦尔奇在内的20位候选人。
>
> 　　经过3年的考察，这些候选人在雷吉·琼斯心目中形象更加清晰。为了进一步了解候选人之间的印象和对雷吉·琼斯本身的感觉，雷吉·琼斯开始实施了从他的前任弗雷德·博尔奇那里学到的"机舱面试"计划。面试分为两轮：第一轮，雷吉·琼斯将候选人分别召进办公室，谁也不知道为何被召见。每当一个候选人走进他的办公室，雷吉·琼斯总是故作神秘地把门关好，然后点上烟斗，示意被谈者坐定放松。接着，开始说出公式般的第一个问题："听我说，比尔，你和我现在乘着公司的飞机旅行，这架飞机坠毁了。（稍作停顿）谁该继任GE公司的董事长？"多数被询问的候选人表现得不知所措，有人回答说，他将从飞机残骸中爬出来。雷吉·琼斯立即打断说："不，不行。你和我都遇难了。现在，你说该由谁担任董事长？"每个候选人被要求提出3位董事长的候选人姓名。从这样的谈话中，雷吉·琼斯了解到许多候选人对其他候选人的想法和合作的可能性。
>
> 　　杰克·韦尔奇也怀着忐忑不安的心情被召去接受"机舱面试"。至今很多人不清楚当时韦尔奇在"飞机坠毁"的情况下首先提到了谁的名

字。根据雷吉·琼斯的要求，杰克·韦尔奇写下了3位董事长的候选人姓名，即后来成为他的董事会合作者的胡德、柏林盖姆和他本人。当雷吉·琼斯问及3人中谁最有资格时，杰克·韦尔奇脱口而道："这还用问吗？当然是我啦。"他们都忘了，杰克·韦尔奇已经"坠机遇难"了。他对雷吉·琼斯说，这个公司有过多的程序，牵制因素太多，以致缺乏高效的决策机能。此番谈话使雷吉·琼斯对杰克·韦尔奇愈加欣赏。

3个月后，雷吉·琼斯把候选人压缩至8人，并再次分别召见他们，进行第二轮"机舱面试"。这次每人都得到预先通知，允许携带准备好的文字材料。当然，问题做了改变：这回，你我同乘一架飞机。但是，飞机坠毁后，我死了，而你幸免于难。你说谁该来当公司董事长？"雷吉·琼斯要求每人列出3位候选人，自己可以列在其中。令雷吉·琼斯高兴的是，他最中意的3位候选人杰克·韦尔奇、胡德和伯林盖姆，各自在3位董事长候选人名单中包含了另两位。这时，雷吉·琼斯心目中的继任者形象和姓名已经明确了。

后来当雷吉·琼斯暗中选定韦尔奇时，为了让更多的董事会成员全面了解杰克·韦尔奇，雷吉·琼斯巧妙设计了一个程序。雷吉·琼斯向董事会建议让杰克·韦尔奇、胡德和伯林盖姆进入董事会，并担任副董事长。他用了巧妙办法让其他董事知道他最喜欢的是杰克·韦尔奇。在后期过程中董事们与杰克·韦尔奇见面的机会越多，大家就越喜欢他。在多数董事会成员看来，杰克·韦尔奇的突出优点在于，他在GE公司高层领导中，最具有发展企业的能力。

眼见时机成熟，雷吉·琼斯于1980年11月召集董事会进行年度人事评价。雷吉·琼斯让人事部门提交了包括聪明才智、吃苦耐劳、自我管理、同情心在内的15个项目的测评结果。杰克·韦尔奇在所有董事长、总裁候选人中得分最高。这次，不仅雷吉·琼斯本人，GE公司的其他19位董事会成员，都表示同意推举杰克·韦尔奇为下一任公司董事长。雷吉·琼斯以董事会的名义正式向杰克·韦尔奇通知"你是新选出来的董事长"。

资料来源：和邦咨询. 人才决策经典案例系列（世界经理人 http://blog.ceconlinebbs.com/BLOG_ARTICLE_216664.HTM）

雷吉·琼斯坚持挑选继任者必须经过对每个候选人长期仔细考察的过程，然后理性地选出最具资格的人选。雷吉·琼斯自己也表示，自己职业生涯中感到最骄傲的就是选择了杰克·韦尔奇作为 GE 的董事长兼 CEO。GE 的接班人选拔如此成功，这和其倡导的"将选择和培养接班人作为在任 CEO 的一项重要职责"理念是分不开的。归纳起来，GE 选拔接班人的过程分为 7 个步骤：

（1）**启动接班人计划**。由专门的部门和负责人提出初步候选人。

（2）**由现任 CEO 初步筛选出候选人名单**。将候选人分为 3 类：第一类为必然人选；第二类为热门人选，是直接领导关键任务的最高主管，包括表现最突出的主管；第三类为潜力人选，一般为表现引人注目、很有发展潜力的人选。（最后确定的 3 位候选人往往第三类居多）

（3）**实施候选人职务锻炼计划**。对候选人制订个人发展计划，将其放在不同的岗位锻炼、快速培养。首先，让他们担任那些与政府、工会、社区和合作公司经常有接触的职位；其次，安排他们到急需取得突破性成功的风险岗位上去磨炼；最后，到最可能赚钱的分公司去任职锻炼。

（4）**了解、考核候选人**。定期（半年）对候选人的表现和业绩进行评价，并通过其他多种方式对候选人进行考察，根据考核结果给予相应的奖励。

（5）**筛选与补充**。根据考察情况对候选人进行筛选和补充，第一次约 3 年后缩减人员，确定重点培养对象。

（6）**继续考察**。以多种方式对候选人近距离接触、考察、了解，从人性的角度考察候选人的为人、做事态度。考察大量的人际互动关系是 GE 公司选接班人的最大特色，同时在这个过程中会考虑为接班人配置合适的工作伙伴，减少其上任后的磨合和障碍。

（7）**选出接班人**。通过深入、详细、反复的讨论，直至取得一致意见，选出最终的接班人。新任 CEO 宣布后，他要在上任 CEO 的带领下度过半年的"适应期"，待全面熟悉业务情况和目标后，最终正式上任。

可以看出，GE 的历任 CEO 都在有意识、有步骤、有方法地选择和培养企业的接班人。其接班人计划完善，可选择的人选范围较大，准备和培养的时间充裕（往往会提前 7～8 年），这样选择和培训接班人的方式确保最后进入候选范围的人基本上都合适，这也大大减轻了企业在新老更替时的阵痛。

如果一个企业能够做到像 GE 那样未雨绸缪，企业家具备选择和培养接班人的意识，建立完善的接班人培养机制，那是最好不过的了。大多数企业目前或许尚不具备像 GE 那样系统的接班人选择和培养机制，但流程和关键方法可以借鉴。我们根据多年经验，总结出大多数企业需要在接班人培养方面关注的重点：

（1）**培养战略目标和战略视野**。候选人需要做一个与企业家拥有同样目标与视野的管理者，唯有此才会和企业家的视角高度匹配，真正理解企业家的思维和战略意图，并与之并肩作战。

（2）**轮岗人力资源岗位**。候选人除了要具备运营管理等实际业务运作经验，还需要在 HR 领域培养其软性的领导力和人力资源管理能力，使其逐步成为人力资源高手。

（3）**授权与信任**。企业家对候选人一旦认定，就需要给予其充分的授权与信任。孤军奋战的候选人，无法适应组织氛围，得不到认同与锻炼，不可能快速成长为企业真正需要的接班人。

在与企业家交流时，我们经常这样强调企业拥有人力资源高手的重要性："做一个成功企业家，要么让自己成为人力资源高手，要么有人力资源高手成为你的企业二把手。"要想确保企业健康持续地发展，企业家需要聚焦于人，将人力资源领先战略作为出发点，做自己企业人力资源体系的架构师；找到能称为人力资源高手的 CHO，选择人力资源高手作为自己的二把手，将领先的人力资源体系落到实处；选择人力资源高手作为接

第 8 章 企业家成为人力资源高手

班人,完成企业的传承。这 3 方面的内容也是企业家成为人力资源高手重要的价值体现。

总的来说,企业家要想成为合格的人力资源高手,需要具有领先的人力资源理念,坚持高标准的选人原则,掌握面试高端人才的技能,培养和激励高管团队的能力、塑造企业文化的能力等。德锐咨询提供了检测企业家是否为人力资源高手的 Q12 量表(见表 8-4),帮助企业家提高自我认知,不断充实和完善自己,使自己成为卓越企业的人力资源高手。

表 8-4 企业家是否为人力资源高手的检验量表

序号	题项	是/否
1	聚焦于人,秉持"先人后事"理念,认同人力资源领先战略	
2	在任何情况下不会降低"先公后私"这一选人标准	
3	在制定战略之前,做好人才的规划与准备	
4	能花足够多的时间选择关键人才	
5	愿意选择人力资源高手作为企业二把手	
6	善于运用企业的愿景、使命引领团队的奋斗方向	
7	抓住任何机会分享与践行企业文化	
8	主导并推动接班人培养计划	
9	定期与核心员工沟通,提出改进与发展建议	
10	敢于用高薪酬激励员工	
11	善于用职业发展及赞赏等非物质方式激励团队成员	
12	主动设计、构建和推行领先的人力资源体系	
合计选"是"的项数		

规则:

- 如果你有 10 项及以上都选"是",恭喜你,你就是人力资源高手。
- 如果你有 7~9 项选"是",那么你极具潜质成为人力资源高手。
- 如果你有 4~6 项选"是",你的人力资源管理能力需要加强了。

- 如果你只有3项及以下选"是",那么你需要将人力资源管理作为关注重点了,因为人力资源管理能力极有可能成为你企业实现卓越的障碍。

关键发现

> 成功企业的企业家是名副其实的人力资源高手。
> 企业家的使命是打造组织能力。
> 企业家要找到真正是人力资源高手的CHO,并让CHO成为企业二把手。
> 寻找CHO应该先内后外寻找。
> 选择接班人要优先考虑人力资源高手。

第 9 章
从一开始就选择卓越

取法乎上,仅得其中;取法乎中,仅得其下;取法乎下,一无所得。
——《易经》

克服优秀恐惧症

美国著名人本主义心理学家马斯洛研究发现:"人不仅害怕失败,也害怕成功。"心理学上把对于成长的恐惧称为"约拿情节",其表现为在机遇面前自我逃避的心理。"约拿情节"会表现为缺乏上进心,逃避成功。它的存在也许有一定的合理性,不过,从自我实现的角度来看,这是一种阻碍自我实现的心理障碍。

同样的症状在企业中也非常普遍,不少企业或多或少都患有优秀恐惧症,通常表现为:怀疑企业的发展不能实现持续的跨越;不相信企业的发展可以达到行业领先水平;对高的发展目标感到畏惧;不愿意突破发展的舒适区实现跨越等。正是上述问题的存在,有些企业家在学习借鉴优秀的管理理论和方法时,通常会将自己企业的所在行业特点、发展阶段、文化特点、企业规模、短期利益和人员特点等作为逃避学习的"正当理由",过度强调自身的特殊性,认为只有和自己情况完全相同的企业才具有借鉴价值。殊不知强调行业和企业的特殊性，苛求因地制宜、符合现状，是很多平庸企业拒绝优秀的借口；而不为自己设限，不为组织设限是卓越企业的共性。

我们曾经多次询问企业家：企业应该怎样选择自己的管理方法？

方式 A：因地制宜

企业在不同发展阶段应该选择适合企业现状、规模和条件的管理方法，成长为大企业时再用优秀的管理方法。

方式 B：卓越领先

从一开始就以优秀的企业为标杆，以优秀企业的高标准要求自己，在发展中始终坚持高标准、严要求。

企业家的答案基本上都偏向 B，但他们也会对这样的选择抱有疑虑。他们坦言，在践行中还是会不自觉地倾向采取较为容易的方式 A。主要是因为担心自身尚处于生存期，竞争环境特殊，不能支撑学习优秀企业的投入；担心自家的人才无法支持优秀方法的落地等。

我们总结了优秀恐惧症的几大症状，并给出优秀企业反其道而行、学习卓越的方法，供企业参考。

◐ 要"志存高远"，不要"安于现状"

龙湖创业之初吴亚军曾向王石请教。在一次聚会上王石如是说："亚军来的时候对我说，他们要做成最好的项目，成为最好的公司。我没有立即表态，告诉他们一些万科在项目开发方面的经验教训，不愿意打击他们的积极性。但事后我心里嘀咕过，做好就已经不错了，还想做成最好的，你们行吗？不过,后来亚军他们确实做到了。你在重庆打听打听就知道了，龙湖不是最大的，但肯定是最好的。"

龙湖在名不见经传的时候就打出学习万科的口号，学习万科做减法、做细节，用 10 年的时间完成了全国的布局，从一个区域性企业一跃成为在地产界让万科都敬畏的企业,绿城也曾打出不要让龙湖超越的口号。与此同时,多少个同时期的区域性地产企业仍然偏居一隅,在地产界大佬的碾压下生存艰难。

> **案例**
>
> "志存高远"的龙湖
>
> 龙湖地产自1993年成立以来秉持着"志存高远、坚韧踏实"的独特理念,用不到20年的时间就获得中国房地产上市公司综合实力十强、中国房地产开发企业品牌价值十强、中国物业综合实力十强等殊荣。这样的成绩与它从刚开始就选择优秀的发展理念是分不开的。
>
> 龙湖秉承为客户提供优质产品和服务的理念,同时把成为卓越的企业作为自己的使命。1997年龙湖开发首个住宅项目——重庆龙湖花园南苑,尽管项目在重庆渝北区相对偏僻、不够成熟的九龙湖旁边,但当时龙湖对小区的设计、景观和物业管理都以香港置地的标准要求自己,对保安的选拔以天安门退役军人为标杆。项目后来成为重庆首个"国家小康住宅示范小区"。龙湖地产2000年开发首个别墅项目——重庆香樟林,首涉高端住宅业;2004年为了提高物业管理的标准请来香港品质保障局作为其品质保障部,奠定了其在重庆房地产行业龙头地位,连续3年获得了由中国质量协会主办的全国住宅用户满意度指数测评第一名。
>
> 2009年龙湖在香港联交所主板上市,从重庆的区域性房地产企业一跃成为全国地产十强,实现了惊人的跨越。
>
> 资料来源:根据龙湖官网资料整理(http://www.longfor.com/)

谈到龙湖的发展,房晟陶曾说:"对龙湖来说,我们若想达到卓越,第一没有别的选择,第二不能采取低标准,第三容不得摇摆。"正是这种"志存高远"的气概使得龙湖的销售额从2006年的30亿元增长到2010年的300亿元,只用了4年就实现了业绩10倍增长。

那些平庸的企业,多数缺乏追求卓越的执着雄心,它们的发展更多的是投机状态下爆品带来的机遇。由于企业内部安于现状,缺乏向优秀企业学习的意识和能力,导致这些企业很难在激烈的竞争下持续保持其优势,甚至连生存都遇到极大的考验。在投机状态下,往往只需要几款热卖的产品;而要做商场的常胜将军,就必须借鉴优秀企业的领先方法。

⇒ 要"看到进步",不要"只看差距"

每个发展中的企业都存在一定程度的身份认同危机,都在竭力寻找自身的定位。那些一开始就排斥优秀企业做法的通病,只看到了与优秀企业的差距,却忽视了时间与坚持的力量。企业发展就像爬山,如果只是在山脚下仰望,将永远不能体验一览众山小的感觉;而一旦将爬山的目标设置为具体的可分解的一段段旅程,即使在恶劣的环境中仍然可以保持前进的节奏与速度,最终会在山顶领略到美妙风景。

案例

"日行20公里"的基因泰克公司

基因泰克公司是一家生物制药公司,在1980—1995年通过阶段性地制订5年发展计划来引导公司发展,但是5年目标过于遥远且缺乏长期计划管理,员工并未严格认真地对待这些计划,无法实现预期的目标。

1995年公司的首席科学家阿瑟·莱文森被提拔为CEO。他在上任后谈道:"要想实现5年目标,唯一的方法是每年取得一定的进展……在通往长期目标的路上,每年我们必须前行20%。"改变策略后公司转而制订严格的年度计划,强调持续发展的理念,最终取得了极为可观的财务收益。莱文森执掌下的基因泰克公司坚持"日行20公里",最终将低成就转化为高成就,用事实说明只要下定决心,完成一个个阶段性目标,最终定会取得成功。

资料来源:吉姆·柯林斯. 选择卓越. 俞利军,译. 北京:中信出版社,2013.

同样的例子也见于华为。2012年华为首次超越爱立信成为全球通信

行业第一。在 2013 年的企业年报中，任正非用龟兔赛跑比喻过去 25 年华为对优秀企业的追赶。华为认为，乌龟的精神不能变，华为需要的不是热血沸腾而是强烈镇定的情绪、紧张有序的工作，通过年复一年持续地聚焦通信领域，最终实现跨越。华为的乌龟精神其实就是赋予时间以生命的精神，而现实中有些企业只看到与优秀企业的鸿沟，却忽视了脚踏实地、践行当下的必要性。"不积跬步，无以至千里。"企业家们现在所需要做的就是以优秀企业为标杆，一步一个脚印地践行卓越之道。

⊃ 要"细节入手"，不要"照搬整体"

谈及为什么不直接向领先企业学习时，有不少企业家直言像沃尔玛、GE 这些百年企业拥有庞大的体系，自身情况与之差距过大，不知如何下手去全盘学习。我们的观点是，学习优秀企业可以从细节着手，不用全盘照搬。例如，对于沃尔玛，京东学习的是它高效的供应链体系，小米学习的是它在低毛利的情况下不断提高运行效率的能力。

同样，在人力资源管理方法的选择上，企业家们也可以着眼细节。沃尔玛的人力资源体系先进、系统，包含很多内容，一开始企业家可以着手先学习其某些优秀的做法，如薪酬保密制度。联想的发动机文化很出名，经研究发现，在联想，复盘是其企业文化中的重要方法之一，企业家也可以先学习这种复盘的方法。从细节着手借鉴领先企业的优秀方法，不失为企业克服优秀恐惧症的一条捷径。

> **案例**
>
> ### "细节入手"学习标杆的美孚
>
> 1992 年年初，美孚石油对自己的加油站服务进行了调查。调查结果显示：80%的消费者希望获得的良好的加油体验包括"提供帮助的友好员工、快捷的服务和对消费忠诚的认可"，而美孚在这几方面与客户的需求有较大差距。为此，美孚组织了专业人员对自己这 3 方面进行改

造，并分别将改造小组命名为速度（经营）、微笑（客户服务）和安抚（顾客忠诚度）。

速度小组研究 Penske，它在 Indy500 比赛（世界三大汽车大奖赛之一）中以快捷方便的加油站服务而闻名。速度小组仔细观察了 Penske 如何为通过快速通道的赛车加油。这个团队身着统一的制服，分工细致，配合默契。速度小组还了解到，Penske 的成功部分归功于电子头套耳机的使用，它使每个小组成员能及时地与同事联系。

微笑小组考察了丽嘉—卡尔顿酒店的各个服务环节，以找出该酒店是如何获得不同寻常的顾客满意度的。结果发现，卡尔顿的员工都牢牢地铭记自己的使命就是照顾客人，使客人舒适。微笑小组认为，美孚同样可以通过各种培训，建立客户导向的价值观，来实现自己的目标。

安抚小组到家居仓储去查明该店为何有如此多的回头客。在那里他们了解到：企业中最重要的人是直接与客户打交道的人。没有致力于工作的员工，就不可能得到终身客户。这意味着企业要把时间和精力投到如何招聘和训练员工上。

在调研的基础上，美孚形成了新的加油站概念——"友好服务"。美孚在佛罗里达的 80 个服务站开展了这一试验。"友好服务"与传统的服务模式大不相同。希望得到全方位服务的顾客，一到加油站，迎接他的是服务员真诚的微笑与问候。所有服务员都穿着整洁的制服，配有电子头套耳机，能及时地将顾客的需求传递到便利店的出纳那里。希望得到快速服务的顾客可以开进站外的特设通道，只需要几分钟，就可以完成洗车和收费的全部流程。"友好服务"的初期回报是令人振奋的，加油站平均年收入增长了 10%。1997 年，"友好服务"扩展到公司 8000 个服务站。

资料来源：陈泓冰. 标杆兴国——从对标到创标. 北京：现代出版社，2016.

美孚石油从细节着手，借鉴不同优秀企业的先进做法，最终形成了新的加油站理念——"友好服务"并获得成功。这种从细节入手的学习方法

第 9 章 从一开始就选择卓越

是身处各个发展阶段的企业都可以直接借鉴的方式。

⇨ 要"削足适履",不要"因地制宜"

华为通过 30 年的发展成为中国企业的标杆。提到华为,大家都避不开"任正非"这个名字,不仅是因为任正非给了华为生命,更是因为任正非将领先的管理理念和方法引入华为,塑造了华为独特的企业文化和管理思想。华为向优秀者学习的决心之强烈,即使在当下也非常少见。

> **案例**
>
> **"削足适履"的华为**
>
> 1998 年,经过 10 年的艰苦创业,华为成为国内最大的通信设备制造商,但任正非意识到,公司的规模快速膨胀,面临着空前的危机和压力。1996 年华为开始向国外市场开拓,但是持续多年屡战屡败。
>
> 从 1997 年开始,华为聘请 IBM、Towers Perrin、普华永道和 FhG 为华为在流程变革、财务管理和质量控制方面进行优化。IBM 在华为进行这些顾问项目时最多达到 270 人,平时也有 20~30 人。与这些大跨国公司合作,华为可以随时了解最新行业动态。同年华为开始与 Hay Group(合益集团)合作进行人力资源管理变革,涉及职位体系、薪酬体系、绩效管理、任职资格及员工素质模型等。
>
> 在学习优秀企业先进理念和方法的伊始,很多高管不支持管理变革,认为这些方法不适合华为。为了将先进的管理模式应用到华为的管理基因中,任正非反其道而行之,宁愿"削足适履",完全照搬。他始终坚信领先的管理方法的力量,并明确了管理变革三步走:先僵化,后优化,再固化。开始以消化吸收为主,进而适当改进,最后将艰难的管理变革坚定不移地进行下去,希望在穿上别人的鞋之后,自己的脚和鞋能够相互磨合与适应。华为最终迅速迈上国际化的管理轨道。
>
> 资料来源:杨少龙. 华为靠什么. 北京:中信出版社,2014.

正是因为"削足适履",不同于传统企业苛求"因地制宜"的坚持,前期的变革对当时经历了爆炸式野蛮生长的华为起到了出乎意料的作用。如今华为在管理变革方面的投入占年销售收入的 1.5%~2.5%，累计投入管理变革成本 400 多亿元。从一开始就学习卓越的决心和魄力支持了华为在国际市场上的强劲表现：《经济学人》称它是欧美跨国公司的灾难，《时代》杂志称它是所有电信产业巨头最危险的竞争对手，前爱立信全球总裁卫翰思说"它是我们最尊敬的敌人"。

优秀企业的特征都是相似的，平庸企业却各有各的平庸。苛求"因地制宜"，不主动调整自身以适应优秀管理方法的心态和做法，实质是过度强调自身的特殊性而回避向优秀企业看齐。如此抱着平庸与拒绝学习的态度是很难取得长期发展的。

陈春花教授有一句话可以作为给予优秀恐惧症企业的建议："企业所承担的任务是一致的，因此我们也必须和这些优秀的企业保持一致的管理方式。"要想成功，企业家就必须做成功者所做的事情，而优秀企业的方法就是最好的老师。根据最强大的竞争对手或行业领先者的标准来改进自己的现状，乃是一种最有效的竞争方式。向优秀者学习不仅是一种方法，更是成功者的思维习惯。

打造领先的组织能力

◯ 吉姆·柯林斯的企业领先之道

企业的卓越是可以衡量的。

吉姆·柯林斯的《从优秀到卓越》《基业长青》《选择卓越》这 3 本巨著对 3 种类型的卓越企业的管理特点进行了提炼总结。《从优秀到卓越》探讨了如何完成优秀企业到卓越企业的跨越；《选择卓越》给了我们如何在激烈动荡环境下保持强势增长、取得卓越的启示；而《基业长青》呈现的是百年卓越企业的成功秘诀。总结下来，这 3 本书呈现的，都是为实现企业的领先，打造领先的组织能力的路径和方法。

1.《从优秀到卓越》：如何完成从优秀企业到卓越企业的跨越

吉姆·柯林斯选择了 11 家从优秀跨越到卓越的公司，进行了历时 5 年的研究。这些公司在实现跨越的 15 年里，平均累积股票收益率是大盘股指的 6.9 倍。研究发现，实现跨越的公司具备 6 项特质：第五级经理人、先人后事、客观面对现实、刺猬理论、训练有素的文化以及技术加速器。其中对于转动卓越飞轮贡献最大的分别是：先公后私的第五级经理人与先人后事的战略理念（见图 9-1）。

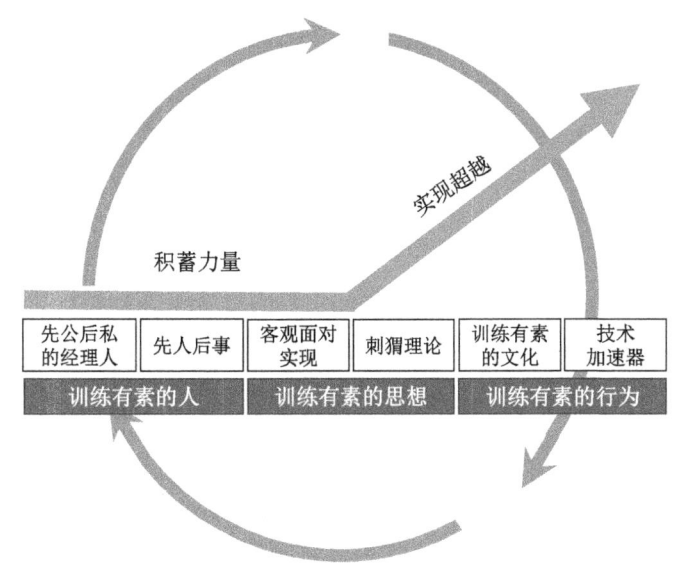

图 9-1 转动卓越的飞轮

2.《选择卓越》：动荡环境下如何保持高速增长

吉姆·柯林斯选择了动荡环境下仍然保持高速增长的 7 家公司进行了长达 9 年的研究，这些公司即使在极不稳定的环境下，业绩仍然至少比所在行业的其他公司高出 10 倍，并至少持续了 15 年。研究对象包括英特尔、微软、西南航空等知名公司。研究结果表明，实现跨越的公司的共同特质有第五级雄心、恒定的坚持、积极的焦虑以及基于实证主义的理性的创新（见图 9-2）。其中第五级雄心是实现跨越的最核心驱动力。第五级雄心指的是超越个人、对于事业或公司的激情。在这些实现跨越的公司中，第五级雄心不仅是公司管理者的特质，也成为公司员工和组织的特质。第五级雄心的发现，再次证明先公后私的人才是推动公司持续发展的力量。

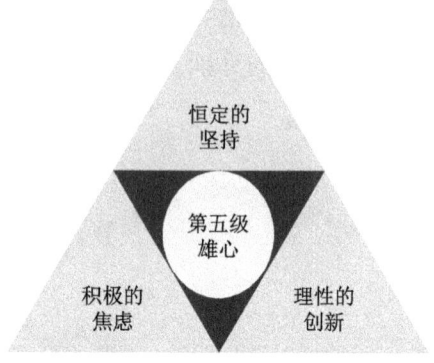

图 9-2　实现跨越的公司的特质

3.《基业长青》：如何成为长盛不衰的百年企业

吉姆·柯林斯和波勒斯在斯坦福大学进行的为期 6 年的研究项目中，选取了 18 个卓越非凡、长盛不衰的公司做了深入的研究，这些公司包括 GE、3M、默克、沃尔玛、惠普、迪士尼等，它们平均拥有近百年的历史。研究结果表明，这些百年企业具有 9 个显著特质，其中造钟而非报时、胆大包天的目标、教派般的文化和内部培养的经理人是百年企业最突出的特征（见图 9-3）。

总结吉姆·柯林斯这 3 本巨著中关于领先企业特质的描述，综合来说，领先的企业更多地聚焦于选择什么样的人、构建什么样的组织文化和组织环境，其实质就是从人才、组织和文化方面打造强大、持久的组织能力。其核心的共性观点和思想主要有以下几点。

第9章 从一开始就选择卓越

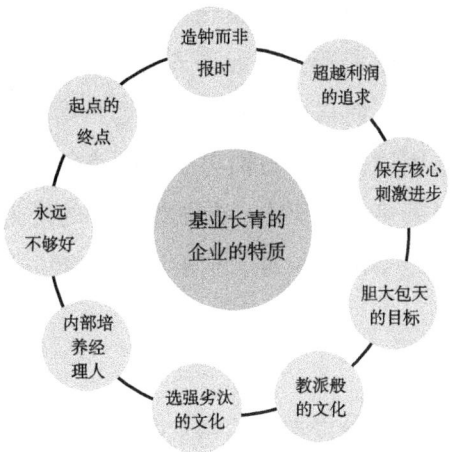

图 9-3　基业长青的企业的特征

1. 先人后事的理念

实现跨越的企业都拥有先人后事的理念。先人后事的理念更能适应当今变幻莫测的环境。这些企业首先请合适的人上车,进而决定车子的方向。柳传志有一个著名的"三不干"定律,也印证了先人后事的观点:第一,不赚钱的事不干;第二,赚钱,但是一旦失败承受不了的事不干;第三,赚钱,即使失败了也能承受得起,但没有合适的人来做的事,也不能干。

先人后事有 3 个核心关键词:第一个关键词是"上车",即组建团队。组建团队是领导者最重要的工作,发现杰出人才要立刻聘用他们。第二个关键词是"合适"。在选择人的时候不仅要强调与企业要求的能力匹配,更要看重价值观的契合。第三个关键词是"下车"。实现卓越的企业有严格的用人标准,它们相信对于表现不好的员工的容忍就是对努力工作的员工的最大不公平,当发现换人之举势在必行时会当机立断。

2. 第五级经理人

实现跨越的企业都拥有第五级经理人。第五级经理人始终将企业的利益放在首位,而不是首先考虑自身的利益。他们最大的特点是谦虚的个人品质以及对于事业的坚定信念。他们能够抛开自我需要,高度关注事业,同时敢于承担责任。这种榜样的力量是无穷的，能够强有力地感召员工。

先公后私和事业雄心是第五级经理人鲜明的特点。先公后私是一种价值观，对于第五级经理人而言企业的利益永远是第一位的，高于对个人财富与名声的追求。在困境的时候他们勇于承担责任，希望看到企业永续经营，所以花费大量时间培养接班人。事业雄心指的是为了建立一个卓越的企业，第五级经理人绝不降低标准，积极追求卓越，同时面对外部环境绝不妥协、勇往直前。

3. 内部培养经理人

吉姆·柯林斯经过研究后发现："18个百年企业在总共长达1700年的历史中，只有4位CEO来自外部。"这些百年企业与一般企业最大的不同不是领导者的素质，而是优秀领导者的一贯性。吉姆·柯林斯认为，只有内部晋升才会有效地保存企业的核心价值，"自家长成"的经理人熟悉了解本企业的文化，更容易带领本企业进行变革。

杰克·韦尔奇在谈到继承人规划时说："从现在起，选择继承人是我要做的最重要的决定，这件事几乎每天都要花费我相当多的心思。"而当时，距离他退休还有9年时间。扎克伯格和马云同样非常重视内部人才的培养。扎克伯格曾说，他做过最明智的一件事就是给予员工大量的机会。马云也曾在内部信中指出，合伙人制度是阿里巴巴的内在动力机制。

内部培养的经理人有三大优势：一是价值观相近，与创始人目标更一致，更容易达成共识；二是有强烈的归属感和主人翁意识，高管任期更稳定；三是内部人才选拔机制能够发掘员工的潜力，激发其工作的热情，提高企业的人才黏性。

4. 训练有素的文化

所有实现卓越的企业都建立了一种教派般的文化。实现卓越的企业绝不仅仅片面强调人性化、创造"温和"或"舒适"的环境，更会强调员工绩效和核心价值观的契合。正是由于这些企业目标真实且明确，对员工的绩效和纪律才会有更明确的要求。实现卓越的领导者懂得，对于管理，最重要的衡量标准是团队合作是否高效。如果没有明确的标准、目标和责任，只依靠感情来维系，显然违背了管理的本质。

为了确保核心理念的延续与传承，这些卓越的企业采取了一系列具体的方法并形成了有效的机制。IBM 把最能体现公司理念的员工的名字、相片和优秀事迹刊登在公司的刊物上，公司甚至为少数典范谱写歌曲；在培训新人时不仅重视专业知识的传授，还要求每位新人都要学习"三项基本信念"和公司文化特有的 IBM 语言。

正是因为这些企业在物质层、制度层对理念形成有效的机制，才使得它们能够持续坚持并加强核心理念，创造出一种身属特殊团体的意识。

5. 激励人心的愿景

构思良好的愿景包括两个方面的主题——核心理念和未来前景。核心理念是指企业的核心价值观和使命；未来前景是指企业未来的定位，是对未来目标的大胆描述。实现卓越的企业不仅有清晰的目标，更树立了胆大包天的目标。胆大包天的目标不只是对企业前景的自信，更是对员工行动的指引。这样的目标振奋且激励人心，能够激发所有人的力量。

核心价值观是企业内部员工固有的价值准则；核心使命是指企业存在的最基本的原因。德鲁克曾提出，管理最为重要的作用，就是把人们联系在一起共同实现目标。激励人心的愿景展示了企业的目标，提供了企业前进的动力，并汇聚全体成员的力量。

案例

逆势而上的时尚服装公司可比

2012—2015 年服装行业持续上演关店热潮。从 2015 年上半年的情况来看，动辄上千家的关店数字，着实让人瞠目。2015 年的服装行业，用"一半火焰、一半海水"来形容十分贴切。此前，门店规模一直是百丽国际的优势所在，但这家中国最大的鞋履生产和零售公司 2015 年在内地的零售网点数净减少 167 家，鞋类业务销售额同比下降 7.8%；佐丹奴2014年关店190家，净利润大幅下降38%。类似的例子不胜枚举。

但是可比时尚作为一家时尚服装的设计、销售企业，在2012—2015年逆势增长，连续几年发展快速，势头良好，这得益于以下几个原因。

1. 创始人的事业雄心

成立之初，创始人即提出要打造真正的中国品牌，抢占、超越国外中高端品牌在中国的市场份额，成为中国中高端时尚服装行业细分市场的第一。

2. 清晰的公司愿景

创业之初就将公司品牌定位为中高端的时尚服装品牌，坚持在价值链的各个环节达到行业领先。每年定期与员工分享阶段性目标，确保全员目标清晰、激发合力。

3. 先人后事打造世界级核心团队

正是因为有如此的事业雄心，在用人上可比时尚相当严苛，尤其是前期对创业团队的选择。对于中高端服装企业而言，品牌与产品决定了利润与价值的机会和空间。创始人在全球范围内寻找领域内的顶尖人才组成了品牌和产品的核心团队，无论是创意总监、技术总监、品牌总监还是店铺总监，均是国际市场上的佼佼者。这些核心人才从一开始就形成了可比的不凡基因。

4. 领先于行业水平的激励体系

在创业阶段，为了吸引顶尖人才的加入，创始人不惜拿出高于自己几倍的薪酬激励高端人才，在公司尚未实现盈利的情况下这些核心人才的薪酬水平已经达到行业领先水平。如今，实现快速发展后，在吸引人才上创始人仍然坚持用领先行业水平的薪酬吸引那些优秀的熟手和专家。

5. 高严格、高人性的企业文化

可比时尚需要对市场做出灵活快速的反应，因此公司注重营造开放沟通的氛围，打破层级的隔阂。同时，公司将创新意识列为核心价值观，

> 并在实践中鼓励员工创新,如鼓励员工对于款式和面料不断升级和改进,同时也要求员工为创新的结果负责。

可比公司践行的理念和方法正是吉姆·柯林斯倡导的企业领先之道,实现了在大环境萧条情况下的强势逆袭,公司前期核心竞争力的沉淀也使得其后期的发展势头愈加乐观。在新常态下,中国经济将面临更多、更大的挑战,柯林斯的企业领先之道对中国企业在当前环境下完成转型,无疑具有极其重要的意义。对于大部分企业来说,能否迈过当前生存期的坎儿尚不得而知,不过对于以卓越企业的标准要求自己的企业来说,这反而是脱颖而出的机遇。

用人力资源领先战略打造组织能力

有些企业对想要成为什么样的企业没有太多的概念和勾画,期望成为卓越企业、10倍速增长企业甚至百年企业只体现在少部分优秀企业当中。

有鉴于此,我们认为有必要帮助更多的企业找到走向卓越的路径。提出人力资源领先战略模型,是这项工作的关键一步。人力资源领先战略的核心要义,是通过领先的人才选择、领先的人才培养、领先的人才激励、领先的企业文化和领先的组织结构等多方面,助力企业打造领先的组织能力,最终实现企业的领先(见图9-4)。

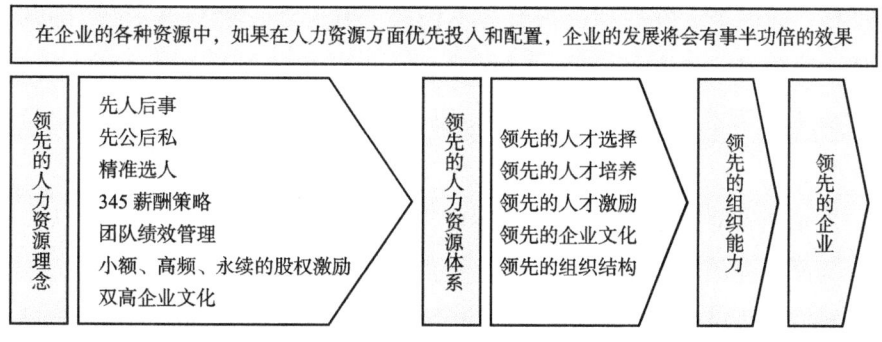

图9-4 人力资源领先战略

企业的成功，基于关键成功要素的驱动与支撑。这些关键要素，包括对外的市场拓展能力、客户服务能力等，也包括对内的生产运营能力、产品研发能力、信息管理能力、供应链管理能力等，这些能力能够发挥作用的基础，是企业的组织能力。而组织能力的打造，有赖于人才选择、人才培养、人才激励、文化构建及组织结构的优化与变革。

借鉴 GE、谷歌、华为、龙湖等领先企业的成功实践，并结合咨询实践，从人才选择、人才培养、人才激励和企业文化等视角，我们为企业家阐述了实现人力资源机器高效运作并助力企业打造组织能力的方法。

（1）视人力资源领先战略为方向盘。聚焦于人，拥有"先人后事"的理念，在所有资源投入中，优先投入人力资源领域。在人力资源活动中采用领先的做法，从一开始就选择优秀之道。

（2）视领先的人才选择、领先的人才培养、领先的人才激励及精简高效的组织结构为发动机。把人才招聘作为先于企业战略的工作，置于企业年度重点工作，采用先公后私的标准精选人才。人才培养不是人才培训，将内部资源效用最大化，最有效的方法是培养值得培养的人和能力，并在实践中培养。采用全面的薪酬激励方法，建立健全的薪酬机制，杜绝薪酬浪费。合理的组织结构能够让人才发挥最大价值，精简高效的组织是企业构建组织的方向。

（3）视领先的企业文化为燃料。要打造高严格、高关怀的企业文化。高严格，确保企业发展和员工行为不偏离主航道，是发挥组织能力的基础设施；高关怀，充分调动员工的能动性、积极性、自主意识和成就动机，发挥员工的潜能。将高严格与高关怀充分结合起来，打造卓越文化和激励文化。

当企业家对企业人力资源关注度和人力资本投入过少、还没有认识到人力资源领先战略重要性的时候，检测企业人力资源管理现状很有必要。我们根据人力资源领先战略模型，开发了人力资源领先特征测评问卷（见表9-1），帮助企业家清楚了解企业现阶段人力资源管理状况，及时对症下药，扫除企业走向卓越的障碍。

表 9-1 人力资源领先特征测评问卷

1=不符合； 2=比较不符合； 3=适中； 4=比较符合； 5=符合

一、领先的人力资源理念					
1. 公司高度重视人力资源管理的价值，拥有"先人后事"的理念	1	2	3	4	5
2. 公司将人才选择作为人员任用、人员激励、人员培养的前提	1	2	3	4	5
3. 公司关注人力资源的领先理念，鼓励尝试和应用领先的人力资源方法与工具	1	2	3	4	5
4. 公司认同在人力资源方面优先投入时，公司经营将起到事半功倍的效果	1	2	3	4	5
5. 公司认为拥有合适的人比正确的战略更为重要	1	2	3	4	5
6. 公司从一开始就向优秀的标杆企业学习	1	2	3	4	5
二、领先的人才选择					
1. 公司有清晰的人才选择标准	1	2	3	4	5
2. 公司以"先公后私"作为核心人才的选择标准	1	2	3	4	5
3. 公司在人才选择方面掌握了有效的方法和系统的流程	1	2	3	4	5
4. 公司选择比现有人员、竞争对手更优秀的人才	1	2	3	4	5
5. 企业家和直线经理都能花足够多的时间在招聘上	1	2	3	4	5
6. 公司内部有足够多合格的人才面试官	1	2	3	4	5
三、领先的人才培养					
1. 公司选择具有培养他人能力和意愿的人作为管理者	1	2	3	4	5
2. 公司选择价值观匹配、高潜力的人进行培养	1	2	3	4	5
3. 公司的管理层和核心技术人员多数来自公司自己培养的人	1	2	3	4	5
4. 公司主要在实战中培养人才	1	2	3	4	5
5. 公司培养可以培养的能力	1	2	3	4	5

续表

1=不符合； 2=比较不符合； 3=适中； 4=比较符合； 5=符合					
6. 公司善于激发员工自我发展的意识和成长的动机	1	2	3	4	5
四、领先的人才激励					
1. 公司的总体薪酬水平在行业平均水平之上	1	2	3	4	5
2. 公司有系统、公平的薪酬调整机制	1	2	3	4	5
3. 公司的福利项目能增强员工的归属感	1	2	3	4	5
4. 公司注重愿景、使命、文化、职业发展等非物质激励	1	2	3	4	5
5. 公司重视员工的发展面谈和个人发展辅导	1	2	3	4	5
6. 在公司中团队绩效重于个人绩效	1	2	3	4	5
五、领先的企业文化					
1. 公司有明确的高严格、高关怀的企业文化	1	2	3	4	5
2. 公司的日常管理和经营紧密围绕愿景、使命和核心价值观	1	2	3	4	5
3. 公司员工认同企业文化，离职的员工也能正向传播企业文化	1	2	3	4	5
4. 公司通过定期的仪式和活动传播企业文化	1	2	3	4	5
5. 公司运用真实的公司事件和典型的员工事迹体现企业文化	1	2	3	4	5
6. 公司的价值观能够成为员工的行为准则	1	2	3	4	5
六、领先的人力资源组织					
1. 公司的人力资源工作能够支持并引领公司战略	1	2	3	4	5
2. 公司人力资源工作的重心不是执行制度和监督，而是帮助公司经营和战略目标的达成	1	2	3	4	5
3. 公司人力资源工作者在明确、弘扬企业文化方面起到积极和主导的作用	1	2	3	4	5
4. 公司人力资源部的工作能够得到业务部门与一线人员的认可	1	2	3	4	5

续表

1=不符合； 2=比较不符合； 3=适中； 4=比较符合； 5=符合					
5. 公司高层、直线经理与人力资源部共同承担、推动人力资源工作	1	2	3	4	5
6. 公司人力资源部门能不断引进人力资源的最佳实践，提升公司的人力资源管理水平	1	2	3	4	5

计分规则：

- 针对问卷，你的选项 4 分及以上的个数，占总题目个数的比例为 85%及以上，说明你的企业是绝对领先的。
- 针对问卷，你的选项 4 分及以上的个数，占总题目个数的比例大于等于 60%小于 85%，说明你的企业需要继续增强领先企业特征，强化软实力。
- 针对问卷，你的选项 4 分及以上的个数，占总题目个数的比例小于 60%，说明你需要对照人力资源领先特征模型，有针对性地快速解决人力资源落后问题。

优秀的企业都在践行人力资源领先战略

京东 CEO 刘强东曾说："如果有一天京东的业绩增长不好，一定是我们核心管理团队，特别是以我为首的核心管理团队出了问题，跟不上发展的节奏。"进入"人"的时代，人力资源战略成为企业家必须关注的第一战略。无论是华为、龙湖、美的，还是京东，那些领先的企业都将人力资源管理视为企业发展的重中之重，从一开始就选择人力资源领先战略，不断提高对人才的关注，在人才选择、人才培养、人才激励和企业文化的塑造上遵循领先的理念和方法。在人力资源战略上的不断投入，保证了这些优秀企业持续高速的发展。

华为人力资源领先战略实践

从成立至今,华为一直高度重视人力资源,持续在人力资源管理方面保持高投入。其人力资源管理的规范与专业性已经成为各类企业学习的典范。华为选拔能够自我发展的人;在激励方面重视责任导向和结果导向,喊出的口号是"不让雷锋吃亏";在内部长期坚持以奋斗为本的企业文化。在华为,HR 组织真正成为战略合作伙伴(见表 9-2)。

表 9-2 华为人力资源领先战略实践

战　略	内　　容
理念	● 高度重视人力资源,持续在人力资源管理上高投入
人才选择	● 华为的人才策略是"选拔制"而不是"培养制"。华为认为学习和发展是自己的事,华为选拔出能够自我发展的人,并给他们机会
人才培养	● 建立华为大学,持续性地对研发和人才培养高投入
人才激励	● 结果导向、责任导向,回报和激励奋斗者
企业文化	● 以客户为中心,以奋斗者为本,长期艰苦奋斗,坚持自我批判
HR 组织	● 真正做到战略合作伙伴

龙湖人力资源领先战略实践

龙湖在发展早期即选择人力资源高手房晟陶作为企业的二把手,上市之前更是引进了一批核心高管,加速了上市进程。2004 年龙湖启动"仕官生"校园招聘,开始建立全国性人才招聘发展体系。2005 年秉承"区域聚焦、多业态"战略启动全国扩张,"仕官生"计划支撑了龙湖向全国布局的战略。在龙湖,人力资源管理工作的对象是个人、组织及文化。通过把人员管理做大、组织管理做强、文化管理做长,支持"最受尊重和信赖的领先房地产企业"愿景的实现(见表 9-3)。

表 9-3 龙湖人力资源领先战略的实践

战　略	内　　容
理念	• 高度重视人力资源，早期即聘请人力资源高手作为企业二把手
人才选择	• "仕官生"计划 • 人才标准：有企业家精神的职业经理人+操心员工 • 龙湖集团总经理及各个地区公司的总经理，每年工作时间中至少有25%以上都在面试人
人才培养	• "仕官生"计划、龙湖迷你EMBA
人才激励	• 行业领先的薪酬策略和激励
企业文化	• 有纪律的投入型文化
HR组织	• 以GE、三星、麦肯锡作为学习对象，致力于成为本土企业人力资源管理标杆

美的人力资源领先战略实践

美的高度重视人力资源管理，邀请麦肯锡、罗兰贝格等全球顶尖的咨询公司设计人力资源体系。在美的，人力资源总监是公司核心管理层的成员，人力资源工作者真正承担起总裁幕僚的角色。管理层高度重视从高校招聘优秀毕业生的工作，并且针对不同员工设计不同的培训体系，如针对部门未来接班人的远航计划、针对集团总裁的领航计划以及针对大学生的特训营。同时通过薪酬向关键人才、科技人才倾斜驱动核心人才发挥最佳业绩（见表9-4）。

表 9-4 美的人力资源领先战略实践

战　略	内　　容
理念	• 人力资源被看作公司的第一资源，是公司发展壮大的决定性因素
人才选择	• 提出"宁愿放弃100万元销售收入，绝不放过一个有用之才" • 管理层非常重视每年从高校招聘优秀毕业生的工作

续表

战　略	内　容
人才培养	• 量身定制关键人才培养计划 • 每年有60%以上的员工参加各种形式的培训
人才激励	• 倡导"能者上，庸者下" • 薪酬福利政策向关键人才、科技人才倾斜
企业文化	• 开放、和谐、务实、创新
HR组织	• 引入麦肯锡、罗兰贝格等管理咨询公司打造人力资源体系 • 提升人力资源部门的专业性

⇨ 京东人力资源领先战略实践

京东提出"倒三角"理论，信奉公司的成败根本在于团队的成败。在京东，"人"被视为公司发展的核心助推器。京东高度重视价值观的匹配，构建了能力价值观体系用于人才招聘，2012年建立京东大学，定位于"提升京东员工工作能力，宣贯和落地公司文化价值观"。在人才激励上设置了较为灵活的有竞争力的薪酬涨幅空间。高度重视内部培养的人才，提出"未来规划中80%的管理者要出自公司内部"。在京东，人力资源部是业务部门高效可靠的合作伙伴（见表9-5）。

表9-5　京东人力资源领先战略实践

战　略	内　容
理念	• 京东的发展首先得益于公司中"人"的发展，是因为"人"的发展带动了京东的发展，"人"是京东发展的核心助推器
人才选择	• 构建了能力价值观体系用于人才选择 • 重视基层工作经验和内在品质
人才培养	• 针对不同层级人员设置差异性培训方式 • 未来规划中80%的管理者要出自公司内部

续表

战　略	内　容
人才激励	• 针对重点战略型人才群体，设置更加灵活有竞争力的薪酬涨幅空间 • 对于中高层管理人员，继续通过现金加股票的方式激励优秀人才 • 保证一线员工福利高满意度
企业文化	• 诚信、客户为先、激情、学习、团队精神、追求卓越
HR组织	• 人力资源部成为业务部门高效可靠的合作伙伴

德锐咨询人力资源领先战略实践

德锐咨询是人力资源领先战略理论的提出者，也是人力资源领先战略的坚定践行者。自成立之初，公司就聚焦于人，秉持先人后事的理念，在人才选择上更加看重候选人"先公后私"的品质及未来发展的潜力；在人才培养上不仅看重岗位的行动锻炼，更为每位咨询顾问设立专职导师进行月度发展面谈，将人才培养作为管理人员的日常工作；在人才激励上提倡重视团队绩效，保证薪酬的竞争力并严格践行薪酬保密制度；积极营造内部开放分享的文化，打破层级隔阂。万惠集团董事长陈宝国评价德锐咨询人力资源领先战略是"人力资源管理的实学"，体现在两个方面，一是人力资源领先战略把国内外领先的人力资源理念深入浅出地提炼输出，以帮助更多的企业；二是德锐咨询自己也在坚定地践行着人力资源领先战略。正是因为对于人力资源领先战略的坚守，德锐咨询成为一支目标高度一致、配合默契、真正精干的咨询行业的特种部队（见表9-6）。

表9-6　德锐咨询人力资源领先战略实践

战　略	内　容
理念	• 聚焦于人，秉持先人后事的理念，提出"人才第一，战略第二"
人才选择	• 将招聘工作当作公司的战略工作，投入大量精力寻找行业先进人才

续表

战　略	内　容
人才选择	• 在招聘中更看重候选人的价值观与潜力
人才培养	• 完整的 CS 培养体系：轮岗培养+集中培训+导师辅导+人力资源追踪+自我学习
人才激励	• 提出"让咨询顾问比同龄人更早迈入中产阶级的精英行列"的口号 • 有行业领先的薪酬水平，实施团队绩效考核，引用合伙人机制和 TUP 激励机制，实施年度全体员工出国旅游
企业文化	• 坚持真诚、专业、高效、共赢的核心价值观 • 倡导"胜则举杯相庆，败则拼死相救"的特种兵文化
HR 组织	• 直线经理人是 HR 的第一责任人，是人力资源高手

关键发现

➢ 从一开始就以优秀的企业为标杆，以优秀企业的高标准要求自己，这样能够帮助企业更快地成为优秀企业。

➢ 向优秀者学习不仅是一种方法，更是成功者的思维习惯。

➢ 克服优秀恐惧症要做到四要四不要：要"志存高远"，不要"安于现状"；要"看到进步"，不要"只看差距"；要"细节入手"，不要"照搬整体"；要"削足适履"，不要"因地制宜"。

➢ 拥有先公后私的第五级经理人和先人后事的战略理念是转动卓越飞轮的最根本的驱动因素。

➢ 第五级雄心是所有实现跨越的企业最核心的驱动力，第五级雄心指的是超越个人、对于事业或企业的激情。

➢ 优秀的企业通过践行人力资源领先战略保持了强劲的增长势头，而那些刚刚度过生存期还在成长中的企业，同样需要将人力资源领先战略作为自身发展的第一战略。

➢ 人力资源领先战略是打造组织能力的实学。
➢ 实施人力资源领先战略需要恒定的坚持,并近乎宗教信仰般的追求,唯此企业家们才能达到卓越的彼岸。

参考文献

[1] 尤瓦尔·赫拉利. 人类简史：从动物到上帝. 林俊宏，译. 北京：中信出版社，2014.

[2] 陈春花. 激活个体：互联网时代组织管理新范式. 北京：机械工业出版社，2015.

[3] 彭剑锋. 互联网时代的人力资源管理新思维. 华夏基石·洞察，2015.

[4] 拉斯洛·博克. 重新定义团队. 宋伟，译. 北京：中信出版社，2015.

[5] 埃里克·施密特，乔纳森·罗森伯格. 重新定义公司. 靳婷婷，译. 北京：中信出版社，2015.

[6] 吉姆·柯林斯. 基业长青. 俞利军，真如，译. 北京：中信出版社，2012.

[7] 吉姆·柯林斯. 从优秀到卓越. 俞利军，译. 北京：中信出版社，2009.

[8] 吉姆·柯林斯，莫腾·T. 汉森. 选择卓越. 陈召强，译. 北京：中信出版社，2012.

[9] 吉姆·柯林斯，杰里·波勒斯. 基业长青. 真如，译. 北京：中信出版社，2009.

[10] 杰克·韦尔奇，苏茜·韦尔奇. 赢. 余江，译. 北京：中信出版社，2005.

[11] 黄卫伟. 以奋斗者为本. 北京：中信出版社，2014.

[12] 华为基本法. 1998.

[13] 戴维·尤里奇. 人力资源转型. 李祖滨，孙晓平，译. 北京：电子工业出版社，2015.

[14] 徐直军. 珍惜机会，站在全球化的高起点与华为共成长，谱写壮丽的人生篇章. 心声社区，2016.

[15] 梅博. 华为人才发展之道. 深圳：海天出版社，2016.

[16] 任正非. 将军是打出来的. 蓝血研究（ID：lanxieyanjiu），2015.

[17] 费洛迪. 合伙人. 高玉芳，译. 北京：中信出版社，2016.

[18] 詹姆斯·库泽斯和巴里·波斯纳. 领导力：如何在组织中成就卓越. 徐中，周政，王俊杰，译. 北京：电子工业出版社，2013.

[19] 龙湖地产官网（http://www.longfor.com）.

[20] 阿尔伯特·哈伯德. 把信送给加西亚. 木云，译. 浙江文艺出版社. 2016.

[21] 费罗迪. 关键人才决策. 徐圣宇，康至军，译. 北京：机械工业出版社，2014.

[22] 高兴或难过？雅虎北研裁员，各大互联网公司开展"抢人计划". 南方网景（http://www. veelink. com/News），2015.

[23] 孙雨. 惠普分拆波及 3000 员工，衣着光鲜的外企时代过去了？. 新华网（http://news.xinhuanet. com），2015.

[24] 里德·霍夫曼，本·卡斯诺查，克里斯·叶. 联盟. 路蒙佳，译. 北京：中信出版社，2015.

[25] 2016 福布斯最具价值的 20 家足球俱乐部. 搜狐体育（http://sports. sohu.com）.

[26] 哈佛商业评论（http://www. hbrchina. org）.

[27] 刘宇璟. 基于胜任者理论的创业者素质及开发研究. 中国人力资源开发，2013.

[28] 李东生. 鹰的重生——对 TCL 集团国际化经营的深刻反思. 江苏企业管理，2007（6）：12-13.

[29] 林华. 陆强华出走创维事件追踪. 管理与财富，2001（2）：29-31.

[30] 于中宁，赵瑜. 管理哲学：从福特到盖茨（一）. 经济导刊，2002.

[31] 卢锋. 激励的效用. 工厂经理世界，2003.

[32] 李祖滨. 加薪，该怎样做. 人力资源，2006（2X）：56-59.

[33] Dave Smith. Most people have no idea whether they're paid fairly. Harvard Business Review, 2015(12):28.

[34] Frank Demmler. The Founders'Pie Calculator. http://www.andrew.cmu.edu/user/fd0n/35%20Founders'%20Pie%20Calculator. htm.

[35] 李祖滨，王骏声. 一个创业公司的股权激励难题. 中欧商业评论，2015(2)：56-61.

[36] 李祖滨. 股权金条说. 德至锐泽管理评论，2016（5）.

[37] 黎炳宏. 2015 年新三板股权激励统计报告. 2016.

[38] 陈哲. 特斯拉怎么给马斯克发工资. 经济观察网，2014 年 7 月 18 日.

[39] 魏立刚. 北森：互联网时代绩效管理加速发展的六大趋势. 2015-06-04.

[40] 德勤. 2016 人力资源的十大趋势. 2016-04-22.

[41] 刘承元. 不得不学的四大精益管理思维. 企业管理，2016(7): 37-39.

[42] 天外伺郎. 绩效主义毁了索尼. 现代班组，2013(11):38-40.

[43] 吴婷荣. 浅谈团队绩效考核. 人力资源管理，2013(9):102-105.

[44] 郑青松. 以团队为单位的绩效管理方式的研究. 苏州大学，2009.

[45] 斯蒂芬·罗宾斯. 管人的真理（第八版）. 机械工业出版社，2015.

[46] 罗伯特·卡普兰. 平衡计分卡：化战略为行动. 广州：广东经济出版社，2005.

[47] 方振邦，罗海元. 战略性绩效管理（第三版）. 北京：中国人民大学出版社，2011.

[48] 郑青松. 以团队为单位的企业绩效管理方法研究——以 BB 公司为例. 苏州大学，2009.

[49] 余胜海. 华为还能走多远. 北京：中国友谊出版公司，2013.

[50] 孙燕君. 阿里巴巴是如何跪着熬过第一个冬天的. 搜狐财经 http://business.sohu.com，2016.

[51] 任正非. 一定要铲除公司"夹心阶层". IT 时代周刊，2015.

[52] 华为官网（http://www.huawei.com/cn）.

[53] 阿里巴巴官网（http://www.alibabagroup.com/cn）.

[54] 吴春波. 华为文化是这样落地的. HR369 力资源网（http://manage.hr369.com）.

[55] 任正非. 致新员工书，2016.

[56] 联想控股微空间. 中国经营报，2014.

[57] CHRO 能当好 CEO？. 哈佛商业评论，2014（12）.

[58] Conference Board Report. Developing Business Leader for 2010.

[59] 比尔·康纳狄，拉姆·查兰. 人才管理大师. 刘勇军，朱洁，译. 北京：机械工业出版社，2012.

[60] 田涛. 华为的理念创新与制度创新. 企业管理，2016.

[61] 山姆·沃尔顿. 富甲美国. 沈志彦，译. 北京：中国社会科学出版社，2015.

[62] 雷军. 做小米的时候，我真正学习了哪几家公司？（http://wribao.php230.com/category/biz/99625.html.2014-12-12）.

[63] David Rock. 高效能人士的思维导图. 陆静，译. 北京：中华工商联合出版社，2011.

[64] 陈泓冰. 标杆兴国——从对标到创标. 北京：现代出版社，2011.

[65] 李祖滨，汤鹏. 聚焦于人：人力资源领先战略. 北京：电子工业出版社，2017.

[66] 吴亚军. 回忆与原龙湖人力资源总监老房的往事. 渝商，2012.

[67] 李祖滨，刘玖锋. 精准选人：提升企业利润的关键. 北京：电子工业出版社，2017.

[68] 李祖滨，胡士强. 股权金字塔. 北京：中信出版社，2018.

[69] 李祖滨，汤鹏，李志华. 345 薪酬：提升人效跑赢大势. 北京：电子工业出版社，2019.

[70] 李祖滨，胡士强，陈琪. 重构绩效：用团队绩效塑造组织能力. 北京：机械工业出版社，2019.

[71] 李祖滨，刘玖锋. 找对首席人才官：企业家打造组织能力的关键. 北京：机械工业出版社，2020.

　　南京德锐企业管理咨询有限公司成立于 2012 年,是一家专注于人力资源管理领域,提供管理咨询、管理培训及人才测评服务的领先管理咨询企业。客户涵盖制造业、房地产、化工、汽车、医药、金融、互联网等多个重点行业,累计咨询服务五百余家,其中包括世界 500 强、中国 500 强、中国民营 500 强及众多高成长企业。目前是正和岛、苏商会等企业家平台首席战略合作商。

战略规划		
领先的人才选择	**领先的人才激励**	**领先的人才培养**
■ 金牌面试官 ■ 素质模型 ■ 任职资格 ■ 人才盘点 ■ 校园招聘	■ 345薪酬 ■ 团队绩效 ■ 股权激励 ■ 敬业度 ■ 福利体系	■ 领导力发展 ■ 继任者计划 ■ 管培生培养 ■ 干部管理体系 ■ 人才测评
领先的组织体系		
双高企业文化		

管理咨询业务

　　致力于为企业提供人才激励、人才选择、人才培养、组织文化、组织变革等系统性解决方案。

畅销书籍

　　《人力资源转型》、《聚焦于人:人力资源领先战略》、《股权金字塔:揭示企业股权激励成功的秘诀》、《精准选人:提升企业利润的关键》、《345 薪酬:提升人效跑赢大势》、《人才盘点:盘出人效与利润》、《人效冠军》(预计 2020 年底出版)。

德锐咨询 CEO 课程

CEO 精准选人班、企业家领导力班、CEO 股权激励班、CEO 团队绩效班、人才盘点与 345 薪酬设计等。

德锐商学院"人力资源 MBA 班（HRMBA）"课程&线上管理微课

业务型 HR 转型、人才盘点、组织结构设计、任职资格、企业文化塑造、绩效管理体系设计、薪酬体系设计、金牌面试官、华为等知名企业的人力资源管理等。

具体课程信息可以关注下方公司公众号。

关注德锐咨询公众号
回复【书友群】即可进群与优秀同行交流
德锐官方客服微信号：13151426218